中国第二历史档案馆专家力作

中统特务活动史

国民党顶级情报机构的沉浮

马振犊　林建英◎著

金城出版社
GOLD WALL PRESS

图书在版编目（CIP）数据

中统特务活动史 / 马振犊，林建英著 .— 北京 :
金城出版社，2016.5（2024.12 重印）
ISBN 978-7-5155-1014-9

Ⅰ. ①中… Ⅱ. ①马… ②林… Ⅲ. ①中国国民党 − 特务组织 − 史料②中统局 − 史料 Ⅳ. ① D693.65

中国版本图书馆 CIP 数据核字（2014）第 015127 号

中统特务活动史

作　　者 马振犊　林建英
责任编辑 谢艳芝　蔡传聪
开　　本 710 毫米 ×1000 毫米　1/16
印　　张 22
字　　数 280 千字
版　　次 2016 年 10 月第 1 版
印　　次 2024 年 12 月第 5 次印刷
印　　刷 北京科信印刷有限公司
书　　号 ISBN 978-7-5155-1014-9
定　　价 50.00 元

出版发行 金城出版社 北京市朝阳区利泽东二路 3 号
邮编：100102
发 行 部 (010) 84254364
编 辑 部 (010) 61842989
总 编 室 (010) 64228516
网　　址 http://www.jccb.com.cn
电子邮箱 jinchengchuban@163.com
法律顾问 北京植德律师事务所 （电话）18911105819

序　言

民国时期的特务组织与特务活动，是中国近现代史上隐晦最深的一页，而其中以国民党特务组织及其活动的历史为其主体。

南京国民政府执政的二十余年，特别是抗战八年，为中国情报特工组织的急速发展时期。在那纷乱的年代，特务组织因其在政治、军事、反侵略活动中的特殊地位与作用，在中国内政外交活动中扮演了重要角色，成为民国历史研究中的一个重要方面。但有关的国民党特务组织历史的研究，迄今在国内外学术界都还没能充分展开，其中档案资料开放的不足，为写作信史形成了障碍。

现今仍保存在台湾情特机构及档案部门的有关国民党中统、军统组织以及汪精卫伪政权特工总部76号的档案，原稿阙如。最近几年来，台湾相关部门编辑出版了一部分戴笠与抗战的档案资料，并经审查，有选择地开放了部分相关人物档案，为研究与撰述工作提供了一些便利。但就总体而言，有关国民党特务组织全面与基本的工作状况，特别是中统、军统及76号行动工作档案的开放力度还远远不足。

坊间流传的大量关于民国时期特务活动的“纪实”“演义”“揭秘”类书籍，充斥书刊市场，内容混杂，虚实难辨，不仅搞乱了史实，混淆了视听，而且给严肃的史学研究带来了不必要的麻烦。怎样去伪存真、写出信史，对于民国特务史而言更是一个必须直面的问题。另外，由于国民党特务极右的政治属性，和他们在历史上对中国民主进程巨大的破坏与阻碍作用，也曾在相当长的时期内，使人们对其历史活动的客观如实的分析评价产生了困难。

对国民党特务史的研究，除了去伪存真、探究历史真相外，重要的一点，还在于如何看待和评价这些团体和人物在历史上的活动。

国民党中统、军统特务组织的本质，当然是一种维护独裁政权的反民主的国家武装工具，对其历史活动及其作用的界定，总体来看必然是应予否定的。但是，需要指出的是，自 1931 年后，日本侵华的严峻形势给国民党及其政府造成了巨大的威胁，使他们不得不运用包括特工手段在内的各种方式来迟滞和抵抗日本的侵略。“抗日”与“反共”成为国民党特工的双重任务。“七七”全民族抗战开始后，在举国一致对外的历史大背景下，作为国民党的统治工具，为服务于蒋介石抗战决策，中统与军统组织在坚持反共和镇压民主的同时，也分别直接投入了对日伪的军事、政治与特工作战，并且在上海等地与日伪进行了十分激烈的搏杀。在这些斗争中，许多国民党特务组织人员被日伪捕杀残害，其中有很多还是满怀抗日救国愿望参加抗战训练而误入特务组织的青年学生。他们毕业后直接投入抗日战场，并为民族利益而献身。这些人与那些反共反人民的特务是有根本区别的，他们是抗日的烈士。当然，历史人物与历史现象是十分复杂的，需要进行有针对性的具体细致的分析研究。

与中统、军统有密切关联而又有根本区别的，还有另外一个也打着国民党旗号的汪精卫伪政权的 76 号特务组织。这是一个脱胎于中统、军统，由其叛徒及落水汉奸们组织的，为日本侵略者与其所扶植的汪精卫伪政权效力的特务机构，他们是由国民党与其中统、军统的背叛者们组成的变异体。这一汉奸特务组织，源于中统与军统，其组成人员与机构、运作方式及其手段乃至打击对象都与中统、军统极其相似。唯一不同的是，76 号起先是由日本侵略者扶植中统与军统的叛徒及黑帮组织成立起来的，专门用以镇压抗日力量的特务机构，后来又归并入汪伪政权，成为汪记国民党中央的特务机关。它的打击对象除了中共及其他抗日力量，还包括了重庆国民党及其中统与军统组织。正所谓反噬者，其胃口与凶残度自然超过其母体，来自内部熟人的知根知底的攻击，曾使中统、军统在沦陷区的组织与活动几度濒于崩溃。然“两统”对76号及其日伪也进行了坚决的打击，并熟练地运用特工手段内外夹攻，于是在上海滩上演出了一幕幕腥风血雨、惊心动魄的明斗暗战。最后，随着日本的战败投降，曾经疯狂一时、有着“魔窟”之称的76号汉奸特务组织，终归于灭亡，结束了它为虎作伥的罪恶历史。

鉴于76号的名实表里都与国民党有关，我们将其列入国民党特务组织研究范围也算顺理成章。

为集中探讨不同特务组织的活动史，作者在原著《国民党特务活动史》的基础上，进一步搜集了国内外及两岸相关的档案材料，经分别合作撰述写出了中统、军统、76号三本书稿，此次扩写是继承了前著严谨学术作风的一次再创作。在写作过程中，作者曾两赴台北档案机构查阅运用了新公布的有关档案资料，特别是汲取了读者网友对《国民党特务活动史》的意见，将中统、军统特务组织的历史分别做出比较系统的论述，使之脉络内容更加清晰，并且又增加了对汪伪76号特务组织的专门研究记述，进一步从正反两方面补充完善了国民党特务史的研究。因此，它可以视之为目前有关国民党特务活动史的一套比较全面客观的作品。

当然，碍于主客观的原因，书中一定还存在若干不足和漏误，希望有关中外学者及历史爱好者能够有以指教。

有关国民党特务组织活动的历史研究，尚待学界同仁的共同努力。

马振犊

2015年2月10日

目录

[第一章]

中统的成立及沿革

在蒋介石的统治麾下，有这么一群人，他们出入各党政机关，如入无人之地；他们嗅觉敏锐，信息灵敏，出手快捷，如影随形般盯住任何可疑目标和各处角落，在一切需要下手的地方，用一切可以使用的手段，消除那些他们认为是敌人的人；他们自诩为有理论、有行动的反共专家，对被捕的反对党人士，除了刑讯逼供，更施以攻心术，用他们的“理论”加以生死威逼，官禄利诱，欲迫使对手就范；他们是在政治领域维护国民党独裁体制的一支“别动队”。这群人，就是国民党历史上声名显赫的中统特工。

第一节　中统成立的历史渊源

“特务”小议

“特务”一词，本意是指特殊任务、特别任务、特种勤务，它本身是一个中性词，无所谓褒贬。中国的特务古已有之，只不过称谓有所不同；尤其在明代，古代特务发展达到顶峰，其锦衣卫、东厂、西厂就是典型的特务机构。

据考证，在中国的情报特工界，“特务”一词和“特务”组织最早出现在 1927 年 5 月成立的中共中央军委“特务工作处”。蒋介石发动“四一二反革命政变”，国共分裂后，中国共产党受到了来自国民革命阵营内部的袭击，损失惨重，缺乏自卫意识的共产党人惨遭屠杀，中共中央机关被迫从上海迁往武汉。出于保卫自身安全的需要，中共中央决定在中央军委属下设立一个“特务工作处”，负责政治保卫与特殊的军事行动工作。这种“特务”称谓完全不含贬义，只是对其工作属性的称谓，并流行下来。如 1937 年 1 月中共西北政治保卫局颁发的《特务须知》一份文件中就把首长的警卫员称为“特务员”，足证其词意的褒义。[1]

使“特务”一词的含意发生根本性变化的，是蒋介石在民国时期大肆发展的特务组织。蒋介石后来组建的中统、军统，更是把特务工作摆上台面，成为国家机器的重要组成部分。1979 年版的《辞海》对“特务”一词定义为：“参加特务组织或接受特务机关的任务，进行刺探情报、暗害、破坏、造谣煽惑等反革命活动的分子。”这个定义，将特务完全归类为政治敌人。这是因为在中国近现代史特别是民国历史上，北洋军阀及国民党的特务组织以其服务与服从于专制统治的特征，无限制地扩大与强化了它的超越国家法律约束的权力；而其施虐对象除了政治上的反对者，也曾大量和经常性地祸及普通的民众，成为集恐怖、凶残为一体的黑暗势力的典型，因而为人们所痛恨与不齿。“特务”一词由此便打上了深深的耻辱印记，其含意也由“指事”扩展到“指人”，被指斥为“特务”者，遂为独裁者统治机构中最为顽固反动而凶残的打手鹰犬，因而必然成为革命派的主要打击对象。

特务组织，从严格的意义上来说，是国家机器的一个组成部分，它与军队、警察同属一种性质，是国家政权的统治工具。而中统组织的全称是“中国国民党中央执行委员会调查统计局”，其性质是当时执政党

[1] 引自新浪网“爱问”栏目，http://iask.sina.com.cn/b/3610258.html?from=iask2。

的一级组织，并非国家机构。那么，为什么中统与同样性质的军统都成为了民国时期专制政权显赫的统治机构并名噪一时？原因很显然，那就是：国民党以党治国政策所造成的“党国”不分、“党国”一家也。

蒋介石走上特工之路

蒋介石为何会热衷于实行特务政治呢？这与他统治时政权的内忧外患及个人因素密不可分。

1927 年蒋介石政权奠都南京后，中国在形式上进入了统一时期；中央集权自清末被削弱以来，达到了另一个强化期。以蒋介石为首的南京国民政府的统治版图几乎覆盖了整个中国的疆界，中国又结束了一个大分裂时期，进入一个相对集权的大一统时期。

然而，貌似强大的蒋介石政权，却面临着棘手的内忧外患。

首先，在国民党内部派系林立，比蒋介石声望更高的国民党元老有胡汉民、汪精卫及西山会议派。他们瞧不起这个行伍出身的小字辈青年，各自心怀异胎，到处拉拢有可能倒向自己的一切力量，试图另立炉灶，与蒋介石抗衡。这直接导致了国民党内部领导权的分裂。另外，在

1927 年 4 月蒋介石（左一）与王宠惠（左二）、胡汉民（左三）等人

军事方面，在马背上打下天下的蒋介石，并不能有效地统治冯玉祥、阎锡山、李宗仁及各地方实力派军阀。新老军阀们各自拥兵自重，成为蒋的心腹大患。

其次，国民党实行一党专政，欲达到“以党治国”及“党外无党”的目的，而中国共产党及其武装令蒋介石极为恐惧。1927 年蒋介石实行“清党”之后，与共产党公开决裂；为达到消灭共产党的目的，甚至不惜大开杀戒，实行白色恐怖。在这样的政治背景下，共产党的活动转入地下，但却始终是蒋政权最大的威胁与忧患；蒋介石为此寝食难安，急欲彻底消灭之而后快。

最后，国民政府初创，国际环境也不容乐观。尤其是强邻日本和苏俄，对中国一直虎视眈眈。日本帝国主义本其侵略中国与世界的“大陆政策”，一直干扰中国的统一，阻止中国的强大。在蒋介石二次北伐时，日本故意制造“济南惨案”等事件，阻止国民政府势力北上。蒋介石定都南京后不久，日本就发动了“九一八事变”，侵占中国东三省。几年后，便发动了全面侵华的战争。而对北方的强邻俄国，蒋介石也从未对其放心过。1923 年蒋介石奉孙中山之命，率领“孙逸仙博士代表团”前去苏联考察后，认定苏联对中国有政治野心，必须及早防备。他甚至从政治立场的分歧出发，把苏联列为中国面临的第一大外部威胁。基于上述认识，蒋介石认为必须加强集权，采取一切措施，巩固他的“国基”。

固然客观环境需要强化统治，但真正使蒋介石走上特工之路的，是其个人性格中的狂暴、偏狭、蛮干以及严密组织、注重情报搜集、以效忠个人为中心等成分，还有混迹上海滩时所受陈其美等人帮会作风之影响，终而形成了他的“上海滩”心态倾向，以及他所受到的“粗浅的日本军国主义教育”和对德国“铁血主义”的崇拜等诸多因素。

蒋介石早年东渡日本，就读于陆军预备高校，毕业后又一度进入高田日本陆军第十三师团当兵。从青年时代起，他便深受日本军国主义教育的影响。在旅日期间，蒋介石还曾两度准备赴德留学，他仔细研究过德国首相俾斯麦的“铁血主义”政策，对这个政策十分崇拜。蒋介石对“武装力量的培养向往之至”，他十分佩服德日民族的“尚武”精神。在他的政治思想尚处在萌芽状态之时，他已从俾斯麦的‘铁血政策’中找到了精神和实践两个方面的秘诀”，并力主将‘铁血政策’作为中国的指导原则。这种“尚武”思想与蒋氏倔强固执的性格相结合，造就了他一生“独裁”与“专制”的作风；而在他掌握了国民党大权以后，这种作风也随着其地位权力的增长而愈演愈烈。最具体突出的表现便是蒋氏对于强权政治的器重与依赖，为了确保并贯彻他的强权统治，蒋介石一是靠军队，二是靠特工，即从公开的和秘密的两个方面依赖枪杆子与暴力镇压手段来“坐天下”。

蒋介石要建立特工组织，说起来还跟他 1923 年的访苏活动直接相关。

当年孙中山在其革命活动屡次受挫后，深感没有一个坚强的政党和一支自己的军队，则前途无望。为争取中国革命的成功，他决定与苏俄合作，实行联共政策，并于 1923 年 8 月派出“孙逸仙博士代表团”赴苏联考察访问。孙中山出于对蒋介石的信任，任命他为代表团团长，团员有中共主要干部张太雷以及沈玄庐、王登云等人，他们在苏联访问了两个月，于 11 月 29 日回国。

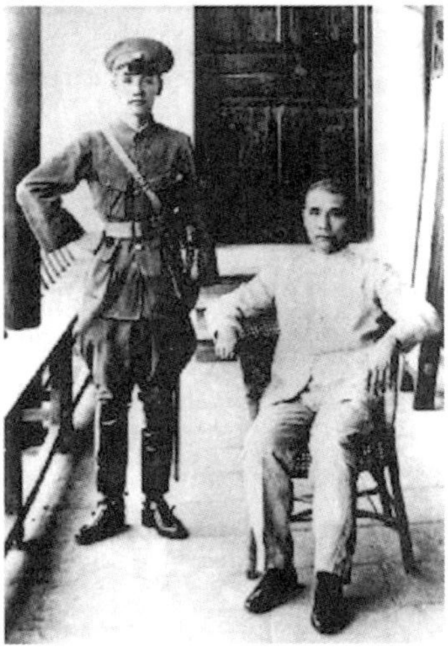

1924 年 6 月，孙中山与黄埔军校校长蒋介石合影。

孙中山派蒋介石访苏的意图，是要他学习苏联治党治国的经验，以便在蒋回国后委以重任，推进国共合作与北伐大业。但蒋介石在苏联经过与俄方领导人的会谈及考察，反而对苏联实行的社会主义制度及其对中国革命的方针意图产生了严重的怀疑与反感。他回国后在致廖仲恺的一封信中写道："以弟观察，俄党对中国之唯一方针乃在造成中国共产党为其主流，绝不信吾党可与之始终合作以望我成功者也……党中特派一人赴俄，费时半年，费金万余，不可不为郑重，而于弟之见闻报告毫无省察之价值，此弟当愧信用全失、人格扫地，亦应引咎自辞也。"但蒋介石的苏俄之行亦有一大收获，他没有说，却有旁证可引，那就是他对苏联"格别乌"（国家政治保卫总局，即克格勃前身）情报特工机构的发达及其作用产生了浓厚的兴趣，对其镇压反对派的效能给予了很高的评价，并决意效仿之。

关于这一点，中统的创始人陈立夫在多年后回忆说："蒋公曾去苏联，知道该国政治之运用甚详，而其调统组织之严密，实为安定内部之主要因素；因此十六年清党之后蒋公就要我在他所任部长的组织部下，组织成立调查科，其主要任务为对付共产党的活动而制裁之。"[1]

这样看来，蒋介石成立特工组织的设想，确是因为受了苏联"格别乌"组织的启发。

至于为什么非要用特务来维护政权呢？在陈立夫的回忆中也谈到了他运用特务手段的动因：

"凡是一个国家，受了外力的侵凌，为求自保，必须有一健全组织的调统机构。你如果念过《管子》一书，可以知道齐国的调统组织的健全，老百姓的一切一切，政府都调查得清清楚楚，对外更不要说了，故能九合诸侯，一匡天下。

"我们的革命是从军政时期开始，经过训政时期而进入宪政时期；

[1] 王禹廷：《专访陈立夫先生：中国调统机构之创始及其经过》，载徐恩曾等著：《细说中统军统》代序，（台湾）传记文学社 1992 年版。

亦可以说由霸道进入王道，霸道是手段，王道才是目的。但是我们的处境，非常艰困，外有帝国主义者环伺，内有勾结外力之军阀和政客，如果没有健全的调统组织，其危险太大了。”[1]

深谙中国传统统治权谋的蒋介石，对于重要而敏感的情报特工组织机构的组建，采取了双管齐下、分而治之的方针，这便导致了后来国民党“中统”与“军统”特务组织的分别出现，以及由此而产生的一系列内外矛盾冲突，演绎了这两个特工组织彼此之间斗争与合作的历史。由于指导方针的原因，国民党内中统与军统两大特务组织即使在其形成初期，他们的组织人事与隶属关系也是泾渭分明的。

第二节 中统的前身——党务调查科

国民党最早的特工组织形成于 1927 年南京国民政府开展反共“清党”期间，也就是国民党中统局的前身，其全称为“中国国民党中央执行委员会调查统计局”。起初，这一组织只是一个党务机关而不是一个特务机构，其规模也只是一个科组。

1926 年 5 月，国民党召开二届二中全会，就在这次会议上，蒋介石提出并通过了他的旨在限制、打击共产党的“整理党务案”，拉开了“清党”的序幕。由此，自国共合作以来，在国民党中央党部内国共双方合作的局面被打破，共产党人受到排挤。蒋介石不光取代共产党员谭平山做了中央组织部部长，而且身兼会议新设的军人部长；同时，蒋介石还是国民革命军总司令，可谓一身兼数职，大权在握。

身处政治漩涡的蒋介石，兼职过多确实难以应付。于是，经过仔细

[1] 王禹廷：《专访陈立夫先生：中国调统机构之创始及其经过》，载徐恩曾等著：《细说中统军统》代序，（台湾）传记文学社 1992 年版。

权衡，蒋介石将专门处理党务的中央组织部部长一职交给了他信任的陈果夫来代理，具体执行整理党务。接着，陈果夫又把他在美国学习矿务的弟弟陈立夫也拉到蒋介石身边，成为蒋的又一干将。精明能干的陈氏兄弟很快把党务工作干成了他们的“私营圈子”，形成了所谓“蒋家天下陈家党”的局面。特别是在与共产党斗争的过程中，逐渐练就了日后形成反共专门情报特务机构的领导能力。

早在北伐之前，陈立夫与其兄陈果夫便在国民党内成立了一个名为“中央俱乐部”的小团体，参加者都是陈立夫、陈果夫一系的人。因“中央”与“俱乐部”两个英文单词的起头都是C，而二陈英文拼音字母开头也是“CC”，故外人称之为“CC系”。为了掌握党内动态情报，二陈又秘密搞了一个小组作为“CC”的触角，开始做情报工作。但这只是二陈的“私货”，没有组织编制和正当的经费来源。他们也向蒋介石送些情报，从蒋处得到一些经费。虽然不正规，但它却是国民党中统特务组织的最初起源。

1927年“四一二反革命政变”以后，因反共“清党”及党内派系斗争的需要，中央组织部党务调查科开始扩展其工作范围，扩充为“情报”与“编造”两股，人员也由起初的十多人增加了数倍。[1] 新增加的人员都是1928年6月由蒋介石从中央党务学校的毕业生中选择出来的，他们到任后具体从事“调查党员思想及派系隶属”之工作。从此，中组部党务调查科的职责即开始向特务工作转化，与二陈的小组职能合并。

1928年1月，蒋介石重新上台。他在全面重掌党政大权之后，痛定思痛，决定扩大自己的特务组织机构，以应付党内外斗争的需要。2月，国民党二届四中全会召开，蒋介石稳固了他的统治秩序。是月底，他采纳陈果夫的建议，决定让国民党中央组织部下设党务调查科专司负责党务情报搜集工作，任命其秘书陈立夫为科长。不久后由张道藩、叶

[1] 中国国民党中央执行委员会秘书处印行：《中央党务月刊》，1928年第4期。

秀峰先后任科长，1929 年改由徐恩曾任科长。徐恩曾是中统历史上最有实权的领导人，他掌握中统时间最久；可以说，他是中统的灵魂人物，中统真正意义上的老板。

党务调查科成立时，人数不多，其调查任务是针对党内的派系斗争搜集情报。分为采访、整理两个股，各设总干事一人，下设干事、助理干事若干人。采访股总干事初为杨剑虹，但在杨因派系斗争及涉嫌贪腐事件自杀后，总干事改由曹立瀛继任。之后，又由曾三省、张冲继任。整理股总干事初由吴大钧担任，吴升任科主任后，又改由干事濮孟九继任。[1] 后来由于反共形势的需要，调查科扩张为政党斗争的工具，也搜集中共和其他政治对手的情报，继而又开设了“特工训练班”，广招兵马，扩充组织。

从此，国民党有了真正意义上的特务机构——第一个正式的专职情报机构，即“中统”组织之开始。

随着蒋介石集团在国民党内的领导地位渐趋稳固，国共斗争成为当时国内的主要矛盾。1930 年夏，中组部党务调查科又先后增设了两个小组，特务组和文言组。其中特务组主要是针对中国共产党的活动，搜集有关情报资料，进行策划与调查研究，设计指导反共活动；文言组则负责搜集整理各种报纸杂志及其他出版物，制成剪报，择其要者送有关方面参考，以供其掌握中共及其他党派的最新动态。与此同时，调查科也开始向上海、武汉、开封等各大城市派驻特派员（上海杨登瀛、武汉蔡孟坚、开封黄凯），配给专用电台以供联络。后来逐步扩展到全国各省与特别市、铁路、电信等行业，并在基层普遍设立了各级各单位的“特务室”。[2] 在南京，蒋介石又特别调配了二十余名经过政治警察训练的中央军校第六期毕业生，充实了调查科特务组

[1] 张文：《中统二十年》，载《中统内幕》，江苏古籍出版社 1987 年版，第 4 页。

[2] 张国栋：《中统始末记》，载徐恩曾等著：《细说中统军统》，（台湾）传记文学社 1992 年版，第 7 页。

织。这样，国民党“党统”即后来的“中统”特工组织框架至此便告基本形成。到 1931 年 7 月，该科人数已达五十余人，成为国民党中央组织部中人员最多的一个部门。[1]

调查科因属国民党中央党部，初时它的办公地点就在位于南京丁家桥的中央党部办公大楼内；因此每天出出进进的各机关人员庞杂，不便于调查科秘密活动。1930 年春，徐恩曾经请示上司陈立夫同意，在紧邻南京中央饭店的中山东路 5 号，另找了一栋两层的西式小楼，作为党务调查科的秘密办公地点。[2] 为了遮人耳目，徐恩曾命手下在门口挂上一块“正元实业社”的招牌，把这里装扮成一个商业机构。后来，他命手下在一楼临街开了一间无线电器材专卖店。这样，一来可对无线电器材的流向加以监控，二来可以赢利所得补充特务的活动经费，可谓一举两得。

当时“正元实业社”的成员有王思诚、李熙元、张志鹏、马绍武、许少顿、高振雄、林桂庭、齐耀荣、游定一、马啸天、袁更、王正鸿、钱壮飞（中共地下党员）、范圭中等人，他们归同住一起的特务科负责人徐恩曾直接指挥，其中的大部分人后来便成为了国民党中统特务组织的骨干力量。由于党务调查科在开始阶段还没有武装力量，故在具体行动中，他们便与各地的军警部门密切配合，以执行蒋介石的“清共”方针，主要任务是破坏各地的共产党组织。

在南京，调查科依靠陈立夫之兄陈果夫的关系，受到了陈果夫过去的保镖、时任首都警察厅督察长陈独真在武力、装备等方面的大力支持；而宪兵司令谷正伦除了为调查科输送其“政治警察训练班”的毕业生，还帮助调查科关押被捕者，他还曾聘请徐恩曾及其特务组长

[1] 刘不同：《国民党的魔影——“CC 团”》，载全国《文史资料选辑》第 45 辑，文史资料出版社 1964 年版。

[2] 这幢建筑一直原状保存到 2001 年，后被中央饭店的后继者拆毁。

中统起家之地“正元实业社”。这里就是南京中山东路中央饭店东楼，现已被拆。

顾建中在宪兵司令部兼职，极大地密切了双方的合作关系。这样一来，一旦调查科发现了中共活动的蛛丝马迹，军警便配合行动，实行逮捕与关押。

1930年，徐恩曾以其在南洋大学时的同学范本中为首，在南京中山东路开设“正元实业社”为掩护，设立了第一座电台，并在上海、武汉设立了分台，建立了中统组织的秘密通讯体系。蒋、桂、冯、阎“中原大战”开始后，他们又派出袁更、郑伯豪等人在北平、天津设立了分台，为蒋介石搜集情报。中统的电台系统初具规模。

国共分裂之后，在国民党的残酷打击下，中国共产党的各级组织转入地下；表面上似乎已消失，但各地的起义和城市暴动却此起彼伏，连续不断。这说明中国共产党的组织仍在有效地活动，并且有一个强有力的中央机关在进行指挥。共产党无处不在，但又无处可寻。面对中国共产党严密的地下组织，国民党的警察和宪兵不知从何着手对付。尤其是中国共产党首脑机关隐藏在上海租界之内，又有一个强有力的政治保卫机构——中央特科加以保卫，就更加难以破坏。而在这个洋人统治的租界内，公开的警宪机关也不便进行侦查和搜捕。因此，要对付中国共产党的地下组织，必须依靠秘密的特务机关。在陈立夫的指导下，徐恩曾率领调查科全力进行对中共地下组织的破坏工作。蒋介石对陈立夫的特务机构，要钱给钱，要人给人，尽力加以扶植。

调查科一般的特务活动由采访股等部门担任，但所有针对中国共产党的重大谍报活动、密谋策划以及情报搜集、破坏指导等都由特务组负责。特务组的办公室，不但中央党部其他部门的人员禁止入内，即使调查科内部人员也不能随便进入。

在开始阶段，调查科对于被捕的共产党人实行“不叛即杀”的方针。在蒋介石“宁可错杀三千，不可放走一个”的指令下，他们杀人无数；但共产党人却越杀越多，成效甚微。陈立夫与徐恩曾、叶秀峰、张冲等人为此会商，认为单纯地捕杀对付不了中共，应当改弦易辙，设法深入了解中共的内部情况。于是，他们制定了诱降共产党人的“自首自新办法”，决定采用“重用叛徒，扩大自首潮流，以毒攻毒”的政策，在南京和江苏、浙江、湖南、湖北、安徽等省普设“反省院”，对被捕的中共党员与进步人士实行威胁利诱、软硬兼施的诱降手段，目的是最大限度地利用叛徒，扩大对中共的破坏成果。这一政策，受到了蒋介石的肯定，成为中统以后对付中共的重要手段。[1]

在这一阶段里，国民党当局的情特机关在对付中共及政治反对派方面是靠中组部党务调查科，在获取军事情报方面则主要依靠戴笠的复兴社特务处，而这两者又是互相掺杂的。

---

[1] 张文：《中统二十年》，载《中统内幕》，江苏古籍出版社 1987 年版，第 8 页。

第三节 中统的重要发展——特工总部

1932年9月，蒋介石欲把中组部陈立夫的特务系统和他私人掌握的戴笠情报组织加以统一管辖，一度成立了以陈立夫为首的“国民政府军事委员会调查统计局”，但这个“军委会调统局”并不是后来习惯称谓上的“军统”组织。

这里所说的“国民政府军事委员会调查统计局”与后来在抗战爆发后组建的以戴笠为首的“国民政府及国民党中央军事委员会调查统计局”并不是一个组织，虽然名称相同，但两者无论在人员组成还是工作内容上，都有根本的区分。实际上，1932年以陈立夫为首的所谓“军委会调统局”，其基本构成主要是后来的“中统”班底而不是“军统”的前身。其中构成组织有三个处室：以徐恩曾为特务一处处长（“CC系”、党统特务、中统前身），戴笠为特务二处处长（蓝衣社特务系统、挂名依靠，实则独立，军统前身），丁默邨为第三处处长（后由金斌继任，掌管通讯密码、汇报安排事宜）。

20世纪30年代初期，中统的发展进入急剧扩张时期。为进一步

中统弘毅楼旧址

发展中统的力量，与日益强大的戴笠的特工组织抗衡，陈果夫和陈立夫兄弟责成徐恩曾成立了特务工作总部，地点设在南京道署街（今瞻园路）132号瞻园内。这个组织存在了七年之久，一直到1938年中统局成立。

特工总部是在调查科的基础上建立起来的，自始至终一直都是一个秘密的组织。我们现在看不到以特工总部名义交办的任何文件，这是因为它的隐秘性。当时瞻园办公点的大门上并无“特工总部”的牌子，在国民党中央党部或其他任何机关组织条例中也都找不到它，它对外活动从不用“特工总部”的名义，都是用代号或化名。

徐恩曾亲自出任特工总部主任，下设机构主要有书记室、情报科、训练科、总务科、总督察、设计委员会、电讯总台等，其中最重要的当推情报科和训练科。情报科是特工总部的主要业务部门，由徐兆麟出任科长，内设指导、编审、译电等三个股，日常工作是编辑《每日情报》20份，罗列当日搜集到的有关中共、民主党派、国民党内反蒋派系以及日、苏等各方面的重要情报，逐日报送给陈果夫、陈立夫、陈布雷、何应钦等大员参阅。训练科则主管内部特务人员的政治思想、情报业务、行动技术等训练工作。训练科的特务如王杰夫、阴耀华、姚蓬子等都具有一定的理论水平，并颇具口才，善于劝降术。此外，训练科在

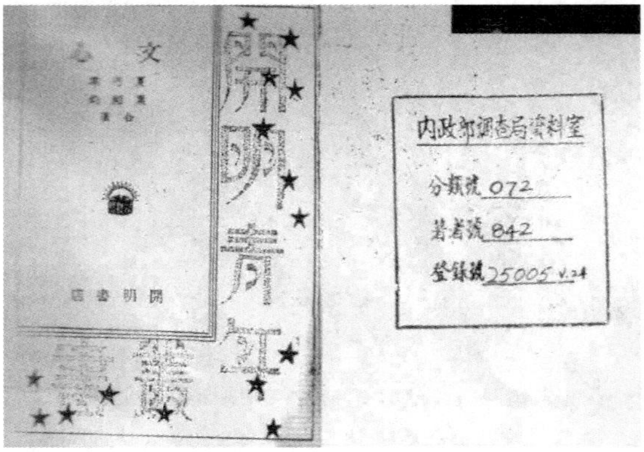

中统资料室内收藏的20世纪30年代被查禁的文学名著

其内部还开设了一间图书室，广泛地搜集了各地的特务们查抄到的中共各种秘密文件和书报杂志；日积月累，竟然发展成了中共早期资料的收藏“宝库”。特别是1935年国民党军重占江西后，陈诚在瑞金等地又搜集了不少来不及销毁的中共中央档案，汇集于此。1949年国民党退台后，这些资料被完整地存放在台北青潭，形成了“荟庐”资料；因其皆为“海内孤本”，故曾招来日、美、英等国家的中共问题专家争相到此查阅资料，以至于陈立夫也常以此事而沾沾自喜。

此时从中统组织的角度来看，“特工总部”所用的行政机关的名义，一个是“中央组织部党务调查处”，这是由调查科扩大而来的；另一个是“国民政府军事委员会调查统计局第一处”。表面上看，一个是党务机关，一个是政府机关，似乎互相独立，实际上不过是特工总部一套人马的两张招牌而已。特工总部负责人徐恩曾的公开职务就是党务调查处处长兼军事委员会调查统计局第一处处长。而戴笠的特务系统也类似，被列为第二处，以戴为处长。

由于在陈立夫的“军委会调统局”成立后，蒋介石依然独立地掌握着戴笠的特务系统，使之保持他个人“御用”的特征，以便运用自如，因此实际上仍然是保持了国民党特务组织“两条腿走路”的特征。这就为日后的国民党两大特务组织系统的正式形成奠定了基础。

按照军统方面后来的解释，此时戴笠任处长的复兴社特务处，是一个政治性的秘密组织，不能公开；而他同时兼任的陈立夫“军委会调统局”第二处处长，则是正式的政府机构，[1]可以堂而皇之地列编支费的。这样分析，此时蒋介石之所以佯将戴笠组织编入陈立夫手下，也是为了解决其经费供给问题，在指挥权上陈对戴是有名无实的，到后来时机成熟后就分道扬镳了。蒋对其特务系统所运用的“分而治之”的“两条腿走路”方针是贯彻始终的。对于蒋介石的这种做法，

[1] 陈恭澍：《英雄无名》（第一部）《北国锄奸》，（台湾）传记文学出版社1981年版，第2页。

陈立夫一开始是不能接受的。据他自己回忆说："至于军统之开始，是'有实无名'的一个组织，由戴笠（雨农）在蒋公侍从室工作的时候，受命担任调查特种事件所开始的。当调查科发现戴笠在做类似工作的时候，科中同人愤愤不平，谓蒋公是否对我们不信任而另派戴笠去做？我就对科中同人解释一番如下：'我们的工作，可称之曰党的耳目，你们看人身上耳与目都是成双的。所以党的耳目，亦不妨有两个，互相查对，是有益无损的。'众皆悦服。"所以，戴笠的工作开始时是有实而无名的。

"当时我考虑应否以此事问问蒋公，否则蒋公会轻视我们，'怎么戴笠在做调查工作，你们一点都不知道？'于是我决定向蒋公查问说：'有一位名叫戴笠者，在外声称是蒋公要他做调查工作，有无此事？'蒋公有点不好意思说：'有的，我有时候要他去查一两件案子，并无特别组织。'后来，戴笠的工作范围与日俱增，还是有实无名而已。不过蒋公不愿戴笠永久这样下去。"于是就有了后来的军统组织。

"后来约在民国二十四年蒋公要我主持一个'调统会报'，属于军事方面的，由陈空如先生协助我。遂正式派徐恩曾为该会报之第一组主任（注重共党在社会之活动），戴笠为第二组主任（注重共党在军事方面之活动），并派丁默邨为第三组主任（掌理会报方面之总务事宜）。这一个组织，一直到蒋公要我担任教育部长那天（二十七年正月），我才辞去会报工作；其理由是教育部的工作与调统工作是两件绝对相反的工作，不能由一个人来兼做，遂以此理由脱离了调统工作，去担任教育部的工作，因此'调统会报'亦取消了。其第一组改称中央党部调查统计局，局长由朱家骅担任，徐恩曾副之；第二组改称军事委员会调查统计局，局长由贺耀组担任，戴笠副之；第三组取消了，后来丁默邨就跟随汪精卫去担任伪政府的调统工作，对于一、二两处在沦陷区的工作，不无受了打击。”[1]

无论如何，在这一阶段，公开正式的特务组织只有中组部陈立夫为首的“中统”一家，因此这一时期的国民党特务组织可称之为以“中统”为中心的“合二而一”时代。

中统在特工总部这个时期，是势力最猖獗的时期，中统老特务都称这个时期是他们的黄金时代，蒋介石对中统这个时期的工作非常满意。各特务从上到下，升官都很快，他们手持特别通行证，可以出入任何地方检查、抓人。中统所办的“顾顺章案”等著名事件就是在这一时期发生的，给中国共产党造成了巨大的损失。陈果夫、陈立夫及徐恩曾因此在蒋介石面前面子十足，春风得意。

第四节　中统局的成立

真正意义上的中统是一个时间跨度比较长的历史组织，从成立到国民党败退大陆组织解散，它实际发挥作用的时间跨度有二十多年。从国民党中央组织部内的调查科组织，发展到“中统局”，再到日暮西山的“党通局”，中统的产生、发展和消亡的时间表基本吻合了国民党在大陆执政期间的盛衰历史。

中统局成立于 1938 年秋，它的全称是“中国国民党中央执行委员会调查统计局”。它成立的由来和时代背景是因为抗日战争已经进行了一年多，国民党中央已经从南京迁到武汉。当时有不少爱国青年学生纷纷投奔延安抗日军政大学和山西民族革命大学学习，走上了抗日的革命道路。蒋介石为与共产党争夺青年学生，遂派陈立夫出任教育部部长，

[1]　王禹廷：《专访陈立夫先生：中国调统机构之创始及其经过》，载徐恩曾等著：《细说中统军统》代序，（台湾）传记文学社 1992 年版，第 9 页。

负责收罗青年学生，因而陈就不能再担任情报局局长，遂向蒋介石建议成立两个调查统计局。

据陈立夫讲，他当时向蒋介石建议说，一个人要有两只眼睛和两只耳朵，才能做到兼听则明；一只眼睛，一只耳朵，难免偏听则暗。所以应当成立两个调查统计局，把原来情报局的第一处，扩大组成中国国民党中央执行委员会调查统计局，把原来情报局的第二处扩大组成国民政府军事委员会调查统计局。蒋介石接受了陈立夫的建议，决定趁抗战爆发国防作战情报亟须之机，有了可以公开的名目，于是下令成立两个调查统计局，并决定中国国民党中央执行委员会调查统计局的局长由中央秘书处的秘书长朱家骅兼任，徐恩曾任副局长；国民政府军事委员会调查统计局的局长由侍从室主任贺耀组（原名耀祖，字贵严，下同）兼任，戴笠任副局长，两局都由副局长负实际责任。

中统局初成立时，只有三组八科：

第一组组长梁辅丞，下设两科。第一科科长张炎茂，主管总务；第二科科长张国栋，主管敌情调查。

第二组组长王思诚，下设三科。第三科科长周光亚，主管党派资料；第四科科长万大法，主管党派情报；第五科科长陈庆斋，主管行动。

第三组组长高謇，下设三科。第六科科长熊秉皋，主管党员调查网；第七科科长柳靖一，主管经济调查；第八科科长庆琛庵，主管政治情报。

后来中央秘书处为配合中统局的业务活动，把中央党部的交通处和统计处划归中统局管辖，组织机构有所扩大。中统局加设了人事室，主任章祖模；会计室，主任李光灼；秘书室，主任濮孟九；机要室，主任徐兆麟；训练委员会，主任王杰夫；纪律审查委员会，主任王思诚兼；研究室，主任顾建中。

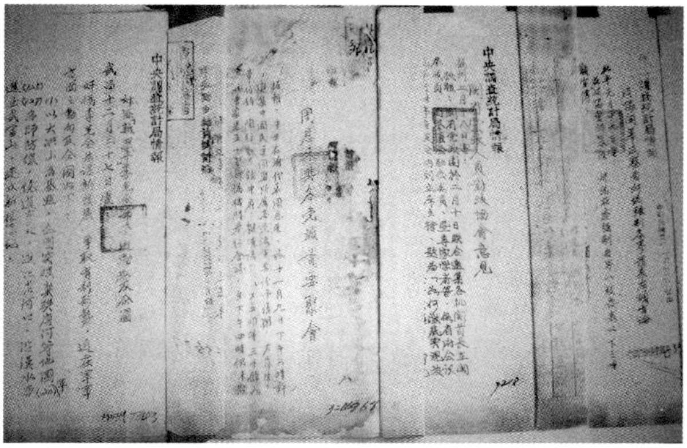

中统局情报资料

中统局在抗日战争期间，虽然亦为抗战做过贡献，但它的本职工作还是反共。陈氏兄弟和徐恩曾深知蒋介石对中国共产党的疑惧心理，尽管抗战期间国共二次合作，但蒋介石骨子里对共产党的防备还是很深的。1939 年初，徐恩曾召集中统骨干濮孟九、王思诚、梁辅丞、谢永存等人，开会商议限制共产党活动的办法。会议讨论决定指派王思诚起草《限制异党活动办法》。[1] 在徐恩曾和濮孟九等修改过之后，由陈布雷转呈蒋介石，蒋看过大喜，稍改之后，随即在全国、全国民党系统颁发施行。这个办法下发之后，国内掀起了一股反共高潮。由此可见，中统在坚持反共方面可谓“功劳”不小。

此外，中统局还曾严重破坏了中共南方局，逮捕了廖承志等一大批共产党员，使中国共产党的南方组织被破坏殆尽。

1941 年冬，太平洋战争爆发后，世界反法西斯力量联合起来，中国的抗战开始有了国际组织的联合和帮助，情报工作部门也开始了与国外的合作。1942 年至 1944 年，中统局与英国情报机关合作，先后组织过缅甸工作队、旅印华籍海员工作队、新加坡工作队，为中国及周边国

[1] 张文：《中统二十年》，载《中统内幕》，江苏古籍出版社 1987 年版，第 74 页。

家的抗日战争做出过一定的贡献。

抗战结束后，随着国内对和平民主的呼声越来越高，各民主党派和人民群众纷纷要求取消特务；于是，上不得台面又不得民心的国民党特务组织开始走下坡路。而中统老板徐恩曾的下台，更加速了它走向衰落的步伐。1947 年秋，存在了九年之久的中统局改为中国国民党中央执行委员会党员通讯局，简称“党通局”，开始进入它的衰落期。1949 年 5 月，国民政府南迁广州，中统组织继续降级，由“党管”变为“政管”，改由内政部主管，随之名称也改为内政部调查局。在国民党败逃台湾后，中统组织在大陆的活动也随之走到了尽头。

[第二章]
中统巨枭

第一节　中统教父——陈氏兄弟

“蒋家天下陈家党”，这是人们描述民国政坛上的陈果夫和陈立夫兄弟权势的戏言。但在大陆时代，整个国民党的党务工作掌握在陈氏兄弟手中却是不争的事实。他们创建了国民党中央俱乐部，也就是大家所熟知的“CC 系”。陈氏兄弟，相貌斯文，举止文雅，身家清白，似乎与万恶的中统特务丝毫搭不上边，而且他们表面上也确实没有出任中统历史上的具体领导职务。但是，我们讲到中统，却无论如何也绕不过这两兄弟。为什么呢？因为中统自诞生之日起，就处在陈氏两兄弟的卵翼和控制之下。可以说，陈氏两兄弟既是中统的开山鼻祖，也是实际控制的幕后老板，是名副其实的中统教父。尤其是陈立夫，在中统的创建及发展过程中，一直发挥着不可或缺的领导作用，他因此被称为国民党特务之魁。

叔父庇荫

民国时期，在盛产革命党人的浙江省湖州府，即吴兴县，坐落着一座陈宅。这陈宅是当地的富户人家，据陈氏家谱考证，他们的祖先是舜帝。这个号称有帝王血统的陈氏府第，在 19 世纪末 20 世纪初喜得两子，分别是出生于1892年的陈果夫和出生于1900年的陈立夫兄弟两人，让这个家族在政治上得以发迹。

陈果夫和陈立夫的父辈时代正逢社会动荡，民族灾难深重，反清革命风起云涌。陈氏兄弟的父亲陈其业在家乡经营实业；二叔陈其美是当时著名的革命党人，曾任沪军都督；三叔陈其采参与创办湖南武备学堂，辛亥革命后亦在政府任职。陈果夫和陈立夫的成长和发展不仅得益于父亲创办实业创下的富裕家境，也受到两个叔叔革命思想的引导和帮助；尤其是二叔陈其美，可以说兄弟俩日后在政界的成功是靠着二叔的影响庇荫才达成的。

陈其美

陈其美，字英士，上海青帮头目，民主革命志士，辛亥革命初期即成为孙中山的左右手，被孙中山誉为“民国长城”“民国起义首功之人”。从1906年加入同盟会，到1916年被刺身亡，陈其美的政治生涯不足十年，却成为民国史上的风云人物。陈其美虽然英年早逝，但他的家人及老部下受他庇荫而发达的何止数十人，这其中的缘由就是因为他和后来国民党领袖蒋介石的金兰之谊。

陈其美对蒋介石有着知遇之恩。1908年春，蒋介石东渡日本后，在东京初遇陈其美。当时孙中山领导的同盟会为了借助帮会的力量推动长江流域的革命，任命陈其美为中部同盟会庶务部长。蒋介石对陈的江湖作风及在帮会中的地位十分折服，两人意气相投，引为知己，后又结为“盟兄弟”。

1911年武昌起义后，蒋介石应陈其美之召，于当年10月30日从日本回到上海，活跃于上海帮会组织之中。次年1月14日，他奉陈其美之命潜入上海法租界广慈医院，暗杀了正在这里治病的光复会领袖陶成章。蒋介石与陶成章在历史上并无恩怨，只因为上海光复前后，陈其美与陶成章为争夺革命领导权产生了矛盾，更因为陶成章在孙中山面前斥责陈嫖赌成性，使陈在愤恨之下动了杀机。最后陈其美又因与陶成章抢做浙江都督发生直接争斗，他便派蒋介石率杀手，深夜撬门潜入病房，枪击陶氏，弹入左脑而亡。

陶成章被杀一案在国内引起轰动，上海举行了有四千多人参加的民众追悼大会，杭州市则万人出动迎接陶氏骨灰回杭。孙中山先生闻讯"不胜骇异"，"非常痛悼"，并立即下令："严速究缉，务令凶徒就获，明正其罪，以泄天下之愤！"

蒋介石刺陶之后，拿着陈其美给他的丰厚报偿，匆匆逃往日本躲避；直至是年冬，该案风声渐渐平息，这才悄悄返国潜回宁波老家。[1]

蒋介石刺陶"一枪成名"，开始了他正式登上中国政治舞台的活动史，从此现代史书上出现了蒋介石的名字。过去曾有评论说："刺陶事件对蒋氏政治生涯有很大的影响，这是蒋氏登上政治舞台前所从事的第一件反革命的行为。但是由于这行为，更加博得陈其美的青睐与信任。陈是江浙财团的政治代表，透过陈的关系，蒋氏逐步靠向江浙财团。上海帮的财经集团及帮会组织，终成为二七年政变以后蒋的最大支持实力。"[2]

1910年5月，蒋又经陈其美介绍，受到孙中山的单独接见和赏识，随后其政治生涯便直上青云。因此，蒋介石对这位年长十岁的良师益友的知遇之恩铭感不忘，自诩为"陈（其美）烈士的化身"，"没有陈（其美）烈士就没有国民党"。1916年5月8日，陈其美在上海被袁世凯的刺客所杀。孙中山伏尸痛哭，悲伤至极。5月20日他在给黄兴的信

---

[1]　毛思诚：《民国十五年以前之蒋介石先生》（上），二史馆馆藏蒋介石档案，第97页。

[2]　陈鼓应：《蒋介石的第一次暗杀事件》，转引自李敖：《蒋介石其人》，人民文学出版社1994年版，第17页。

中说："英士忠于革命主义，任事勇锐，百折不回，为民党不可多得之人。"蒋介石听到陈其美遇刺的消息，立即赶回，也伏尸痛哭。由此可见陈其美在孙中山和蒋介石心目中的地位之高。

在陈其美的有生之年，蒋介石没能报答他的知遇之恩，陈的两个侄子追随他后，蒋便把他对陈其美的感情转移到了他们身上。可以毫不夸张地说，蒋介石对陈果夫和陈立夫的重用到了偏爱的地步，在大陆时期，蒋是听不进任何人对二陈的非议的。待到蒋介石率国民党败退台湾之后，鉴于大陆党务的全盘失败，为推脱责任并扶植儿子蒋经国，他对二陈冷落了一段时间。陈果夫不久就去世了，而陈立夫则远走美国，一度靠养鸡为生。1966 年，受邀参加蒋介石八十寿诞庆典的陈立夫回到了台湾。蒋介石提出希望他回台居住，并诚恳地说："果夫去了，我必须为你负责，否则，百年之后，我何颜面重见英士先贤。"可见，蒋介石对陈氏兄弟的照顾，确实是看在陈其美的份上的。

陈果夫和陈立夫自幼聪明伶俐，深得二叔陈其美的喜爱。陈其美每次回故乡，总要把外面的世界向两个侄子描述一番，大上海滩的奢华、外国人的横行、革命运动的热闹等，这所有的事物在两个孩子听来都是那么的吸引人，他们对外面的世界充满了向往。在二叔和三叔的影响和帮助下，陈果夫和陈立夫都告别家乡，外出求学。

在大多数孩子还赖在父母身边撒娇的 13 岁，陈果夫就告别了父母，随三叔到湖南长沙明德学堂读书，小学毕业后又考取明德中学。在这里，年少的陈果夫的眼界和思想都受到了极大的冲击。湖南是中国资产阶级革命运动的中心之一，民主主义思想特别活跃，陈果夫在学校接受了西方文明的熏陶，开始认识到中国因积贫积弱在国际上地位低下，处处被动挨打。渐渐地，陈果夫开始接受民主革命思想。1907 年，陈果夫又在二叔陈其美的指导下，考入浙江陆军小学。在这里，陈果夫还领导陆小的学生们罢学反抗学校总办，取得了胜利。从此，陈果夫成为学生领袖，并参与筹办革命性秘密组织“襄义社”，鼓吹反清革命。1911年，陈果夫考入南京陆军第四中学。辛亥革命爆发后，他便随二叔参加了革命。武汉保卫战，光复上海，二次革命讨伐袁世凯……革命的炮火不仅开阔了这个年轻人的视野，历练了他的意志力，更为他日后的仕途发展增加了必不可少的筹码。革命中，陈果夫在二叔的带领和引导下，与蒋介石、张静江等人共事过；在以后的岁月里，这些政界大腕们对陈果夫的栽培和提拔也是有目共睹的。陈果夫从此结束了学业，投身到革命中，并正式加入中国同盟会，成为孙中山的中华革命党的一分子。

受叔叔和哥哥的影响，陈立夫也非常羡慕在外闯世界的哥哥，他也渴望自己能到外面去读书。1914 年，14 岁的陈立夫离开了家庭，来到大上海，考入南洋路矿学校中学部，开始接触自然科学知识和英文。在这里，陈立夫被自然科学的奥秘所深深吸引，迷上了采矿技术，并立志要当一名采矿工程师。可惜的是，就在陈立夫到上海读书的第三年，他的经济支柱——叔叔陈其美被袁世凯暗杀。在三叔和哥哥的接济下，陈立夫得以继续读书。从北洋大学采矿科毕业后，又远赴美国匹兹堡大学

1913年，陈果夫和陈立夫兄弟合影。

留学，一年后，提前获得矿冶工程学硕士。当时他的梦想是做一名出色的矿冶工程师，走实业救国之路。

陈其美被袁世凯暗杀后，陈果夫觉得世事难料，前途叵测，悲叹："关山难越，谁悲失路之人？"孤独和彷徨间，他决定回到故乡湖州。

兄弟从政

故乡的生活虽然怡然自得，但终究找不到目标和方向。在岳父的帮助下，陈果夫又回到了十里洋场，进入金融界。这是他人生的一个转折点。在这里，他与蒋介石、张静江、戴季陶等国民党同志筹设了证券物品交易所，以助筹措革命经费，救济革命先烈遗孤。后来，陈果夫对此回忆道："在民国九年的秋天，总理命令本党同志在上海筹设证券物品交易所。蒋先生把这件事告知了我，并且要我研究这问题，我因特地到日本人办的上海取引所去参观了两次……组织第 54 号经纪人号，名茂新，做棉花、证券两种生意。因为我比较内行，推我做经理。"

交易所，说白了，就是一个投机场所，买空卖空。陈果夫的经营是成功的，他干得如鱼得水，赚足了金钱，既解决了自己在大上海的开支，又支持了弟弟立夫在北洋大学的学业；更重要的是，他还多次用经营所得资助孙中山的护法运动。当然，与他一起共涉投机场所的蒋介石也在这里面捞到了大钱，这使蒋介石对陈的能力有了很大的认识，日后蒋介石在缺少人手时，便能自然地想起那个带他在上海滩发财的"贤侄"来。同时，在这一阶段，陈果夫也巩固了他与戴季陶、张静江等人的关系，他的才干得到了这些政界大员们的认可。从这里开始，陈果夫与蒋介石建立起了知己般的关系，荣

陈果夫

辱与共，日后蒋介石势力如日中天，陈果夫也跟着水涨船高，平步青云。

在陈果夫逐步混入政界，前途一片光明的时候，弟弟陈立夫从美国留学回国了。学识渊博、意气风发、出国镀过金的陈公子，并不像哥哥那样醉心于政治，而是一心想沿着他的采矿梦走下去，直至成为顶级矿冶工程师。家人，包括哥哥陈果夫，对于立夫的选择都不满意，都希望他能通过仕途而出人头地。机缘巧妙安排，恰在此时，忙于筹设黄埔军校的蒋介石身边急需人才，尽管陈果夫已经在努力帮忙，但南方政府、黄埔军校的筹设求贤若渴，蒋介石电催陈果夫想办法解决。陈果夫灵机一动，想到了弟弟，立夫不正是最合适的人才吗？陈果夫写信让蒋介石亲自劝说弟弟参加革命。果然，蒋介石接连写了几封信给陈立夫，动之以裙带之情，晓之以时局利害。陈立夫终于放弃了他的实业梦，工程界的未来之星尚未升起便已沉没，政治界从此多了一个厉害的角色。从此，陈立夫便成了蒋介石身边的机要秘书，为蒋出谋划策，取得了蒋的信任和欣赏，为日后仕途的顺利发展做了最初的铺垫。

陈立夫尽管初涉政坛，政治直觉却相当灵敏，从他后来的表现看，他的确是块搞政治的料。在他刚刚当上机要秘书没多久，就遇上蒋介石提出辞去“军事委员会委员”和“广州卫戍司令”职务，声称要“出国修养”。当时正是第一次国共合作时期，蒋介石为发展个人势力，与共产党和苏联顾问以及汪精卫之间矛盾日益尖锐。蒋介石提出辞呈不过是一种以退为进的要挟手段，不料国民政府主席汪精卫并未如他所期待的那样予以挽留，这就使他无法下台，只好派人购买船票，带着陈立夫准备离开广州去上海，然后出国。

陈立夫认为如果蒋介石此时离开广东很可能就此大权旁落，着实可惜，因此他竭力劝说蒋介石留在广州与共产党斗。但蒋介石已经势成骑虎，只好仍然乘车前往码头。

“干！手上有兵为什么不干？”在车上，看着阴沉着脸一言不发的蒋介石，陈立夫仍不放弃地劝说他。车到码头，轮船已经升火待发，蒋介石沉吟良久，最后断然将手一挥：“回去，不走了！”

一周之后，蒋介石在广州制造了震动一时的“中山舰事件”。蒋介石借口中山舰擅入黄埔，逮捕了海军局代理局局长、中山舰舰长共产党员李之龙；并派兵包围省港罢工委员会，拘捕黄埔军校及第一军中的共产党员；随后利用陈独秀和苏联顾问鲍罗庭的妥协退让，迫使共产党人退出第一军。此后，蒋介石加快了夺取军权和排斥打击共产党的步伐。

二十多年后，周恩来在分析当时国共关系时，谈到了陈立夫在“中山舰事件”中所起的恶劣作用：“张静江、陈立夫都于一九二六年一、二月回到广州，同蒋介石进行勾结，挑拨国共关系。这就是三月二十日中山舰事变的原因，也是三月二十日事变以前的政治形势。”

“中山舰事件”的成功使蒋介石对陈立夫大为赞赏。陈立夫很快就被蒋介石提升为国民革命军总司令部秘书处机要科科长，从此开始踏上了他的政坛快车道。

“蒋家天下陈家党”

陈氏兄弟的发家是从“清党”反共开始的，他们一生最大的成就也跟国民党党务活动分不开。可以说，与共产党为敌是陈氏兄弟成功的利器。整理党务，主持“清党”，创立“CC 系”，成立中统特务组织，所有这些，都与他们反共的历史密不可分。在国民党内有个不成文的说法，在陈家兄弟出道前，是“蒋家天下丁家党”；陈氏兄弟插手党务后，丁惟汾主持党务的时代便结束了，陈氏兄弟自上而下全面把持了国民党党务系统。

1926 年 5 月 15 日，在广州召开了国民党二届二中全会，在这次会上，蒋介石与谭延闿等 9 人联名向全会提出了旨在限制共产党、篡夺国民党党权的《整理党务案》，迫令担任国民党中央各部部长的共产党员全部辞职，换上了国民党右派。蒋介石也因此当上了国民党中央组织部部长兼军人部部长。随后，又当上了国民党中央常务委员会主席和国民革命军总司令，掌握了党、政、军、财大权，这是蒋介石登上政治权力顶峰的开始。很快，身兼数职的蒋介石便感力不从心，必须要有个得力干将为他分忧才行。谭延闿向蒋介石推荐了陈果夫，蒋介石想起了上海那段交往，他立即任命陈果夫为国民党中央组织部秘书，将组织部全权交与他，具体负责实行“整理党务”的工作。

“果夫有办法”

事实证明蒋介石的眼光是对的，“果夫有办法”。以“会想办法”、“点子多”出名的陈果夫很快就上手了，把国民党的组织人事全部揽到自己手中。从国共第一次合作以来，在共产党员谭平山等人的努力下，共产党人在国民党中央组织部内占了近半壁江山；但陈果夫介入后，中央组织部大权完全落入国民党手中。陈果夫通过硬性外调、打击排挤、恶意逼迫等恶劣手段，将共产党员排挤出国民党中央组织部，使之完全成为国民党的天下。在各地方，陈果夫也想尽办法，将地市党部中的共产党员排挤出去。广东省和广州市党部是当时国民党中央所在地，陈果夫亲力亲为，派入国民党右派分子夺权。其余省市的党部，也通过委派亲信的办法，将右派分子派到各地市去主持“清党”。经过一系列努力，陈果夫将国共合作以来共产党在各级党部的势力进行排挤，即使留有几个共产党员，也发挥不了作用。除此之外，陈果夫认为共产党在控制党员思想上有一套，他便借鉴来，在国民党内举办党政训练所，想借此把国民党员从思想上套牢。但是这种画虎不成反类犬的做法最终却失败了，因为只学习表面功夫，而不具备真正的本质内涵，是成功不了的。

1927 年宁汉分裂以后，武汉的汪精卫、唐生智等人指责蒋介石

“目中无党”、“军事独裁”，倒蒋的声势颇大。在内外交困的情况下，蒋介石考虑到自己的地位还不巩固，也缺乏外界的支持，于是采取暂避锋芒、坐观形势以待东山再起的策略，于1927年8月13日宣布辞去国民革命军总司令职务，正式下野。但他的“下野”并不代表从此不过问政治，浙江慈溪的山水间，经常可以看到蒋介石和他的心腹们的身影。醉翁之意不在酒，他们聊的是日后的大计。陈果夫和陈立夫弟兄两个也到了慈溪。为支持蒋介石重新上台，陈氏两兄弟多方笼络人才，并逐渐形成一个帮派的雏形。1927年11月初，在二陈的努力策划下，纠集力量成立了秘密组织，取名为“中央俱乐部”，英文是Central Club，缩写为“CC”，故简称为“CC系”。

“CC系”的势力

“CC系”在国民党内的势力非常强大，秘密在于陈氏两兄弟对中央组织部十年的控制与经营。国民党中组部负责建立和审查所有省市级党组织，并向政府、军队、工会和青年组织里的党部派遣中高级人事干部。陈果夫于1926年成为组织部部长，任职长达6年。而他的弟弟陈立夫负责该部的调查系统。1932年，陈立夫接替哥哥的位置，当了中组部部长，并在后来的四年里把他的活动扩展到情报、调查和安全领域，成了中国共产党的劲敌。于是，陈氏在国民党中央形成了绝对强大的一派势力。正因为此，有很多人认为“CC”应是二陈的姓氏缩写。1931年，国民党72名中央执行委员会（中执会）成员中，有15%属于“CC系”；1935年中执会180名委员中，有50人是陈派的人；到抗战爆发前他的势力顶峰期间，“CC系”已有上万成员，多数为国民党中低层干部。

“CC系”与中统都是在陈果夫和陈立夫的掌控之下的，很多人会误认为二者是同一个东西，实际上两者有着根本的不同，属于两个系统。“CC 系”只是一个政治派别，不是一个组织，而中统则是正式的一级国民党中央组织，有专门的办事机构，有自己的组织章程以及严格的人员控制。当时中统内只有少数高层领导是“CC 系”的成员，但是“CC 系”并未有成员在中统内任专职特务，甚至有许多“CC 系”分子非常看不起在中统内做特务的人。

蒋介石重新上台后，陈立夫和陈果夫即着手整理党务，对各级党部进行大规模整理，将共产党、国民党左派及异己势力全部逐出党部。此外，他们还对全体国民党员进行重新审查登记，党员们要交代清楚自己的政治倾向，并承诺同其他党团组织划清界限。陈果夫甚至还在党员登记表上设置一必答题目，要党员们说清楚三民主义与共产主义的区别，以此来判断党员的政治倾向。重新登记过的党员，亦被控制在严格的党规党纪之内，要求全体党员必须绝对服从命令。

在“清党”的过程中，陈氏兄弟对中央组织部机构也进行了整顿和改组。其中一个历史性的变化就是把组织部里原本不起眼的调查科加强并扩大，成为一个举足轻重的机构。国民党中央组织部党务调查科在第一次国共合作时的任务，只是收集整理党内的各种资料，并做一般性的社会调查。蒋介石取得了党政军大权后，为达到打击中共和其他政治力量以及国民党内其他派系的目的，开始着手建立特务组织。为掩人耳目，便将特务工作转到了党务调查科下。蒋介石对调查科十分重视，从各方面给予大力支持，要钱给钱，要人给人。这样，国民党特务机构中统的前身——中央组织部党务调查科，就正式建立起来了。

陈氏兄弟对中统的控制

掌控国民党党务的陈氏兄弟，虽然没有亲自出任中统的直接领导，但在事实上是中统特务组织的“幕后老板”，是名副其实的中统“教父”。自中统成立之日至最终灭亡，它的发展从来都没有脱离过陈氏兄弟的控制。

对于这一段历史，陈立夫几十年后有过深切的回忆，他在接受采访时曾津津乐道地回顾并论述了他受命组织特务机构的原因与经过：

“我奉到这个命令，感到我的个性对此颇不适宜，并且对这项工作丝毫没有知识和经验，因为我是学采矿工程的，对物而不对人。因此我去请教戴季陶先生，戴先生听完了我的陈述，他说：‘你是一位和善而有智慧的人，做调查工作的人，固然三教九流的人都需要，但是要去管这些人的人，需要一位慈祥而公正的人，才能管得住他们而不出乱子，你看寺庙中两边站的十八尊罗汉，个个都是浓眉怒目三头六臂的，但是中间坐的那位如来佛，却是何等的慈祥雍穆，惟其如此，才能管得住，做得好，所以蒋先生要你去做，就是这个道理，我看你还是从命罢！’我听了，才决定去做的。组织部调查科就这样开始的！我所知道的人，多半是美国留学生，学工程与自然科学或社会科学的，所以调查科开始组织，就是请这些人帮忙参加，他们中没有一个懂得美国 FBI 或苏俄的格别乌类似我们的调统工作的。我们的科分调查与统计两组，一面做，一面学，究竟这些人都是受过高等教育且有科学训练的。但是美国科技对付苏俄科技的初步决斗，比较起来，还是我们比较高了一手。我们的工作进行得非常顺利，我们不久就破获了若干共党秘密机关，声势大振。但不到一年半我就由科长被升为中央党部秘书长，科长一职经张秘书道藩等先后兼代，最后由徐恩曾（学电气工程的）接充。由于此一工作是新创的，我虽然离开了科长职位而去担任中央秘书长，许多事情，还是要来请教我的，所以不能完全不管。”[1]

时年 28 岁的陈立夫亲自担任了调查科的主任，他规定调查科有三项主要任务：第一，调查党员的思想及派系隶属；第二，搜集共产党及

[1] 王禹廷：《专访陈立夫先生：中国调统机构之创始及其经过》，载徐恩曾等著：《细说中统军统》代序，（台湾）传记文学社 1992 年版。

其他党派包括国民党内各派系的情报；第三，配合国民党警宪机关，破坏共产党及其他党派的组织，捕杀共产党人和进步分子。由此可以看出，调查科就是“清党”反共的特工魔窟。在日后的发展中，调查科几次改组易名，但主要任务及人员班底都没有大的变化。直到 1938 年 3 月，在国民党临时全国代表大会上，经蒋介石提议，以军事委员会调查统计局第一处为基础，正式成立了中国国民党中央执行委员会调查统计局，即历史上的“中统局”。

陈氏兄弟多年来都能把中统牢牢地握在手心，靠的是他们对中统人事的严密控制。中统的历届领导及机构内的骨干分子，都是陈氏兄弟的亲信，多数都跟他们沾亲带故，由他们亲自安插。例如中统史上的两个主要负责人叶秀峰、徐恩曾，都是二陈的故旧。叶秀峰早年与陈立夫在北洋大学同学，毕业后又一同赴美留学，他靠此关系跟陈立夫一同进入国民党中央党部。在陈立夫升任国民党中央秘书长后，他继任中央组织部调查科科长。徐恩曾与二陈的关系则更近，他们不仅是老乡关系，而且徐家和陈家有表亲关系，徐称陈为表兄，虽然徐的实际年龄比陈立夫稍大一点，但因陈官职高，徐一直尊称其为兄。徐也跟陈立夫在美国同学过，而且徐还是陈的学长。调查科刚成立时，陈立夫手下只有十几个人，兄弟二人找到蒋介石扩充编制之后，在陈果夫主持的中央党务学校毕业生中选中 10 人进来，这批人无疑是二陈的心腹。1930 年，又由陈立夫从中央军校六期毕业生中选拔了 20 人，并以这 20 名特工人员为基础，成立了特务工作总部（简称特工总部），这也是中统的前身。

陈氏兄弟一直视中统为自己的囊中之物，他们对中统的控制是严密的，历来国民党内部分高官觊觎中统，例如朱家骅等人，曾想往里面安插亲信，都没有完全得逞过。

朱家骅曾留学德国，在国民党中央从事党务工作，他原本并没有想染指中统的念头，但在 1938 年中统改组后，时任中央秘书长的朱家骅兼任中统局长，而徐恩曾只任副局长。朱家骅以为自己已经身为中统老大，这简直是上天赐给他掌控中统的良机。于是企图通过安插亲信的方式慢慢向中统渗透势力。开始，他安插了刘次箫等几十号人，刘直接被委任为主任秘书。在朱的授意下，刘次箫常常不听徐恩曾指挥，自作主张，结果中统的人根本就不买他的账，经常不分场合地对他进行羞辱谩骂，刘次箫被大家戏弄来戏弄去，被摆弄成了傀儡。而其他朱的亲信，则大部分都灰溜溜地离开了中统。朱家骅的计划宣告失败。两年后，朱家骅又把郭紫峻调进中统做副局长，地位跟徐恩曾平起平坐，徐恩曾岂能容忍，而郭也自觉斗不过徐恩曾，最后又灰溜溜地回去了。朱家骅不仅从人事任用上想把持中统，甚至利用手中职权，在经费和上下行文等方面故意刁难，但最终他的目的也没能得逞，中统权力一直没有被他分享到。

陈氏兄弟对中统的控制，还表现在他们对中统成员的控制上。中统内部人员，如果胆敢跟陈氏兄弟作对，那么结局只有一个：走人。据中统老人、时任调查科助理干事张国栋回忆，1929 年 12 月，调查科主任叶秀峰因为某个问题与陈立夫意见不合，叶对陈立夫的处理方式不满，就开始消极工作，甚至发展到最后撂挑子跑到杭州散心去了。叶秀峰也许只是想做做样子，也可能对当时地位还不是太高的调查科的前途没有太大信心，他并未意识到自己的行为有何不妥。在叶心中，还保存着当年在美国与陈立夫同学的意识，指望平等相待。但是他错了，同学关系是有限的，现在地位不同了，曾经的同学一旦成为上司，那么就必须服从。叶秀峰在陈立夫面前还想尽力维持他那点自尊心，不肯降低姿态，这在陈立夫看来，就是表明叶这个人对自己不够忠心和驯顺，这样的下属让他有了看法。叶出走后，陈立夫趁机把这个不肯听话的下属调远，把跟他关系更亲近也更加驯顺的徐恩曾调到调查科做头头了。

陈氏兄弟对中统的控制，还有一种表现方式，就是培植代理人。徐恩曾就是他们用来控制中统的一颗能干的棋子，他们通过控制代理人，达到控制中统的目的。徐恩曾之所以能在中统的实际掌门人位子上干满 15 年之久，除了个人能力，还与他对陈氏兄弟的忠诚和驯顺分不开。徐恩曾执掌中统 15 年里，能够做到大事请示、小事汇报。中统老特务祝雅韵曾回忆说："陈立夫经常打电话来找，徐亦常在陈家，有时直到深夜。"中统的所有重大发展，并不都是徐恩曾的功劳。每当中统的发展遇到困难的时候，陈氏兄弟总会及时干预，并提出自己的解决办法，然后通过徐恩曾来贯彻执行。从中统人员变动到中统每条律令的制定，乃至中统经费的拨付使用，再到中统具体执行的大事小情，徐恩曾全部要汇报至陈氏兄弟案前，接受他们的指示。可以说，中统的所有重大决定决策，陈氏兄弟特别是陈立夫，都亲自参与其中。另外，陈立夫还时常为中统高干们开会，传达上峰的指示，贯彻自己的决策，中统人人都知他们的大老板就是陈立夫和陈果夫。

兄弟暮年

陈果夫和陈立夫两兄弟在国民党大陆时期可谓极尽荣耀，均身兼数职，作用巨大。1949 年，随着国民党政府在大陆政权的倒台，兄弟二人随即迁往台湾；随后在本不该退休的年纪，提前开始了归隐山野的流放生活。

蒋介石败退台湾后，开始认真反思在大陆执政的失败，为寻找"替罪羊"，他把责任推到一班"老臣"身上，并刻意培养自己的大公子蒋经国接班，陈氏兄弟因此被冷落。1950 年，蒋介石实施了一系列的改革，为自己和蒋经国的政治前途扫清道路。在人员任命上，提拔了陈诚、吴国桢、周至柔、孙立人、蒋经国、桂永清等人担任军政要职，这些人多数年纪尚轻、资历稍浅，可方便突出蒋经国的重要性。陈氏兄弟自然不在圈内。同年 7 月，蒋介石宣布国民党改造方案，并委任 16 名

“中央改造委员”和25名“中央评议委员”。照理说，国民党一直控制在陈氏兄弟手中，对国民党的改造，必得重用二陈。但结果出乎所有人的意料，刚年届五十、正是政治黄金年龄的陈立夫没有被委任一官半职，倒是肺痨晚期、无力议政的陈果夫被列入25名评议委员之中。而整个势力强大的“CC系”，也只有张道藩被象征性地列为16位中央改造委员之一。这对二陈来说，是不祥的征兆，这是蒋介石抛弃二陈的明显举措。蒋介石在台湾反思过程中，认为自己的失败归根于国民党的腐败，而国民党就是在陈氏兄弟手中走向腐败的。对此，陈氏兄弟难辞其咎。另外，陈氏兄弟把控国民党党权多年，势力根深蒂固，其掌控的“CC系”自成一大帮派势力，不时与党内各派产生矛盾、摩擦；尤其让蒋介石容忍不下的，是“CC系”与蒋经国的“团派”也暗地里争权夺利，这对蒋经国的继位是很大的隐患，必须痛下杀手进行处理。

陈果夫当时已病入膏肓，结核菌已蚀透了他的左右双肺，甚至侵入血管和脑部。蒋介石的排斥更令陈果夫雪上加霜，他整日在家养病，不敢多关心政治，只是利用病痛的间歇，写写自己坎坷浮沉的一生。由于身体原因，他只完成了《苏政回忆》一书，他要写的很多很多话，都已经不能见诸笔端了，只能留在肚子里带到另外一个世界。1951年8月25日，陈果夫终于没有熬过病痛折磨，在遭受蒋介石的冷落遗弃中病死，时年60岁。他死后，蒋介石碍于多年的情分，曾两次前去吊唁，并题写“痛失元良”的挽额。次月，蒋介石又颁布了对陈果夫的褒扬令，高度赞扬了他一生的功绩，但这更多只是做给后人看的形式而已。

陈立夫不同于其兄长，他身体健康，年富力强，留在台湾对蒋介石的威胁太大。而他也很有自知之明，在蒋介石的一系列举措中，他觉察到了自己面临的危险。在太太孙禄卿的劝说下，于1950年8月4日，携夫人及子女，抛下了八十高龄的老父亲和病入膏肓的哥哥，抛开了恼人的政治，离开台北，前往美国定居。陈立夫先飞抵瑞士，应邀参加在

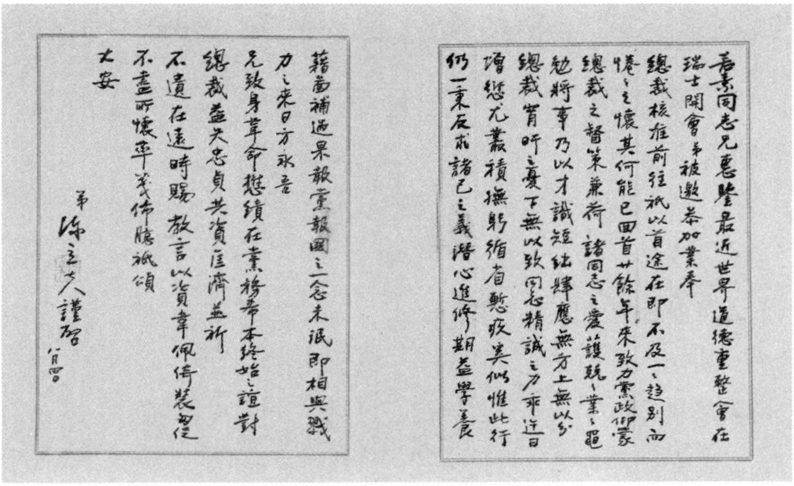

吾素同志兄惠鑒最近世界道德重整會在
瑞士開會弟被邀參加業奉
總裁核准前往祇以首途在即不及一一趋別而
惓惓之懷其何能已回首廿餘年來致力黨政仰蒙
總裁之督策兼荷 諸同志之愛護兢兢業業黽
勉將事乃以才識短绌肆應無方上無以分
總裁宵旰之憂下無以致同志精誠之力乖迕日
增愆尤叢積撫躬循省慙疚奚似惟此行
仍一秉反求諸己之義潛心進修期益學養
藉圖補過果報黨報國之一念未泯即相與戮
力之來日方永吾
兄致身革命懋績在黨務希本終始之誼對
總裁益矢忠貞共資匡濟並祈
不遺在遠時賜教言以資韋佩倚裝匆促
不盡所懷率此佈臆祇頌
大安
弟 陳立夫謹啓

陈立夫离台赴瑞士时给友人写的信函

那里举行的世界道德重整运动会议，之后随即转往美国。在他上飞机前给友人写的信件中可以看出陈立夫对蒋的一片赤诚之心，以及自己离台后对党务工作前途的不放心。

陈立夫与夫人来到美国新泽西州，买了块土地，开办了一个小型农场，养鸡卖蛋，俨然一农夫。他的经营比较成功，在当地慢慢有了名气。农忙之余，读书写作，尤其是对《易经》的研究，有了很深的心得体会，写了一部《四书道贯》，经书商出版销售，竟然异常畅销，大卖万余册，在美国影响很大。随着名气见长，陈立夫的隐居生活也遭曝光，不时有客人、记者、作家登门拜访。陈立夫与客人相谈甚欢，只是闭口不谈政治，并表示不再返回台湾，要在美国终老。

陈立夫旅美期间，有两次回过台湾。第一次是居美十年后，1961 年 2 月中旬，陈立夫接到蒋介石发自台湾的电报，称“尊翁病危，盼即返国”。陈立夫看后，一时百感交集：十年前兄长病逝时，自己未能回去送其最后一程，这些年来时常为此感到痛苦；如今父亲病危，做儿子的，自然要前去了却自己和父亲的心愿。陈立夫立刻打理好农场事务，携夫人飞回台湾。这次回来，蒋介石虽然热情，但态度始终是敬而戒之。陈立夫是个聪明之人，看出蒋介石对自己仍然是戒备有加，自然不便再招惹嫌疑。于是，闭门谢客，全心照顾临终的老父亲，不到一个月的时间，老父亲驾鹤西归。料理完父亲后事，陈立夫也不便再在台久留，于是携夫人又踏上了返美的旅程。

此次返美，陈立夫已是花甲老人，但夫妇俩还是重整农场，继续此前的农夫生活。然而天有不测风云，1964 年 10 月的一场大火，将陈氏夫妇的农场烧成焦土，二人多年的心血付之一炬。这对陈立夫是个不小的打击，儿女们都不想父母再辛苦，争相邀请他们前来团聚。陈立夫思量过后，决定打起精神，与夫人一同重新创业，还是干自己的老本行。虽然辛苦，但小日子过得也悠闲。陈立夫还用大量的业余时间来研究中国传统文化，身心兼修的日子，他倒乐在其中。

1966 年 10 月，蒋介石又给陈立夫修书一封，说来年是自己的 80 岁寿辰，希望陈立夫能回台参加庆祝活动。此时的陈立夫早已锐气尽消，对故土的思念，深深打动着他的心。同年 10 月 26 日，陈立夫悄悄回到了台湾，把自己倾注多年心血所作的《四书道贯》作为寿礼，送给蒋介石。蒋介石此次对陈立夫表示了极大的热情，在陈诚已经故去，陈立夫也成为白发老朽，他们对蒋经国继位已无任何威胁的情况下，蒋介石的戒心也终于放下了。隔阂已消，二人毕竟有半生的同甘共苦、出生入死，至此终于可以叙叙旧。蒋介石正式邀请陈立夫返台居住，陈立夫答应了，回美处理完事务后，他于 1969 年回到台湾，结束了 20 年的流美生活，回到了中国的土地。

陈立夫回台，自然还是不敢再碰政治，交友谈笑都小心翼翼，而蒋介石也只是给他一些“总统府资政”“国民党中央评议委员”等荣誉性职务。陈立夫也乐得接受这个顺水人情，好给自己安排一个安逸的晚年。

晚年的陈立夫，仍是致力于中国传统文化的研究，中医、中药、儒、道，并撰写了一系列研究心得文章，《人理学研究》《易学应用之研究》《生之原理》《孟子之政治思想》《中华文学概述》《中国文化与世界前途》等，并担任“中国医药学院董事长”“中华文化复兴运动推行委员会副会长”“孔孟学会副会长”等职，还受聘于台湾师范大学讲授人理学。

陈立夫晚年在台湾

陈立夫晚年最可称道的事情是致力于祖国的统一事业。随着时间的流逝和历史的发展，当年的反共专家已经慢慢改变了自己的立场，想到了祖国的统一大业，想到此前历史上国共两次合作，他郑重地提出了海峡两岸可以从中华民族的前途和命运考虑，进行第三次国共合作。20 世纪 70 年代，陈立夫通过特殊通道，向毛泽东、周恩来伸出橄榄枝，希望他们能赴台与蒋介石重开谈判。但当时大陆正陷在“文化大革命”的漩涡中，发出的消息如泥牛入海。陈立夫并未灰心，还是在苦苦思索祖国统一的可行之路，他对祖国统一的前途充满信心。他认为国共应该建立互信，加强经济和文化的交流，慢慢达到政治的合作。1988 年 7 月 14 日，陈立夫在“国民党第十三届中央评议委员第一次全体会议”上，联合 34 名“中央评议委员”提出了“以中国文化统一中国，建立共信；以投资共同实行国父实业计划，建立共信；并以争取大陆民心，以利和平统一案”[1]，认为中国的统一只是时间的问题，而且中国

[1] 台湾《中央日报》1988 年 7 月 15 日，转引自范小方、李永铭：《陈果夫和陈立夫》，武汉出版社 1993 年版，第 318 页。

的统一只能依靠自己的力量，不能通过任何其他第三方的插手。这个提案一经提出，立即在海峡两岸和海外华侨中间引起了强烈反响。中国共产党对此提案也深表赞同，《人民日报》专门刊发评论员文章以应和。陈立夫深受鼓舞，但此提案却被台湾国民党当局否决。性格倔强的老人并未就此止步，在日后的两岸经济文化交流中，他都尽可能地参与其中，利用一切可能的机会与大陆联系，为祖国的统一大业奉献着自己的力量。

2001 年 2 月 8 日，国民党元老陈立夫在台中市“中国医药学院”附设医院内病逝，享年 103 岁。陈立夫走了，他的历史功过，自然会留待后人来评说。

第二节　中统老板——徐恩曾

中统，这个国民党的特务机构，真正建功立业是在徐恩曾手中实现的。徐恩曾执掌中统 15 年，将中统从调查科做到特工总部，再到中统局，这期间，他一直发挥着不可替代的中流砥柱的作用。尽管徐恩曾一直不是中统名义上的正牌局长，长期以副局长职务主持中统的日常工作；但是，所有当时的局内人都知道，在中统内部，真正的老大就是徐恩曾。在徐恩曾的操纵下，中统组织日渐壮大，能量骤增，成为民国特工历史上与军统并驾齐驱的特务组织。

徐恩曾其人，表面看来文质彬彬，似乎与黑恶势力特务组织无缘。他中等身材，胖瘦适中，白净的皮肤，没有胡须，前额宽阔，脸上架一副金丝眼镜，笑起来嘴巴边上还有小酒窝，说话低声柔语，举止斯文优雅；更引人注目的是，他还是留学美国卡耐基工学院的硕士毕业生，中国第一代无线电专家，举手投足间都散发着十足的美国味。这样的人，从表到里，都像是一个货真价实的知识分子，跟人们心目中冷酷残忍、蛇蝎心肠的特务头子形象相去甚远。但这正应了中国的古话：人不可貌相。就是这样一个表面温文尔雅的谦谦君子，本该成为中国第一代无线电工程专家的人，却把他在海外辛辛苦苦学习来的知识用到了歪处。他掌握了特工组织中统的实权，并在主持中统实际工作的过程中，对中国共产党及民主人士实施了一系列骇人听闻的恐怖行动。

徐恩曾

书生从政

中国人做官，自古以来就讲究“拼爹、拼老乡、拼亲友”的裙带关系，洋硕士徐恩曾的做官之道也少不了如此。

徐恩曾自幼丧父，母亲把他们兄弟拉扯大。拼爹是拼不起来了，但命运把他的出生之地给选择对了。徐恩曾出生于浙江吴兴，国民政府时期政坛有个耀眼的“吴兴现象”，陈其美、张静江、戴季陶、陈果夫、陈立夫等，这些民国政坛的大鳄们，都出身吴兴。蒋介石奠都南京后，张静江、戴季陶都被尊为党国元老，而陈氏兄弟则是政权新贵。有这样一批故乡人在当时的中央里做大官，故里能受荫庇的乡人自然就不会少。徐恩曾的出道，也正是沾了这个地缘关系的光。

如果非要给徐恩曾找“贵人”的话，那么他的老乡兼带点表亲关系的陈果夫、陈立夫兄弟俩绝对可以称得上是他的“贵人”，尤其是陈立夫。徐恩曾与陈立夫最早的交往是在大洋彼岸的中国留美学生联谊会。徐恩曾于 1922 年自费前往美国卡耐基大学留学，陈立夫 1923 年由天津北洋大学考入美国匹兹堡大学。陈立夫留美期间非常活跃，是留美学生中的风云人物，他跟曾养甫等人领导创办了留美学生联谊会性质的组织“健社”。这个“健社”为远在美国的中国学子提供了交际场合。陈立夫与徐恩曾前后来到美国，又同是吴兴老乡。两人回国后，陈立夫因为叔叔陈其美和哥哥陈果夫的关系，加之自己的聪颖天赋，在政坛一帆风顺，短短的时间就得到了别人需奋斗一生才能得来的权力与地位。当年他的一帮兄弟也托他的福气，如曾养甫、徐恩曾等一帮子“健社”成员，都在陈的关照下，在政坛上发迹。

1925 年，徐恩曾学成从美国归来之际，他的理想尚未涉及进军政坛，还怀着当时时代感很强烈的实业救国梦。他从美国带回一本《美国实业建国名人传》，其中美国著名的垄断资本家是徐恩曾崇拜的对象。另外，毕竟是技术专业人才，徐恩曾在回国后，还订阅了两份美国科技期刊，以便随时了解美国先进的科学技术。这一切都表明徐恩曾尚未脱离他的本专业。他回国后谋到的第一份工作是上海南市自来水厂工程师，虽说这离他的无线电专业有点远，但好歹还是专业技术人才。

命运的转机发生在 1927 年。蒋介石奠都南京后，百废待兴，为适应时代潮流，筹建无线电台成为政府面临的一项紧迫任务。当时的建设委员会委员长张静江打听到他的小老乡徐恩曾正是曾经留洋美国的无线电专家，于是联合陈果夫、李范一等人联合提名举荐其出任中央广播电台的干事兼建设委员会无线电工程处营业科科长。在筹建电台的过程中，徐恩曾的才华逐渐展露出来，陈果夫对他谨慎精细的工作作风和任劳任怨的吃苦精神很是欣赏，于是提名保荐，由国民党中央宣传部部长叶楚伧正式委任徐恩曾为第一任电台主任。

在中央广播电台任主任期间，徐恩曾不仅把自己的专业技术运用到了极致，而且他日后能做官的某些潜质也在工作中慢慢显露出来。当年的广播电台不仅节目不多，而且听众也少得可怜。徐恩曾在安排节目时颇费了一番心思，在每天仅限两个小时的播出时间里，徐恩曾把中央通讯社和当日各大报纸的新闻稿件，中央党部和国民政府的通告，中央党部交办的宣传大纲，中央常会、中央政治会议、国务会议、立法会议、行政院会议的报告决议，都作为他的广播节目。另外，每周一都会在中央大礼堂现场直播“总理纪念周”。如此一来，中央广播电台从创建伊始，就显示出了“党国喉舌”的重要性，这也正好反映了徐恩曾的政治敏锐性，折射出其具备的某些从政所需的基本政治素质。

在中央广播电台干得再好，也不过是个专业技术人员，与入仕差得很远。徐恩曾之心，并不止于他的专业技术岗位，他想做领导，想进入官场展现自己的真正价值。

机会总是青睐有准备的人。徐恩曾在一切合宜的场合，不失时机地向他的表亲陈氏兄弟阐述自己的向往与抱负。终于，在国民党中央党部秘书处出现空缺时，执掌中央党部的陈立夫很自然地想到了徐恩曾；于是，他向在国民党中央组织部做老大的哥哥陈果夫推荐徐恩曾，陈果夫也就顺手给徐恩曾派了差。徐恩曾由此正式跻身国民党政坛。当时的中央党部分三级，部（处）、科、股，徐恩曾初来乍到就做了中层领导，出任总务科科长。

总务科事情琐碎，科长就像单位的大管家，干的多是伺候人的活计。徐恩曾上任伊始，十分卖力而满足，因为自己终于实现了学而优则仕的梦想。他相信只要用心，任何事情都能干得出色。徐恩曾在这个管家式的官员位子上，竟然把他在美国学到的那些新知识用到工作管理当中，总务科被他管理得井井有条。过去乱糟糟的档案也被他管理得井井有条，还为中央党部安装了第一部电话，并设置了一套较为复杂的密电码，不仅提高了工作效率，也使保密工作更上一层楼。总之，中央党部的大管家职位检验并锻炼了徐恩曾的才干，在此基础上，徐恩曾的人生轨迹开始发生变化，逐渐成为一名官场人物。

应该说，总务科科长职位只是徐恩曾的过渡岗位。在总务科期间，徐恩曾不仅表现出了他的管理才能，而且也表现出了对特务工作的兴趣。他利用自己的职务之便，与调查科上下保持了良好的关系。更重要的是，在这个时期，陈果夫竟然从他身上看出了可以做特工人员的潜质，在叶秀峰因为不听话等原因脱离调查科主任岗位后，陈氏兄弟立即就想到了徐恩曾。

从道理上讲，调查科与总务科同属中央党部，级别相当，徐恩曾从总务科调到调查科不过是平级调动，但他为什么这么向往呢？因为调查科领导职务升迁非常之快，简直像坐火箭。在徐之前的几任主任，首任陈立夫很快升职为中央党部秘书处处长，第二任张道藩也在任职后不久升任中央组织部秘书，第三任吴大钧只干了大半年就升职为中央统计处处长，而第四任叶秀峰在离开中统之后，也升任国民党江苏省党部委员。对于徐恩曾这种官欲熏心的人来说，能够尽快提升职务，是最大的诱惑！另外，调查科的工作内容也令人好奇，整天无须按时上班，吃喝玩乐，竟然也都是工作需要，银子花得像流水一样，老蒋竟然连眉头都不皱一下就批准。在徐恩曾的争取之下，叶秀峰出走之后，陈氏兄弟宣布由徐恩曾兼任调查科工作。刚开始是兼代，正职仍是总务科科长；直到 1930 年春，徐恩曾才正式辞去总务科科长一职，专任调查科主任。无人料到，徐恩曾在中统这一干，就干了 15 年。

徐恩曾与中统的历史性发展

1932 年前后，在蒋介石的大力扶植下，戴笠的特务组织得到了快速的发展；对此，原本掌握国民党特务机关的“CC 系”二陈不由眼红，他们授意徐恩曾伺机扩大自己的特务组织。徐恩曾受命后，联系蒋介石上年 5 月对自己的训示，曾要其“放手大干”；于是设计出了一个扩充方案，计划筹建一个“三无”的组织，即一无主管单位、二无公开名称、三无编制限制的“特工总部”。他将此方案呈送二陈，得到赞赏；

转呈蒋介石批准后，立即付诸实施。

徐恩曾将特工总部地址设在南京中华路上的道署街 132 号，一座有 500 年历史的名宅内。这所住宅时称“瞻园”，园名为清乾隆皇帝亲题。这里先后曾做过明代中山王徐达、太平天国东王杨秀清以及民国初年江苏省长的衙门，从此便又成为国民党中统组织的总部。

徐恩曾对特工总部的工作有其独到的见解和做法。

首先，当他看到自中共中央特科负责人之一的顾顺章变节后，中共叛徒日见增多。这些中共叛徒虽然早已没有了共产党人的灵魂，但他们早先接受共产党训练的一套革命作风多少还在，比起国民党内的那些恣意妄为的特务来显然要出类拔萃。因此，徐恩曾特别注重把他在美国学习的一些现代管理技能灌输给手下的干将，要他们注意抓住特务们的心理特点，力求从理论的高度，加强对特务们的管理和驾驭技巧。为此，徐恩曾训示手下：“共产党在组织上、宣传上、工作方法上是有很多长处的，我们应当学它，学好了，就用来打它。”因此，徐恩曾不惜借鉴

瞻园

中共对党员加强革命信念和为共产主义事业献身的节操教育方式，要求在特务当中开展小组活动，每周过小组生活，学习他制定的信条。例如强调“自视太高，自私自利，是内部分化的最大原因”，“互相猜忌，内部分化，是亡国灭种的主要原因”，等等。他还在中统内部大力宣扬集体意识，提倡要过俭朴生活，要帮助别人，要不断求知，要开展批评和自我批评。与此同时，徐恩曾深谙“用人之道，恩威并济，缺一不可”的道理，不时对特务们施以小恩小惠，作为“情感投资”以笼络人心。

其次，在反共策略上，徐恩曾通过总结到调查科后两年多工作中的经验和思考，逐步形成了一套独特的方式。他曾说：“我们对付共产党，必须以组织对付组织，以宣传对付宣传。以其人之道还治其人之身。”这就是要改变过去单纯的逮捕、关押、屠杀政策，而辅之以一套比较系统的劝降、诱降、自首的感化政策。因此，徐恩曾完整地提出了一套“扩大自首潮流，瓦解中共组织”的方针。他十分注重通过特工训练班的方式，把自己的这一套自首叛变政策，系统而有条不紊地贯彻到中、下层特务的头脑中去，以形成所谓“以组织对组织”的坚实基础，最后达成“扩大自首潮流，瓦解中共组织”的目的。

为此，他命令顾顺章为其开办训练班，同时自己亲自出马为特务学员上课。从 1932 年开始后的不足一年时间里，他让顾顺章轮流培训了一千多名中统特务。

针对特务的政治训练，徐恩曾提出过一个“三反”纲领，即要以全民革命来反对无产阶级革命，以阶级调和反对阶级斗争，以三民主义反对共产主义。在“扩大自首”的手法上，他强调要以巧妙的政治宣传来代替单纯的谩骂污蔑，以充满人情味的“思想感化”来代替单纯的身心虐待；在“政治宣传”和“思想感化”的过程中，他提出以倡导儒家礼教来攻击社会主义制度的普遍性原理。徐恩曾在给特务们讲话时故作公正地说：“共产主义理想也许不错，但那是苏俄的东西，惟不适合中国国情，正所谓‘橘生淮南则为橘，生于江北则为枳’也。”对于“扩大自首潮流，瓦解中共组织”政策的执行，徐恩曾以其多年的反共经验，对特务们强调：

一、不能有急功近利的反共心态，要尽量深入工作，不求速效，不急于破坏，只要求尽量扩大破坏面，以期能够对中共地下党组织进行更为彻底的清除。

二、对中共组织内部的运作情况要相当熟悉，针对中共组织不同层次的干部结构与素质情况，采取不同的对策，要软硬兼施，以达实效。

三、要求特务自身必须具备较高的水平，不但要具备反对共产主义革命的理论，而且要对马列主义、社会主义等理论有相当了解；绝不能高喊“蒋委员长万岁”“拥护政府”“效忠党国”等空洞口号，或者耸人听闻地大谈所谓共产党“共产共妻”“欺宗灭祖”等陈词滥调。他认为这些宣传太过低级，对共产党员毫无作用，必须从更高层次上开展攻心战术。

在具体办案中，徐恩曾还摸索出了一套所谓的“软着陆”诱降方式，即一旦在基层发现了一名中共嫌疑对象以后，并不马上逮捕，而是将他定为“说服对象”，派出劝降水平较高的特务，采取秘密方式到“说服对象”家，或者将“说服对象”带到较偏僻的茶馆和清静的马路边，与之先谈生活、工作情况，再谈对共产党的看法和态度。在此情况下，“说服对象”自然不会轻易表明自己的政治态度。这时，劝降特务就开始威逼利诱，如以“你有妻儿老小，全家靠你养活，你参加反动组织，扰乱社会治安，万一被捕，你的家庭不也要受到牵连吗？我们为了挽救你，希望你早点向政府自首，这样既可以保证你的前途，又可以保证你的家庭安全。何去何从，你要三思”之类的话来威逼利诱，并说明“今天的谈话请不要和其他人谈起，否则对你有百害而无一利”，等等。

后经多次的试验，这样的做法收到了一定的效果。因为他们的“说服对象”多为中共基层党员，与中上层干部不同，他们有职业、有家庭，害怕失业。这样的谈话，对于那些革命意志不坚定的人来说会有作用，他们一般不会向中共组织汇报，怕受到怀疑，被断绝组织关系，因有家庭拖累更不敢逃跑。所以，一些人在经过数次谈话后，就办理了秘密自首手续，并留照存档，接着又被放回到中共组织，成为特工总部隐藏在中共内部的内线“细胞”。而后，特工们利用这个内线“细胞”，顺藤摸瓜，寻找中共党内的纵深组织关系，一个一个地进行反方向的说服突破。这就是徐恩曾为中统制定的用来专门对付中共的所谓“细胞”战术。

为了便利内线“细胞”在中共开展活动，徐恩曾还规定，凡发现中共组织内有不利于内线“细胞”发展提升的障碍，各地特务要不惜一切代价予以铲除，以此来为这些内线“细胞”打入更高一级的中共组织扫清障碍。当时，中共上海沪西区委的负责人何阿六、闸北区委的负责人姚长庚等人，都曾是特工总部上海区安插在中共内部的内线“细胞”。由此，在一段时期内，中共沪西区委、沪东区委的几乎整个基层组织的活动，均在特工总部和徐恩曾的掌握之中。当内线“细胞”侦查到一定的程度时，徐恩曾往往便下令开始对中共地下党组织进行彻底破坏，从而取得一网打尽的效果。

上述事实证明，徐恩曾在反共策略上的这些构想，的确给活动在白区的中共地下组织带来了较大的破坏。徐恩曾不无夸张地吹嘘说，经过努力不懈地推进“扩大自首”政策，在抗战之前，其特工总部在中共的各级组织，甚至在中共中央机关内，都培植有自己的内线“细胞”；直到中共到达延安后，这些内线“细胞”才宣告死亡。这些虽无从考证，但显而易见的是，由于特工总部“扩大自首潮流，瓦解中共组织”的政策及其“细胞”战术，从 1932 年到 1935 年的四年时间里，徐恩曾领导的特工总部对上海中共地下党组织的破坏达到了猖獗的程度：中共临时中央连续多次遭到破坏，中共江苏省委连续两次遭到破坏，团中央机关也连续两次遭到破坏。正因如此，徐恩曾便成了与戴笠并列的最受蒋介石倚重的特务头目，中统在国民党内的地位也由此确立。

徐恩曾对中统的控制手段

从调查科到中统，这一特务组织始终是一个秘密而又令人恐怖的团体。徐恩曾对内采取的手法并不完全等同于戴笠对军统的高调与表面的严格要求，他对于属下采取的是双管齐下、软硬兼施的控制手段，从人身自由上加以控制，从精神情感上进行笼络，欲使特务们只能为其效力而始终。

在硬的一手方面，是对特务们的人身进行禁锢和摧残。他们对待自己人甚至比对付共产党的残酷还有过之而无不及，因为徐总是担心一旦有特务叛变，或者脱离组织另外投靠，将给他们造成无法挽回的损失。

参加这一组织的人，先得有两个“特工”作为引荐人，经过上司的严格审查考核后，再填写一份“特工人员登记表”，写上姓名、年龄、籍贯、性别以及详细的履历，乃至亲友的情况、个人的嗜好与特长、爱读什么书和写过什么文章、今后的打算等，另加以前参加过的包括同乡会、同学会在内的政治团体和组织等一切个人资料。表上还得填上几乎卖身的誓词：“绝对服从领导”，“严守组织纪律”，“以特务为终生事业，决不自动求去……如有违背誓言，愿受最严厉的处分”，等等。这样一来，注定一生只能一条道走到黑了。

在特务处及中统局内部，徐恩曾对特务们实行效忠蒋介石的政治灌输教育。他们每个星期要开小组会议一次，会议开始就得全部起立宣读中统局人员八项“信条”，然后每人发言，检讨工作。徐还利用“总理纪念周”集会和不定期的“精神讲话”来灌输他的一套思想。徐恩曾常说：“我们有幸成为领袖的耳目。我们的事业是无名英雄的事业，是崇高而伟大的事业，不为升官，不为发财，只是为着效忠党国，实现三民主义。我们是负责政治工作的核心，谁要是看不起我们这份神圣事业，就是看不起自己……”

徐恩曾等特务头子们总是借各种方法来麻痹特务们的思想，迫使他们从思想上就认为自己干的是一种高尚的职业，背叛就是大逆不道。徐恩曾为中统人员“联谊会”写了会歌歌词，请中央电台的人作了曲，令特工总部全体成员轮流学唱：“同志同事，同心同德，公余联谊胜同胞。为主义，为革命，四维严守，八德兼操。谁不是民间来，民间今如何？生活如悬倒，生活如悬倒，强敌压境，旦夕安保，忧心更加捣！精诚团结，精诚团结，救国救民，责任在吾侪。”

除这些措施之外，徐恩曾还采用禁闭、关押甚至处死等恐怖手段来对付特务们。他任用亲信，出任号称“特务中的特务”的总督察，秘密安排在组织中从最底层到最高级的特务分子身边，密切监督注视特务们的言行；使得特务们自己也无法安宁，朝不保夕，人人自危，只有老老实实地干活，否则就有身家的危险。

在软的一手方面，他注重与手下的特务们联络感情，收买属下的人心。

可举例说明的是，在中统内部，惯用高级别的方式来为那些在敌后沦陷区或中共占领区“因公牺牲”的特务办后事。中统建立了“死难烈士纪念会”，把死者遗像用大幅照片挂起来，以表追悼，做死人的工作让活人看。1943 年，中统曾举行过

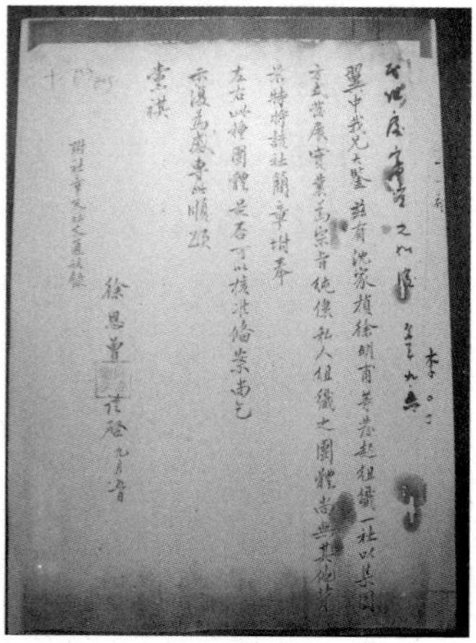

徐恩曾关于中统拟成立“一社”投资实业函件

一次大规模的“死难烈士追悼会”，徐恩曾请蒋介石亲笔题写了“热血忠魂”的大幅横批，悬挂在纪念会门口，还邀请了国民党重要人物白崇禧、沈鸿烈、张道藩，中统的始祖陈果夫、陈立夫等莅临会场，以显示死难者的光荣。徐恩曾亲自陪着这些人逐一阅读死难者生平事迹，亲自讲解，情深之时泪落满怀，让在场的人无不“感动”，用这样的做戏来笼络人心。

在照顾特工生活方面，徐恩曾曾令特务处在南京郊区板桥购买了一大块荒地，盖了一些简易房子分配给特务们居住；他还鼓励所属人员自盖私人住宅，形成了一片住宅区，称为板桥新村。另外，徐恩曾还为特务们的亲属尽量安排工作，给予照顾。如人事室特务万大镰的妻子及其小姨子分别在会计室和文书股工作；中共叛徒王维理和妻子张丽芬同在第二处工作；郭乾辉夫妻同在第二处工作，等等，这样的例子很多。因此，虽然特工们待遇较低，工作苦，但也愿捧牢这只饭碗不放。在那动荡的年代里，能够夫妻一起安居乐业，已实属不易，徐恩曾就以此来稳住特务们的心。徐恩曾对组织内大部分特工的家庭生活情形都知道一二，并不时地与其妻费侠一起去特工们家里坐一坐，问一问有什么困难，承诺尽量解决。这种种方式，使得特工们都认为徐恩曾对自己有恩，愿为其卖命。另外，他每年还组织特工们旅游一两次，如 1937 年 6 月至 7 月，特工总部人员就被组织分批轮流到无锡太湖边度假。

但是，徐恩曾绝非真心善待部下，他为了对特工们进行经济上的控制，各人的工资都由他秘密发放，互不知情，由徐最亲信的会计掌握。中统内部还建立了“联谊会”，硬性规定每个人都要参加，支取月薪时，按比例扣发百分之几的工资作为会费，名为“事业基金”，由他掌握使用。1937 年春，因为此事曾引起特工们特别是一般低薪人员的不满，徐恩曾为安抚人心，被迫在大会上公开宣布基金数目，并把中统灌云农场的土地分给各人，这才平息了风波。

徐恩曾对特工们一边“施恩”，让他们服从，甚至要他们崇拜自己，为自己卖命；然他又对每一位特工都有防心，特别是对中共叛徒出身的特务更不放心。在他负责特工总部工作的日子里，至少有三四个秘书为他起草工作计划、保管文件、代写信函以及对外联系，以便保密。他对这些人员经过特别严格的考核之后，证明“忠实可靠”才予任用，并且不断地轮换，并要求他们互不通消息，以免泄露秘密。

自1931年顾顺章案发生后，徐恩曾从中共叛徒处得到了好处，他便收罗了许多的中共叛徒，如陈庆齐、杜衡、陈建中、胡洪涛、陈文昭等人。但由于徐恩曾对其贴身秘书钱壮飞也是中共潜伏人员之事心有余悸，一朝被蛇咬十年怕井绳，他由此再不敢重用中共叛徒，宣称“只用其才，不信其德”。特工总部的科长和副科长之上没一个是中共叛徒，甚至连为徐恩曾的个人升迁有过极大贡献的中共叛徒顾顺章，也是有其钱而无权，只能得到高工资而已。徐只让他负责一些训练人员、编写教材之类的事。直到1938年中统局成立后，杜衡、陈建中等才爬上科长的位置。

因此，特工们在徐恩曾的硬软两手钳制下，也是不得不就范。[1]

徐恩曾家事

徐恩曾虽生得一副白面书生相，但他骨子里却极为好色，一生光正房太太就娶了三位，而这也是造成他日后倒台的一个很重要的原因。其实在民国时期，男人有个三妻四妾也属常见，但如果在这个问题上栽跟头，那就值得一说了。

徐恩曾出道前，在老家浙江吴兴有一位贤惠的原配夫人，名叫梅子瑛，曾在启明女校肄业。起初二人感情很好，徐恩曾赴美自费留学，得到梅氏颇多帮助。随着徐恩曾在首都南京越混越好，他渐渐觉得没有见

[1] 月西：《蒋介石和他的特务机构》，海天出版社1996年版，第130—132页。

过多少大世面的老婆土气，像个乡巴佬，感觉在各种场合都带不出去，于是逐渐冷落了她。徐恩曾极少回家，即便回家亦不与之同居，梅氏积郁成疾，身体每况愈下。他们生有一个女儿，叫徐凤兴，毕业于俄文广播学校，以在家教授钢琴为业。徐恩曾曾在1934年为母女俩买了一块地皮，建造了一座三层的花园洋房，但徐本人并不回来住。徐凤兴跟随母亲生活，很少与父亲见面。徐恩曾后来虽然又娶过两房太太，但始终没有与梅氏解除婚约。梅氏一直住在徐家，终生吃斋念佛，很少找徐的麻烦，并兼照顾徐的母亲。可以说，梅氏是对徐恩曾奉献和牺牲最大的一个女人。直到新中国成立后，梅氏才向人民法院呈请解除婚约，终于结束了二人早已名存实亡的夫妻关系。

徐恩曾凭借自己的身份，在大都市里纵情风月场所，追逐各色女子，后逐渐专情于自己手下的一个东北姑娘王素元。王青春靓丽，给徐以不同的感受。据说徐恩曾在中山东路上建立的“正元实业社”的名称中，“正”字取之于蒋中正，意为对领袖的效忠，而“元”字就是取之于王素元了，可见徐对其之宠爱。这个王素元虽深得徐的欢心，但徐一直未将其扶正。颇具戏剧性的是，王素元未能完成的事情，由她的姐姐王素卿完成了。换言之，王家两姐妹在徐恩曾的手里成为势不两立的情敌。王素卿是燕京大学的学生，她的丈夫去美国留学后，她自北京跑到南京看望妹妹，孰料，无意中却被徐恩曾相中了。王素卿具有她妹妹所没有的知识分子气质，且漂亮毫不逊色于其妹，徐恩曾立即对她展开了攻势，用尽一切办法让她与原配离了婚，转嫁于徐。二人居住于南京石婆婆巷3号，据说这里与王的前夫在南京中央大学的教职员宿舍仅一墙相隔，王时常能隔窗看到前夫及自己与之所生的子女。

然这费尽心机得来的第二次婚姻仍未让徐满足。很快，徐恩曾又认识了中共叛徒、曾经留学苏联的费侠。费侠是湖北钟祥人，自幼聪明好学，多才多艺，且相貌出众，有极好的口才和交际能力，能够完整地讲解一套布尔什维克理论。“四一二反革命政变”后，费侠参加中共特科，并通过参加中统举办的无线电培训班而打进中统内部工作，还担任过中统机要员，期间曾为中共提供过许多有价值的情报。顾顺章叛变后，费侠因身份暴露而被捕，在顾的劝说下叛变。徐恩曾见过费侠后，对其情有独钟，很快二人就同居了。徐恩曾跟费侠越相处，越觉得费难得，认为只有她才能配得上自己。而费侠也确实精明能干，不仅能在生活中把徐恩曾伺候得舒舒服服，而且能在事业上帮徐出谋划策。二人相见恨晚，谁都离不开谁。徐恩曾下定决心要把费侠娶到手。这一次，徐遇到的阻力不仅来自老婆王氏，更来自于自己的上司。因为费侠是中共的叛徒，其人又精明灵活，难保不是共产党的双面间谍。与这样的人结婚，尤其对徐这种身份的人，是很忌讳的。遇事一向挺徐的表兄陈果夫和陈立夫，这次对徐也不认可了，出面干涉此事，认为非常不妥，希望徐能收回这种想法。可徐是铁了心，他向来事事听从表哥的主意，但这回坚决不肯听了。最后事情闹到蒋介石那边去了，蒋介石对此亦极为不满，他倒不是认为徐恩曾对待女人朝三暮四有多可恶，这事在他眼中也算不得什么。他担心的是费侠的身份，认为费侠精明强悍，非徐恩曾所能驾驭；如果徐恩曾反被费侠策反了去做共产党的内线，自己岂不是要跟着死无葬身之地！蒋亲自找到徐恩曾训话，希望徐能跟费侠划清界限。但这徐恩曾是吃了秤砣铁了心，宁愿以辞职相逼，表示坚决不会离开费侠，并信誓旦旦地向老蒋保证费侠与共产党已绝对一刀两断了。蒋介石虽然在这件事上不能改变徐的想法，但他对此一直耿耿于怀。

1938 年春，徐恩曾与费侠在汉口正式结婚。为安抚二房王氏，不仅给了她大笔的钱财，还允许其借徐的名义出面活动。王氏本不是安分守己之人，性格强悍泼辣又贪财，抗战时携带自己所生子女居住于成都，经常打着徐的旗号放高利贷、炒黄金美钞、走私、投机倒把，甚至曾经在与人发生债务纠纷时，依仗权势逼出人命。另外，徐恩曾出任交通部次长后，王氏又依仗徐交通部次长的名义，用自备的货车走私进口西药、五金、布匹等国家短缺的战略物资，大发国难财。徐恩曾虽知王氏的不法行为，但却因自己对她有愧在先，也无可奈何，只能睁只眼闭只眼地任其妄为。谁知王氏的这些不法活动全部被徐的冤家对头戴笠掌握在手，戴笠跑到蒋介石面前参了徐一本。蒋介石勃然大怒，尤其对于王氏敢打战略物资的主意更是觉得不可宽恕；于是将徐叫来大骂一通，命其严加管教。这件事使得徐恩曾在蒋介石心中的厌恶感加上了浓重的一笔，对他的倒台起到了至关重要的作用。

徐恩曾的家人善于经商，著名的江浙财阀、浙江兴业银行董事徐新六就是徐恩曾的近亲本家。在徐新六的提携下，徐恩曾之弟徐恩培也成为浙江小财阀之一，并曾出任浙江省银行总经理。后来，徐恩曾在被蒋介石“撤去本兼各职，永不录用”之后，倒也颇为识相，自己尽量不再往官场中钻营，只是扶植其妻费侠做了国民党的立法委员。退出官场的徐恩曾，1946 年与费侠回到上海，住进逸园新村 7 号，并开始发挥自己经商的特长，先后创办了“中国机械农垦公司”“中国打捞公司”“台安轮船公司”，开始下海捞金。徐在经商过程中相机利用自己旧有的社会关系，大大地发了一笔财。

成为富商的徐恩曾，在 1949 年 3 月，眼见国民政府败局已定，想到自己反共的一生，知道共产党必定不会放过自己，于是在匆忙之中，和妻子费侠携带大量金银细软逃到台湾。徐到台湾后，仍致力于经商创富，仍为一富裕之人。1985 年，徐恩曾以 87 岁高龄卒于台湾。与军统头子戴笠死于汉奸马汉三策划的飞机失事、76 号特工头子李士群死于日本主子投毒相比，徐恩曾可谓因祸得福，得以善终。

第三节　中统的主要干将

在中统创业和发展时期，除了徐恩曾，还有过一批得力干将，他们各有所长，在特务工作中显示出才干，因此在中统历史上留下了大名。中统的一切活动，都是他们行动的历史记录。要了解中统，必须先熟悉这些中统的干将。

叶秀峰

叶秀峰

叶秀峰，江苏扬州江都人，他与陈立夫一同毕业于天津北洋大学（即今天津大学）矿冶系，后两人又一同进入美国匹兹堡大学留学，硕士毕业。回国后，又幸运地得以与陈立夫一同进入国民党中央党部，在陈果夫、陈立夫的不断关照下，官运亨通。在陈立夫升任国民党中央党部秘书长后，由他继任中央组织部调查科科长。数月后，即调任国民党江苏省党部委员，之后历任南京市党部组织部部长、西康省政府委员兼建设厅厅长、中统局局长、国父实业计划研究会总干事。1945 年春，徐恩曾被蒋介石撤职以后，叶又出任中统局局长及改组后的中央党员通讯局局长，至新中国成立前夕去台为止。1948 年当选“国大代表”，兼“国民大会主席团”主席。叶秀峰虽几次出任中统头目，但因其在中统时日尚短，而中统多为徐恩曾经营，后又有朱家骅不断操纵，所以对中统而言，叶的贡献及控制力尚不及中统资深老特工。

叶秀峰在中统局局长任内组织的比较有名的事件主要有重庆“较场

口事件”、南京“下关事件”、昆明“一二·一事件”等。叶在任期间，因痛感自己势力太过于单薄，想通过举办培训班的方式来培植自己的亲信，但时间过于仓促，未能如愿。加之叶本人气量过小，尤其爱在钱财上与人斤斤计较，所以他的人缘一直比较差。在中统局本部人员集中到上海准备经广州转往台湾之时，工作人员发生内讧，部下曾群起以枪对准叶秀峰，逼他给每个人发放安家费黄金若干两，否则谁都别想走。叶在逃往台湾之前，先命其独子携带他历年所搜刮的钱财，搭乘太平轮赴台。1949 年 1 月 27 日，正是中国农历除夕的前一天，太平轮上载满了急于逃离大陆前去台湾的国民党官员及家眷一千余人，另外还有中央银行的账册,《东南日报》的全套印刷器材和军需物资等，超载严重。当时国民党恐夜晚行船亮灯会遭到共产党的袭击，下令船上不准挂灯；而除夕前一天的船工们也有些麻痹大意，于是在浙江舟山黑黢黢的海域与一货轮相撞，15 分钟后，太平轮沉入海底。虽然数小时后有澳大利亚军舰前来营救，但船上人员几乎全部冻溺而死。在这次海难中，叶秀峰之子连同他一生所敛财产一起被葬送海底。

叶秀峰赴台后，曾为蒋介石的特务组织“政治行动委员会”的成员之一，后创办海外世界新闻社，任台湾“新闻通讯事业协会”理事长及历届“中国广播公司”监察人，曾出席联合国科学技术研讨会。1990 年，叶秀峰以 90 岁高龄逝于台北。

张冲

张冲，原名张绅，字淮南，1904 年生于浙江乐清县。1923 年考入交通大学北平铁道管理学院，学习俄语，并于是年加入国民党。1925 年他以官费生转入哈尔滨中俄工业大学，次年又考入哈尔滨政法大学。在东北期间，张冲秘密进行反张作霖的活动，担任过国民党哈尔滨市党部委员兼青年部长、特派员。1927 年 3 月被奉系军阀逮捕下狱，幸免一死。1929年，张冲辗转来到南京，由同乡同学萧铮、郑亦同等引荐，投到陈果夫、陈立夫门下。陈氏兄弟见张冲才气横溢，又老成持重，还精通俄语，通晓苏联事务和党务，于是便加以利用。20世纪30年代初，张冲升任国民党中央组织部调查科总干事，主管情报事务。张冲的才能不在徐恩曾之下，但他不及徐幸运，只做了个徐手下的总干事。尽管在多方面张冲都不把徐恩曾放在眼里，且徐恩曾对张也是多加防范，但张冲还是为中统的发展做出了许多重要的贡献。1932年，张冲策划了所谓的“伍豪脱党案”，一时间闹得沸沸扬扬，给周恩来及共产党造成了许多不必要的麻烦，而这也为张冲与周恩来日后的密切关系开了一个不愉快的头。张冲在调查科前几年的发展中，有许多建树，而调查科的重大活动成果几乎都与张冲分不开。在此期间，张冲亦精心研究苏联的“契卡”，将中统的水准向日俄现代化水平看齐。但张冲因与徐恩曾之间的矛盾，在中统内部始终郁郁不得志。

张冲最为人所津津乐道的事，则是他在促进国共合作之事上的努力。1935年中共发表《八一宣言》，呼吁停止内战，建立抗日民族统一战线，共同抗日。张冲在南京香铺营中统电报总台收听到这一宣言，心中深为震动。他开始了对中共的重新认识。他将《八一宣言》电文抄报给蒋介石。“西安事变”和平解决后，蒋介石委派张冲负责与中共及苏联方面联络，成为蒋的秘密特使。在红色特工潘汉年的穿针引线下，张冲与周恩来等中共代表见了面。此后，张冲在与周恩来等中共代表的多次谈判接触中，思想逐渐产生了变化。他开始了与中共的真心合作。他甚至与中共方面联合创建了秘密电台，即后文提到

周恩来与张冲

的“UVH”电台，专门负责与延安联系；且每次通报，张冲必到香铺营总台亲自指挥。在后来周恩来到重庆与蒋介石见面时，诸多事宜都是张冲亲自安排的，而周恩来的人身安全更是靠张冲的大力保护。由此，他成了周恩来与中共的朋友。

张冲的第二位夫人是苏联人，因此他对苏联的风土人情的了解也比一般人多些。1932 年起，张冲参与对苏外交，后参与发起中苏文化协会，并担任理事。1937 年《中苏互不侵犯条约》签订后，张冲作为“实业考察团”副团长，奉命赴苏亲自与斯大林会谈，议定苏联援华计划。斯大林单独会见张冲达 5 小时。张冲回国后即被蒋介石遴选为军事委员会顾问处中将处长，专司对苏事务，成为国民党内主张联苏的中坚分子。

张冲联苏联共的主张和举动自然引起了国民党内顽固派的嫉恨，尤其在“皖南事变”后，张冲在国民党的一个高级会议上提出要维护国共合作，此举动竟招来一顽固分子的当场辱骂，还抓起桌上的茶杯猛然向张掷去。此后张冲便时刻防范被国民党顽固派暗算，甚至都写好了遗嘱，以备后患。不过，最终张冲没有死于顽固派之手，却在 1941 年 6 月染上恶性疟疾，两个月后在重庆郊外的云龙旅馆山洞内病逝，年仅 38 岁。周恩来与董必武、邓颖超等参加了追悼会。周恩来还撰写了《悼张淮南先生》一文发表在《新华日报》上。周、张二人互相将对方引为自己的朋友。

顾建中

顾建中，字锡朋，上海金山人，生于 1906 年，曾入天津北洋大学、唐山交通大学、上海南洋公学（即交通大学前身）学习，与徐恩曾为同学，后入中央训练团，党政高级班毕业。1930 年起顾建中在“国民党中央组织部调查科”任职，是徐恩曾的亲信死党，负责中统一切对外的活动。抗战前中统危害中共地下党的行动，顾建中多参与其中，并起策划、领导作用，手段残忍，影响恶劣。在顾顺章叛变后，曾与顾一起奔赴上海，妄图抓捕周恩来，摧毁中共中央机关。但由于周恩来的事先周密安排，他们的抓捕行动以失败告终。据说周恩来在他们到来之前5分钟刚刚离开，顾因此逢人便吹嘘只差5分钟就抓到周恩来了。不久，顾顺章出卖了狱中的中共领袖恽代英，使恽很快被杀害，而“监斩官”就是顾建中。顾建中还有一个“杰作”，便是破获了刺杀汪精卫的案件。1935年11月，参加南京国民党四届六中全会的中央委员在开幕式后合影照相，汪精卫突然被爱国青年孙凤鸣刺伤，外界传言此事为蒋介石所为。蒋介石大怒，命徐恩曾于限期内侦破此案。后孙凤鸣因伤重身亡，并未留下什么线索。顾在侦破此案过程中，巧妙设计，终于将一段无头案件侦查清楚，认定此事为广东派系陈铭枢所为，洗清了蒋介石的罪名。经过此事，顾建中更受蒋介石、陈立夫、徐恩曾等人的重视。抗战期间，中统插手蒋介石的家事，暗杀蒋经国的恋人章亚若，此事又为顾建中所亲自策划及安排。

抗战爆发后，顾建中被安排到财政部盐务总局任职。在他担任财政部盐务缉私督察人员训练班副主任时，由其带进训练班任职员及受训的中统特务多达两百余人。训练班结束，受训人员全部毕业分到沿海盐场任盐务缉私督察员。实际上，他是中统安插在财政系统的活动分子，借以扩大中统在经济和财政方面的势力，获取更多的经费。徐恩曾钻营经济部部长职位时，曾把顾调回中统大本营坐镇指挥，但由于朱家骅的排斥，顾虽后任中统局副局长，但仍未掌握多少实权。顾建中对人和蔼，性格开朗乐观，在中统特务组织中，是最得人心的一个。大家对他都特别恭顺，都称呼他为顾先生或老顾。有时候徐恩曾交代的事情，大家都有抵抗情绪，但经顾建中一讲，就都乐于接受了。抗战胜利后，顾建中离开了中统，转而继续从事盐务方面的工作。新中国成立前夕，顾逃往台湾，1963年12月2日去世。

季源溥

季源溥，字汇川，1906年出生于江苏沭阳县；少年时代在家乡读书，后考入江苏第一中学，之后参加国民党，并在国民党中央组织部任职；20世纪20年代末，被国民党派往日本东京直属支部工作。他原为汪精卫的改组派分子，在1932年前后投靠中统，得到二陈及徐恩曾的信任，出任特工总部南京试验区区长。1933年，又因青帮的关系及特工总部的举荐，担任上海市警察局侦缉总队队长。在此期间，他利用自己的合法身份，帮助中统在上海对中共地下党进行大肆绑架与迫害。不久，他又利用自己的旧关系，任铁道部劳工科科长；后又于1936年经特工总部推荐，出任交通部调查室主任职务；中统局成立后，又将之升为专门委员。季经常利用职务之便，调查工人中的共产党员。他还在后方成立了“中国劳工协进会”，将大批人员吸收进中统组织，同时将特务活动渗透到交通部内。抗日战争期间，季源溥变换身份，继续从事特务活动。1944年，季调回中统局本部，担任第二处处长。日本投降后，季又以中统局特派员身份出任上海办事处处长，在上海主持劫收，为中统发了一笔横财。1947年升任中统局副局长，次年又改任内政部调查局局长。季源溥在中统内部活动的时间相比诸多中统老人来说并不长，但他的升迁之快，却直逼顾建中。这其实是与他对中统的诸多重大贡献分不开的。他每担任一个职务，都会跟中统的业务联系起来，想尽办法为中统做事，中统因此受益颇多，他的平步青云也就是理所应当的了。1949年季源溥随国民党逃往台湾，后在台湾特务机关任职多年。1958年出任台湾当局的“内政部政务次长”，还当选过国民党第八、九届中央委员。其老年中风，于1979年去世。

濮孟九

濮孟九，江苏松江人，留德学生，回国后即在调查科任干事；是徐恩曾的心腹干将之一，主要负责处理中统的内部事务，可以称之为中统的“大内总管”。徐恩曾出任调查科科长后，濮即被升任为总干事，兼特工总部秘书。1935 年徐恩曾出任中央组织部秘书后，濮随即升为调查处处长。1938 年中统局成立后，濮即任秘书。1939 年 8 月，侍从室第三处成立，陈果夫相中了濮孟九，调他到侍从室第三处任第七组组长。濮孟九在中统内工作期间，中统的内部文件与一般事务皆交给他来处理。徐恩曾如因病或其他原因不能立即处理的事务，濮孟九可以代拆代行。在中统内部，论才干，比濮孟九能干的人很多，但他的平步青云却并非其他人所能望其项背。这主要归结于濮性格中的奴性成分，易于驾驭，徐恩曾用他比较放心。另外，濮孟九老成持重，沉默寡言，精于内勤，长于管理，是块看家护院的好料。坊间还有传言，说是因为濮之妻与徐恩曾有染之故。1942 年后，濮孟九调任国民政府粮食部督导室主任。

王思诚

王思诚，四川白沙人，国民党中央军校六期特训班毕业生；毕业后即参加中统特务组织，为中统内军校系的首要人物。他跟随徐恩曾的时间最长，而且性格老成持重，长于谋划，遇事深思熟虑，所出主意往往比较周全，因而最称徐的心意。王思诚的意见，徐恩曾大多都能听从接受。王历任特工总部书记室书记、中统第二组组长、中统局主任秘书等要职，属中统实权派首领。在徐恩曾钻营经济部长职位时，将中统委托顾建中全权处理，但他的私人信章却交给了王思诚，可见徐对王的信任程度之深。王长于反共理论的创作，写成几部反共书籍，如《怎样与中共作斗争》《中共理论的分析与批评》等，国民党所颁行的各种反共文件，大都出自他的手笔或者由他做最后的修改；因此中统内人送雅号“党派工作专家”。

[第三章]
中统的“特色工作”

中统特务机关之所以在打击异己、对付共产党等方面有一手，是因其在策略手段、工作方式上都有一系列“独特的创设”，故可以保证它的工作效果。其中，中统在各地创设的“反省院”“感化院”，就是它一种独特的“攻心”机构。许多共产党员不惧怕严刑拷打，九死一生也不愿屈服和背叛，但有些人却没过得了国民党特务所谓的“感化”关。而中统特务们也会把叛徒们当作“榜样”，在被捕者中加以宣传，以影响更多的人叛变。对此，周恩来曾指出：“内战时期，蒋介石对我们是硬打、硬捉、硬杀。但‘九一八’前后，他也采取了一些软的辅助办法，那就是自首政策、内线政策等。”

第一节　反省院始末

1927 年蒋介石“清党”之后，对于共产党和异己一直奉行“武力清剿”的政策，“宁可错杀三千，绝不放过一个”。但这种残酷的政策不能一直实施下去，尤其在蒋介石为首的国民党逐步统一了中国，成为执政党的时候，暴力屠杀政策难免会被人抨击，有损“党国形象”。另外，由于共产党人拥有钢铁般的意志，以及共产党活动转入地下等策略，使得国民党单纯的暴力镇压越来越难以达到目的。于是，陈立夫向蒋介石建议，不能一味地对共产党来硬的，单纯的镇压和屠杀并不能达到目的，应适当改变策略，来点“软”的，从思想上瓦解那些意志不坚定的共产党人，从而套出共产党的内部机密，同时利用叛徒引诱更多的人叛变。

经过系列的研究，从 1928 年开始，蒋介石批准颁布了一系列针对共产党的法令法规，如《共产党人自首法》《反革命案件陪审暂行办法》《反省院条例》《危害民国紧急治罪法》《鄂豫皖三省剿匪总司令部施行保甲训令》《剿匪区内各县编查保甲户口条例》等。这些法令法规虽大多名义上归属于司法系统，但调查科却多参与规划，陈果夫、陈立夫及徐恩曾亦想尽办法令中统特务们参与其中。

1929 年 12 月 2 日，《反省院条例》颁行。这部条例虽名义上写明反省院隶属于司法系统，“反革命”案犯送进来后，由检察官径行处分，但它实际仍未脱离国民党各级党部的控制。其中规定，经反省院反省教育之案犯的评议，由反省院院长、总务主任、管理主任、训育主任及国民党省党部代表人、高等法院推事 1 人、检察官 1 人组成评判委员会进行。[1] 表面看来，反省院似乎与中统关系不大；但实际上，中统在陈氏兄弟的指挥下，逐渐向反省院渗透，逐步将反省院的控制权掌握到自己手中。

国民党创办反省院的原意，从一开始就不是为了善待共产党。曾任国民党中统河南省模范反省院院长的黄凯说：“我们办反省院的原意，并不是有爱于共产党，而实欲抢夺这大批国家宝藏——千万进步青年，今后为国民党卖命。”[2] 曾被关到苏州反省院的管文蔚说：“我知道反省院是国民党搞的所谓‘感化’机关，是企图解除我们思想武装

[1] 李莹：《检查制度在中国的引进与发展》，载《科技信息》，2008 年第 33 期。

[2] 黄凯：《我的特工生涯和所见所闻》，载《中统特工秘录》，江苏文史资料编辑部 1991 年版，第 17 页。

的地方。”[1]

据当事人张国栋回忆，国民政府建立的第一个反省院，是1930年建于长沙的湖南反省院；但当时这个反省院并不归中统掌握，而是在湖南省政府主席何健手中。

反省院成立之初，属于司法系统，不归党部管理。司法系统的工作人员虽然法律知识渊博，但在对付革命人士方面的经验却很欠缺，所以这方面的工作成绩很不为蒋介石满意。

为进一步诱降被捕共产党人士，使自己的工作更为出色，徐恩曾盯上了反省院，他提出了一整套与反省院工作密切相关的加强管理和诱降叛徒的办法。为了将反省院掌握到自己手中，徐恩曾经过严密策划，向陈果夫、陈立夫提出了可行性建议，即由中央组织部出面，与司法部门的领导人直接接洽。经过一番交涉，在反共的大旗下，二者很快达成了一致，反省院除接受高等法院送来的所谓政治犯——“反省人”外，也开始接受调查科送来的“反省人”。

为进一步渗入控制反省院，陈氏兄弟和徐恩曾想办法让司法部门同意接受由中央组织部推荐的中统特务出任各地方反省院的院长。从1932年开始，各地方反省院的院长陆续由中统特务担任，如首都反省院院长廖家楠、苏州反省院院长刘云、安徽反省院院长仲健辉、湖北反省院院长郭良牧、浙江反省院院长方青儒、山东反省院院长赵伟民等，都是中统骨干分子、二陈的亲信。

中统特务骨干在接管反省院后，便开始施展拳脚，对反省院的工作人员进行大换血。反省院原来的工作人员中，只有少数人被相中，吸收进中统组织，成为中统特务的“自己人”，其他大部分人都遭排挤清除，空出来的职位，便由中统特务补充。这样一来，反省院虽然名义上尚归

[1] 管文蔚：《苏州反省院真相》，载《中统特工秘录》，江苏文史资料编辑部1991年版，第283页。

司法部门掌管，但它实际的当家人却已全部换成中统分子，完全接受特工总部的领导和指挥。

反省院的组织形式是，由院长负责，下设训育、管理、总务三个科，其中以训育科为中心，开展工作。训育科，顾名思义，就是直接对反省人进行欺骗诱降的部门，这是反省院工作的核心部门。反省院表面上似乎很轻松，就像个学校，但实际上很紧；反省人里面也混进了不少国民党的特务，如果不肯认真反省的话，很快就会被重新送进监狱。

反省院关押的人员主要有三类：一为被认为叛变共产党不彻底分子；二为坚决不承认自己是共产党员的人；三为被认为有共产党嫌疑的人和思想左倾的人。此外，还关有一些原来属于中统、后来被认为对组织不忠、违反了特务纪律的人。[1]

反省院将反省人按照文化程度等标准进行分组。张国栋在回忆录中写道："反省人分为甲乙丙丁四组。其中甲组人员基本为大学程度，乙组为中学程度，丙组为小学程度，丁组为文盲。"[2] 管文蔚的叙述稍有差别，他回忆苏州反省院内将反省人分为研究组和甲组、乙组及丙组。研究组为大学教授和著名作家等；甲组为高中以上学历程度，包括大学生和国民党内有一定地位的国民政府公务员；乙组为中学程度的；丙组为小学程度和不识字的。[3] 反省人因文化程度的不同，他们受到的待遇也不一样，文化程度高的人劳动少一些，文化程度低的则要承担更多的劳役。

反省院的学习教材以戴季陶的《孙文主义哲学基础》、胡汉民的《三民主义的连环性》、陈立夫的《唯生论》等为主，这些课程由训育员

---

[1] 张文（即张国栋）:《中统二十年》，载《中统内幕》，江苏古籍出版社 1987 年版，第 28 页。

[2] 张文（即张国栋）:《中统二十年》，载《中统内幕》，江苏古籍出版社 1987 年版，第 28 页。

[3] 管文蔚 :《苏州反省院真相》，载《中统特工秘录》，江苏文史资料编辑部 1991 年版，第 284 页。

进行讲授。此外，反省院还聘请国民党报刊主笔编辑、学者名流、国民党各省党部委员及所谓的“反省、感化成功分子”到反省院进行演讲，全体人员听课，有文化的反省人还要做听课记录，写感想心得、反省日记等。训育员在审阅完后，会针对这些人在学习中出现的问题，逐人进行有针对性的谈话，进一步进行诱导劝降。

苏州反省院当时还办了刊物《反省半月刊》。刊登内容多是反省人学习三民主义的所谓“学习心得”。每期文章数量并不多，四五篇左右。为刊物撰稿的人，也有社会上的头面人物、国民党党务人员、反省院负责人和教员等。为逼迫反省人写稿，反省院方面可谓绞尽脑汁。每天都逼迫大家写，不写就找你麻烦。写骂娘的文章就要倒霉，写敷衍的文章他们不感兴趣；只有写拍马溜须的文章，才会得到他们的欢心。很多人为应付交差，吃饱肚皮，只好每天抄几段孙中山《三民主义》中的有关语句，抄完后，再加上一些自己的假话。当时院内就有“三民主义，饱饱肚皮”的说法。

对于反省人的考试考核，由专门成立的评判委员会负责。这个委员会的成员由反省院院长、反省院训育科、总务科及管理科三科的主任，省党部委员代表 1 人，高等法院推事 1 人，检察官 1 人组成，反省院院长任主席。反省人的学习以 6 个月为一期，到期就进行考试，甲、乙组的学员考的是笔试，问题多为“对苏联的认识如何”“中苏关系怎么样”“三民主义与共产主义比较”等。丙、丁两组的考试则采取口试的方式。考试不及格的要留级，意味着再学习半年，“如果三期不及格，便要枪毙！”[1] 事实如此，反省人如果多次不能通过考核，则随时都会有生命危险的。

中统对反省人中考试合格者，发给一张“准予自新”的证明书，释放出去。但他们对这些由反省院放出去的“自新人”仍不放心，规

[1] 张文（即张国栋）:《中统二十年》，载《中统内幕》，江苏古籍出版社 1987 年版，第 28 页。

定他们释放后的三年内需要接受当地特务室管制，每周都要参加他们举行的“自新人员训练小组”活动，从组织上和思想上对这些“新鲜出炉”的“自新人”进行强化控制。中统对这些“自新人”的监控非常严密，一旦认定他们有继续共产党活动的嫌疑，随时会将他们关押监禁，类似于对犯罪分子的取保候审。对于“自新人”擅自离开指定监管区的，要给予严厉的惩罚；如果找不回本人，中统特务的黑手就会伸向他们的亲人。

为提高反省人的学习积极性，进一步拉拢诱惑反省人，中统对于反省院释放出来的“自新人”，一开始时是给他们分配工作的。例如首都反省院的反省人刘新民，在反省时，被训育员郑大纶以同乡关系发展为中统在反省人中的内线，6个月期满即被释放。后经郑大纶给徐恩曾写信介绍，为刘新民找工作，被中统安排到南京板桥农场做刻写钢板的工作。但是，后来随着“自新人”数量越来越多，便只安排有特殊技能的人，其他大部分人不予安排。如此一来，很多反省院的院长、训育员及被反省院“改造”完毕的反省人就有很大的意见。对此，徐恩曾说：“国民党人都无饭吃哩，哪有这些饭给共产党吃哩？”张冲曾授意河南模范反省院院长黄凯：“此处不留人，自有留人处。你叫他们自想办法。如果他们要回老组织去，就不能再来河南。如果二进宫，彼此不便。”[1] 由此，可以看出国民党设置反省院时的一些自身难以化解的矛盾，竟然因为无法安排工作，就可以默许反省人重回“老组织”，真可谓无可奈何。

对于所谓“反省人”，反省院也不只是都实行怀柔政策，它还设有专供刑讯逼供的监室，对革命意志坚定的共产党人实行严刑拷打。

虽然中统特务在反省院内对共产党人千方百计地进行打击和诱降，

---

[1] 黄凯：《我的特工生涯和所见所闻》，载《中统特工秘录》，江苏文史资料编辑部1991年版，第18页。

重庆反省院

但大多数共产党员都英勇不屈，不为所动。更为讽刺性的是，在每个反省院内，都有共产党的秘密工作小组在战斗。据刘格平回忆，他曾在北平反省院的北监做中共地下党支部书记，而南监的书记则是殷坚。[1]在重庆反省院，国民党当局派了位洋牧师为反省人授课，企图“改造”共产党人。谁知道，最终洋牧师非但没有“感化”得了共产党员，反而被共产党人感化，成了同情共产党人的友人。另外，反省人想尽办法，比如在买菜时往菜篮子里私藏书报刊等方式，了解外界形势，丰富知识，更加坚定了自己的信仰。

但是，也有少数意志不坚定、贪生怕死之辈，经不住糖衣炮弹的诱惑，叛变了自己的组织和信仰。

鉴于反省院的巨大破坏性，共产党人也一直在想办法同它做斗争。随着日本侵略的不断加深，民族矛盾开始逐步上升，并成为国内主要矛盾。共产党人和民主爱国人士开始呼吁停止内斗，一致抗日。关押在反省院的政治犯们在国共合作抗日的大局势下，开始有了重获自由的可能。

1936 年 12 月，“西安事变”和平解决之后，蒋介石终于答应联共抗日，国共两党又有了重新合作的可能。其实在和平解决“西安事变”的过程中，中共方面就明确提出条件，要求释放一切政治犯，国民党方面在犹豫拖延中也开始陆续释放一些“罪行”较轻的“犯人”。

[1] http://www.xueshe8.com/viewthread.php?tid=11366。

部分反省院关押的“反省人”由于证据不足、“刑期”不长、“危害”较轻，开始被陆续释放。1937 年 2 月 10 日，中共中央在给国民党三中全会的电报中，为国共合作提出了 5 项要求，重申要求国民党方面保障言论、结社之自由，释放一切政治犯。对于共产党的这些主张，国民政府方面一直采取拖延的办法。随着日本的侵略势力不断扩大，国内关于共同抗战的呼声不断高涨，在 1937 年 6 月至 7 月的两次庐山国共谈判中，国民党迫于压力，同意共产党提出的“释放中共在狱党员，中共有调查之权”的要求。但这也仅仅停留在口头上，只是在 1937 年 7 月 31 日释放了沈钧儒、邹韬奋、李公朴、史良、沙千里、王造时、章乃器等全国闻名的“七君子”，对共产党的在押人员却迟迟不予释放。

直到 1937 年“八一三”战役爆发后，日军的炮火从东北、华北转移到了上海，紧逼国民党的首都南京，蒋介石所抱的侥幸心理这才被彻底击溃，全国性的抗战局面最终形成。8 月 16 日，军事委员会终于公布《战时监犯调服军役办法》，规定“本办法所称之监犯谓在军人及普通监狱执行或在反省院反省之人犯”，“各监狱长官或反省院长应将合于调服军役之人犯造册报由军政部通盘筹划拨充各部队服务”。9 月 7 日，司法行政部批准江苏高等法院《临时处置监犯办法》，规定“五年以下有期徒刑人犯，悉依艳电第一项办法，予以交保，或斟予开释”，“五年以上人犯，得斟商请当地军事长官，编作输送队，派往战区服役”，情形紧张时，十年以下者也可“迳予开释”。

根据上述两个办法，大批刑期较短的政治犯于 8 月中旬至 9 月上旬，被国民党当局释放；其中，反省院的政治犯释放得最多，许多地方反省院到这个时期基本都把“反省人”释放完毕而关门，许多地方的反省院实际上已被取消。

首都反省院

位于南京晓庄附近的首都反省院，成立于1936年元旦，占地百余亩，常态能容纳三百余名“反省人”，设有农场和窑厂供“反省人”进行劳役。既然这个反省院冠以“首都”的名号，自然它的地位和反共的能量也非一般反省院能比。对于普通地方反省院改造难度大的“反省人”，各地除将他们送往监狱外，还会送到首都反省院，进行进一步的“教育改造”。 首都反省院关押着大批共产党员和思想倾向进步的人士。这个反省院不仅有其他反省院的普遍的训导感化教育，还设有特别监狱，并配有电刑等各种“先进”刑具。另外，为便于管理，南京另外几个著名监狱，如中央军人监狱和老虎桥监狱等几个监狱的女政治犯，大都被集中到首都反省院关押。

著名教育家、思想家匡亚明先生，在1936年于杭州被捕后，曾关押在杭州反省院。匡亚明表现坚贞，改造不了，并利用反省院看管相对宽松的特点，装作柔顺的样子，慢慢取得了看守的信任。随后他便有预谋地组织了一起“越狱”事件。匡亚明逐步准备了可以割木栅栏的碗片，在没人或者看守背过身去的时候，他就偷偷地划窗子上的木栅栏。功夫不负有心人，木栅栏终于被匡亚明割断了！有天夜里，

首都反省院大门

首都反省院内建筑

匡亚明终于找到了机会，他趁看守没注意，把被子堆了一下，造成人还在睡觉的假象，便从割断了木栅栏的窗子逃到了房顶。眼看计划就要成功，可偏偏因为他是高度近视，没有戴眼镜，踩断了几块瓦片，人也差点摔到地上。这动静引起了早起干活的厨工们的注意，在他们的叫嚷下，中统的特务们全都跑了出来，匡亚明的逃跑计划流产。鉴于越狱这种大事的发生，更因为匡亚明始终不肯自首，杭州反省院决定把他转往南京的首都反省院，让他到那里接受更“高级”的改造。

首都反省院的院长是廖家楠，他和中统专门派出的一个8人小组主持和办理日常工作。他们分别是院长廖家楠，为中统研究股股长；管理科主任游定一，为中统审理组组长；训育科调查股股长鲍君甫，也是中统的人，此人经历非常传奇，实为中共的地下人员；训育调查股副股长郑大纶，为中统指导股人员；交通科保管股长张国栋，为中统骨干分子，也是中统看守所负责人；总务科会计股股长蒋邦梁，为中统总务科会计股股长；管理科检查股股长刘崇德，为中统交通处负责人；调查股股员杨润平，为中统登记组成员。[1] 这8个人占据着反省院的重要岗位，把持了所有院务，并享受较高的薪俸待遇。据载，当时郑大纶的月薪为95元，约合现在人民币将近3500元。[2] 这种待遇虽然在今天相当于一个普通白领的月收入，但在当时经济极度匮乏的情况下，这种待遇已经相当高，非一般单位的工作人员能比。

1937年8月，中共领导人周恩来、叶剑英等到南京同国民党就国共合作抗日问题继续进行谈判，并负责筹建八路军驻京办事处。8月18日，周恩来、叶剑英在陈立夫等国民党人的陪同监视下，来到首都反省

[1] 郑大纶整理：《中统向司法部门渗透点滴》，载文闻编：《我所知道的中统》，中国文史出版社2004年版，第84页。

[2] 据笔者查到的资料显示，1936年一块银元合今天35元以上。参考网址 http://news.xinhuanet.com/photo/2010-08/14/c_12444857_3.htm。

院，向被羁押的政治犯做政治形势报告。听闻周恩来和叶剑英要来做报告的消息，大家兴奋异常，不顾火炉南京的酷暑炙烤，挤满了反省院的大礼堂，甚至连生病的人都前来听讲。

周恩来和叶剑英的报告，一方面，向狱友们分析了目前国内的抗战形势，宣传了共产党的抗日主张和抗战的决心；另一方面，也暗暗传达了营救他们出狱的信号。周恩来和叶剑英的讲话，都由当时被关押在首都反省院的乐于泓负责记录了下来，成为中共的一份珍贵文件。周恩来在报告中向难友们说：“我曾经和蒋先生谈过，关于在里面失去了自由的人怎样处理的问题，蒋先生说，只要里面的和外面的同志一样，一定能恢复自由。我担保只要大家抱定牺牲决心，出去杀敌的机会是一定有的。”[1] 叶剑英讲道：“我们非常切望你们急速恢复自由，期待着你们到前线上来参加抗战。我想不久我们会在前线上握手！”[2]

按照提前的约定，周恩来和叶剑英可以当场保释三名政治犯。当天，周恩来营救出了夏之栩（赵世炎之妻）、王根英（陈赓之妻）和熊天荆三人，并带往八路军驻京办事处。之后，设在南京傅厚岗 66 号的八路军驻京办事处，把营救和接待政治犯列为日常工作的重点之一。夏之栩等人被释放后，留在八办参与营救政治犯工作。当时营救政治犯的程序是，先由被先前释放出来的人开列名单，再由办事处正式发函，向国民政府要人。一般一封函中申请释放 10 人，但要被打个折扣，最多也就放个七八个，只能一次次地写信要人。后来，被关在首都反省院的乐于泓、钱瑛、张越霞、匡亚明等人都被陆续释放。1937 年底，首都反省院被取消。

八路军驻京办事处不仅负责营救首都反省院的同志，还利用一切可

[1] 阿乐：《一次终生难忘的报告会》，载《抗战初期的八路军驻南京办事处》，南京大学出版社 1987 年版，第 109 页。

[2] 同上书，第 110 页。

能的线索，积极营救苏州反省院及上海、浙江、安徽等周围省市反省院里的同志们。从8月中旬到10月份，营救工作逐渐结束，被关押在各地反省院的难友们被陆续营救出来。各地反省院和各监狱被营救的同志，都由八路军驻京办事处负责接待、审查；之后，根据初步考察结果，将他们中的大部分人转往西安八路军办事处，再转往云阳训练班，进行进一步的学习、审查和分配。也有部分可靠的同志，直接经西安办事处转往延安，继续为党工作。

第二节　知彼训练——特工训练班

中统主要的工作目标就是镇压打击中国共产党，但是，号称强大的中统特务机关，却从来没有完胜过它的对手。虽然陈氏兄弟和徐恩曾表面上宣称要消灭中共，但实际上，他们对于自己的老对手是十分害怕的。如星星之火般的共产党员，无论他们如何镇压和“剿灭”，生命力却仍是十分顽强。在与共产党较量的年代里，共产党钢铁般的意志和严密的组织纪律性使中统特务们既吃惊又害怕。

徐恩曾不愧是留过洋的人，学习能力非常强。他看不上军统戴笠那套“吃相难看”的特务活动手法，对戴笠那种学自北洋军阀的“拉着大旗招兵、跟着旗子走的都是自己的兵”的做法极为不屑。在陈立夫和徐恩曾眼里，戴笠那种粗放型的特务工作发展思路没有什么技术含量，而中统的组织与势力虽然到后来被军统赶超，但他们认为自己的兵虽少却精。他们经常拿一个孙猴子比得过一百个猪八戒来自喻，虽然自己的队伍里并未见到真正的“孙猴子”，军统的队伍里也不见得都是“猪八戒”，但他们总是会这样自我安慰。

为了进一步提高工作效率，强化反共战果，徐恩曾从自己做起，带领大家认真学习共产党的东西，从共产党的理论和组织原则中寻找可趁之机。中统内部不但有专门的训练科、研究室，还有定期的培训班，他们训练、培训和研究的东西，不仅仅是特务工作技能和三民主义等国民党理论，还有共产党的马列主义理论、工作方法和组织原则，以此来加强自己对付共产党的能力。训练科科长王杰夫被称为共产党审理、劝降方面的专家，曾参与过对许多中共的著名领袖，包括瞿秋白等人的劝降（但未成功）。科员则大多是共产党的叛徒中有丰富学识者，在他们由共产党转而为中统特务后，往往用尽全身力气，将中共的东西透露出来，以让中统在对付共产党时达到“知彼知己”、“以其人之道，还治其人之身”的目的。

抗战前，中统内部的训练主要是政治思想学习和特工技术训练两方面。所谓的政治学习，就是组织“读书会”，把中统的特务们集中在一起，学习孙中山的三民主义，戴季陶、周佛海等编写的有关三民主义论述的著作，总理遗教，国民党的“新生活建设运动”理论等；同时，他们还组织了专门的学习小组，进行政治理论讨论和专业技术交流。为训练出更加专业的特工，中统在特工工作技能培训上下了不少功夫。中统内部训练科的特务们集中编写了适合自己队伍使用的书籍，名为《情报业务概要》，作为特务们技能学习的教材。这本书在当时被奉为特务工作的宝典，有五十余万字。其内容十分庞杂，从外国间谍书籍和中国兵书上对情报工作的泛论，到蒋介石在江西苏区推行的“七分政治，三分军事”的“剿共”方略；从中共组织及进步团体的活动特点、掩护方法、隐蔽习惯及交通方式，到江湖帮会组织的沿革和内幕；从特务技术的化装术、射击术、驾驭术、摄影术，到跟踪、盯梢、擒拿、刑讯、逼供等，都在这一本洋洋大观的“百科全书”之内。[1] 徐恩曾甚至一度把这本书看作中统特务训练的宝典，每当进新人时，他都会以这本书作为

[1] 杨者圣：《特工老板徐恩曾》，上海人民出版社 1997 年版，第 188 页。

新进特务工作的入门必修书。1931年中共特科负责人顾顺章叛变投靠中统后，结合自己在苏联接受的专业训练及在中共中央特科“红队”的工作经验，尽力为国民党特工培训做了许多工作，使中统特务整体水平得到了大幅提高，并培养出一批中统的特务骨干，比如史济美等人，对中共的破坏更为严重。

抗战开始后，因为条件限制，中统的特务训练工作有所放松，加上新进员工技能不熟练，使中统特工整体素质大幅下降。徐恩曾意识到问题的严重性，立即重新号召加强训练。1939年冬，中统重新成立训练委员会，以著名的中统反共专家王杰夫为主任委员，王思诚、张国栋、谢永存、梁辅丞、张炎茂等为委员，成立了特工训练小组委员会。徐恩曾本人亲自主抓重管，并制定所谓的学习内容、学习计划及目标。在这次培训中，思想学习的内容也大有改进，每次学习必定要宣读陈果夫主持制定的《国民党党员守则》。另外，中统在这个时期还要继续进行蒋介石钦定的课题教育，即在国共合作的特殊时期，如何利用“合法手段”进行有效的反共。这是国民党研究了近半个世纪的问题，可惜它从来没交过像样的作业。

中统集中培训的一个重要课题，也是他们的特色课题，就是要研究马列主义，研究共产党的理论，尤其是共产党思想、组织建设方面的理论；为的是汲取成功经验，从中找出“破绽”，为其反共理论的构建服务。徐恩曾规定，中统局本部和地方省市以上的高级特务，都要学习这些知识，以便更好地了解他们强大的对手，好让自己在斗争中输得不至于太惨。中统里面有一些叛变革命的共产党的各级领导人，他们具有一定的理论水平；在投降中统后，往往为讨好新主子，便把自己过去的家底奉献出来，以资中统特务学习使用。中统里面有许多高级特务以共产党问题研究专家自居，例如王杰夫、王思诚、万大鋐、陈建中、杨为、何畏等人。另外，当时著名的托派分子叶青、吴若萍等，也都在中统帐下为虎作伥。中统培训还有一个特色，就是所谓的“调查演习”。在这种时候，就是由吴若萍、共产党叛徒陈建中、何畏等人装扮成共产党人，就某一个具体问题，用所谓“站在共产党的立场，用共产党的观点，以共产党的思想方法”，做一番分析、判断，有时还要来一套所谓“鼓动宣传”。然后由其他参加“演习”的特务，做其“评点要求”，说这不像、那不够，于是一再重演，弄到足以以假乱真为止。这套把戏，目的在于使特务们学到理论伪装，以便将人骗入陷阱。[1]

中统培训的过程中，除训练科编写的《情报业务概要》一书外，还有大量书籍以供特务们学习之用。主要有徐恩曾亲自操笔编写的《知彼工作》、王思诚写的《怎样与中共作斗争》《中共理论的分析与批评》、刘次箫写的《明大义、识大体、知进退、守分寸》、万大鋐写的《中共的剖析》，等等；还有中统局本部的核心部门、专门负责对共产党的侦查与行动业务的第二组第三科编写的《边区风貌》《中共的整风运动》《中共的军事政策》等专门介绍共产党各个方面情形的书籍。

除了平时一般性训练，中统还有集中式训练、脱产训练等强化培训。在认为有需要的时候，就会挑选相对合适的时间，集中一个月或三个月的时间，专门开展一个“培训月”或“培训季”，对某一方面的专业或技能进行突击集训强化。

这些训练最终有无实际效果，看看中统的工作成绩就会知晓。

[1] 李西岳、苏学文：《陈氏家族全传》电子书，见网址 http://www.quanxue.cn/LS_MinGuo/ChenShiIndex.html。

[第四章]

中统与中共中央特科的生死较量

蒋介石当政之后，认为对自己威胁最大的心腹之患就是中国共产党。对于这个生命力极为顽强的政治对手，蒋介石想尽一切办法来对付，甚至在国难当头、日军侵略正炽之时，蒋介石还在琢磨“攘外必先安内”。因此，作为其统治工具，中统在实际工作中，也是以对共产党的破坏而出名的，其成员也不断因反共“有功”而进阶。为应对国民党特务的破坏，中国共产党也在上海成立了地下武装组织，中共中央专门成立了中央特科，与国民党特务，主要是中统特务，展开了一系列的殊死搏斗，上海滩一时成为国共秘密战的主要战场。

第一节　中共中央特科的成立

自 1927 年国共两党分裂以后，国民党在南京、武汉等地先后发动反共“清党”，并在全国范围内以暴力对付中共，残杀了数以千计的中共党员；而中共也被迫还击，发动了南昌起义、秋收起义及广州起义。但国共实力的差距，使中共不得不在国民党统治区转入地下，中共中央在上海隐蔽起来，国共两党在隐蔽战线上的地下斗争由此拉开了序幕。

1927年11月9日，中共中央临时政治局会议决定，为保证党中央的安全，在中央军委书记周恩来主持下，建立中共中央军委特务工作科，简称“中央特科”，开展对付国民党的秘密工作。在中央特科内，设立了四科。平时，各科既分工明确，各司其职，又互相配合，为中共中央提供安全保卫。

一科为总务科，负责总务、财政、交通等工作，科长洪扬生，他从特科成立之初到1931年一直担任这个职务。其职责是：负责为中央布置各个秘密机关和联络点，置办各种必要的家具和办公用品；中央在上海举行重要会议期间，负责安排会场。此外，总务科还要为中央机关筹集经费，并且利用各种社会关系出面以合法方式营救被捕同志，其性质类似中共中央的“总务科”。

二科为情报科，其前后两任科长都是中央特科最有名的人物——陈赓和潘汉年。周恩来曾经把中国共产党最杰出的6位情报人员誉为中国共产党情报的“前三杰”和“后三杰”。“前三杰”是钱壮飞、李克农和胡底，他们都在陈赓的直接领导下工作，而潘汉年则是“后三杰”之一。情报科的任务，是掌握敌人动向，保障中央机关和党的领导人的安全并

年轻时的陈赓

旷世奇才潘汉年

向苏区通报军事情报。因此，情报科人员必须利用错综复杂的社会关系，采取打进去拉出来的办法，或打入敌特机关内部，或在敌特机关发展内线建立特情关系，主持情报、侦察、反间谍等工作。

三科为行动科，顾顺章任科长，由曾在苏联学习过政治保卫特工技术的专门人才和上海工会的骨干力量，组建了一支强有力的地下行动武装，称为“红队”（俗称“打狗队”），专门从事刺杀敌方要人及惩办中共叛徒的工作，是中共中央的武装利器。红队是一支精锐的小型武装部队，力量最鼎盛时，也不过四十来个成员；他们几乎个个身怀绝技，经常训练，有不少人是神枪手或爆破高手。成员主要来自过去工人纠察队的骨干，参加过上海工人武装起义；还有些来自北伐军，都有过战斗的经历。除了惩治叛徒，红队还要与特一科配合，秘密警戒中央的重要会议。

四科为交通科，科长是李强。这个科最初的职责是负责秘密的交通联络，以及护送党的领导人进入苏区。从 1928 年起，特四科主要负责建立和管理秘密无线电台，沟通中共中央与共产国际以及和各个苏区之间的通讯联络。后来这个科改为无线电通讯科，负责交通电讯联络工作，并培训党中央的报务人员。

在当时严峻的形势下，党中央特别重视中央特科的工作，于 1928 年 4 月前后举办了几期训练班，培训从事秘密工作的专门人员。训练班每期 20 天，周恩来、项英等中央领导向学员们做了多次政治报告，顾顺章、陈赓等人则把自己在苏联学习到的侦破、审讯、刺杀、爆破、秘密联络等技术向学员们做了仔细讲解。由此，中共中央的保卫组织形成了规模。[1]

1930 年 3 月 17 日，西北军将领鹿钟麟、宋哲元、孙良诚等 57 人联名通电全国公开反蒋，并拥戴阎锡山为陆海空军总司令，冯玉祥、李宗仁、张学良为副总司令。国民党内最大的一次反蒋战争开始。5 月间，

[1] 《中央特科的构成》，资料来源：东方网 http://news.tom.com，2006 年 8 月 15 日。

历时七个月的中原大战打响，作战双方都全力以赴，投入前方作战的兵力达 100 万人以上。南京政府后方顿显空虚。这种形势为中共力量的发展提供了有利时机。中共中央决定于该月下旬在上海召开全国苏维埃区域代表大会，研究新阶段的革命工作。但在会议前夕，此事却被国民党上海当局侦知，淞沪警备司令熊式辉下达了“蒋主席至为关切，奖赏现金五十万元破案”的旨意。中共中央特科陈赓将此事向顾顺章做了通报，并同顾顺章商量了三点应对措施，力保会议顺利召开。5 月中旬，中央特科将会场选在英租界赫德路卡尔登戏院后面的一幢四层楼房里，伪装成医院。为防万一，又在英租界爱文义路卡德路口另租了一幢洋房，以备必要时与会代表可以从“医院”楼顶转到该房顶上，再由大门撤走。

各苏区的代表抵达上海以后，先在指定的旅馆住下。经过初步审查，再作为“病人”，逐个住进医院，即与外界隔绝。这次会议，因敌人对各苏区封锁严密，代表未能到齐，遂临时改为苏维埃区域代表会议。会议由中央军委代书记关向应同志主持，着重讨论了建立中华苏维埃政府及军队中党的组织、政治委员制度、士兵委员会和政治工作等问题，并决定在上海建立全国苏维埃大会中央准备委员会（简称苏准会）。这次会议的召开，对全国苏维埃区域及红军的发展和建设起到了一定的促进作用。由于中央特科的周密布置，会议开得极为顺利，没有发生任何意外。 两天后散会的时候，与会代表又被逐个送出了“医院”，分散住进各家旅馆。这样，与会代表安全撤离后，顾顺章一声令下，整幢大楼的全部人员顿时走得无影无踪。这家“医院”仅开业几天光景，就如同海市蜃楼般消失了。事后，国民党特务才到这家“医院”肆意搜查一番，可惜已人去楼空。熊式辉知道后，除慨叹共产党办事“棋高一着”外，也无可奈何。

第二节 “龙潭三杰”潜入中统

徐恩曾踌躇满志，在中统大展身手，一项项实施着他的伟大抱负。虽然，学无线电的他在特工方面也算颇有天赋的，但他确实没有意识到自己在用人方面犯了一个不可饶恕的错误。在他的安排下，中共第一批优秀特工在他的眼皮底下，堂而皇之地进驻中统，把国民党内对付共产党的最高特务机构抓到了自己的手里，为己所用。这第一批共产党特工就是后来被称为“龙潭三杰”的李克农、钱壮飞和胡底。

龙潭三杰是中共中央特科直接领导的一个三人党小组，李克农是组长，但最先打入中统的却是钱壮飞。

钱壮飞打入中统

钱壮飞，本名钱北秋，又名钱潮，原籍浙江吴兴，1895 年出生，早年曾就读于湖州中学，但比徐恩曾低一个年级。因为徐恩曾亦是浙江吴兴人，且早年就读过湖州中学，这样，钱与徐算得上是同乡加同学。钱壮飞后考入北京医专，毕业后在北京挂牌行医，后转到京绥铁路医院附属医院当医生。1925 年经内弟介绍，他和夫人张振华在北京加入中国共产党。1927 年，大革命失败后，钱壮飞曾到冯玉祥的西北军当军医，因欠饷严重、家计无着又去上海，一时失去组织关系。

钱壮飞才华横溢，他不仅懂得医道，还擅长书画，写得一手好文章，还演过电影。1926 年，钱壮飞与胡底等合办了光华电影公司，他们拍摄的作品《燕山隐侠》，当时获得了极大的成功。钱壮飞和胡底全家都上阵，参与演出。钱壮飞年仅 11 岁的女儿钱蓁蓁也参与了演出，并在日后改名黎莉莉，成为著名的电影明星。

1927 年 4 月，李大钊等著名共产党人被军阀张作霖逮捕杀害，钱壮飞见北京不能容身，只好避到上海。1928 年 7 月，他与党组织取得联系，参加中共法南区法租界街道支部（该支部书记是张沈川，后成为中共首位电讯报务人员）。1928 年 8 月间，出于寻找掩护职业开展革命活动的需要，钱壮飞奉党组织指示，报考了上海无线电训练班。

上海无线电训练班是由徐恩曾幕后主持的，徐当时以国民党中央广播电台台长的身份兼任了上海无线电管理局局长，钱壮飞依恃同乡加同学的面子，凭借超人的才华，渐得徐恩曾的器重，很快成为他的私人秘书。

1929 年春天，陈立夫指派徐恩曾去杭州筹办西湖博览会。徐恩曾携带钱壮飞前往，并为其在浙江省教育厅挂了一个秘书的头衔。钱壮飞勤勤恳恳，把这次博览会办得有声有色，赢得社会各界人士的一致好评。蒋介石的大连襟孔祥熙闻讯后，特地赶到杭州西湖参观，观后赞不绝口。由此，钱壮飞进一步取得了徐恩曾的赏识和信任。

1929 年冬，在陈立夫的安排下，徐恩曾正式出任南京国民党中央组织部党务调查科主任。就任前，他特意把原在上海无线电管理局工作时的私人秘书钱壮飞也带了去，并任命钱壮飞为机要秘书。但他万万没有想到，钱壮飞是一名 1925 年就参加了组织的中共秘密党员。这一情况使得中统的工作陷于十分被动的地步。

当然，徐恩曾之所以选中钱壮飞做自己的亲信，是因为他本人有在人前羞于启齿的“两怕”：即一怕写字，二怕写文章。一次，中国工程师学会刊用他的一篇文章，出版时竟将徐恩曾三字排成了“徐思予”，他心里明白这是由于自己书法太蹩脚被人认错字所致，后索性将错就错，将“徐思予”当作自己的笔名。徐恩曾既然已是党务调查科的一家之主，于写字和写文章方面肯定是必需的，既然自己不行，当然就只得找人捉笔了，而钱壮飞这个可信的老实人自然就是最佳人选了。这也是他器重和信任钱壮飞的一个理由。

当时，为便于指挥派驻各地的特务活动，徐恩曾特意委托钱壮飞以其机要秘书的名义，在南京设立了无线电秘密电台。钱壮飞遂借此机会，首先将中共党员胡底安插进来。

钱壮飞

“东方范明克”

胡底，又名胡北风，安徽舒城人。胡底年龄不大，但才华横溢。李克农曾经说过：“胡底年纪最小，而文笔才华最高。”他早年在北京中国大学读书时，经同学也就是钱壮飞的浙江老乡吴鹿鸣介绍，与钱壮飞相识，毕业后就住在钱家。他 1925 年入党，翌年在北京光华影片公司当演员，并利用演员身份掩护，开展地下工作。“四一二政变”后，因身份暴露被通缉，跟钱壮飞一起由北京避居上海。1928 年夏，胡底与钱壮飞一并加入中共法南区法租界支部，后进入上海影片公司任江湾昆仑电影制片厂演员，专演武侠内容的片子，曾扮演过《昆仑大盗》中的男主角，被人誉为“东方范明克”（范明克是美国武打明星）。不久，他的行踪被敌人侦知，遂于 1929 年夏逃往南京钱壮飞处隐居。

钱壮飞先是在南京丹凤街，以社会人士的名义创办了一家“民智通讯社”，由他本人挂名负责，实际由胡底主持全部工作。不久，他又将胡底调往天津，在日租界秋山街 5 号创办了“长城通讯社”。1931 年秋，胡底又在天津开设了通讯分台。与此同时，钱壮飞又在南京中央饭店四楼设立了“长江通讯社”，作为整套无线电情报机构（包括上海无线电管理局）的指挥机关。

徐恩曾曾亲自动手研制了一种便于携带的小型发报机，并被投入工作使用。由调查科派到武汉、南昌、广州等地的特派员，都使用这种小型发报机，直接同“长江通讯社”的秘密电台进行联络。当时，在党务

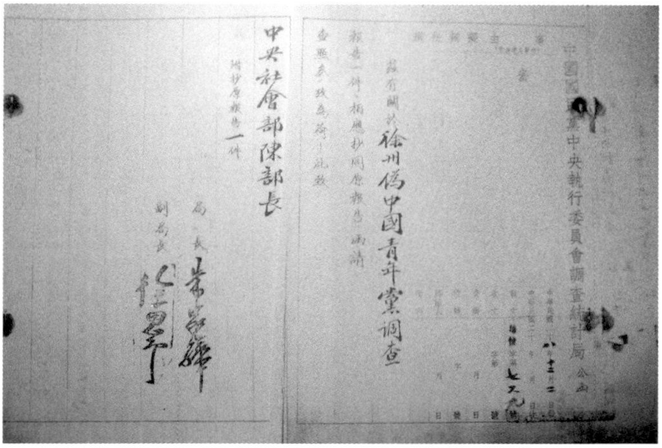

中央執行委員會調查統計局 公函

案查有關於徐州偽中國青年黨調查報告一件，相應抄同原報告函請查照參考為荷。此致

中央社會部陳部長

附抄原報告一件

局長

副局長

中统局关于“徐州中国青年党”情况调查报告（徐恩曾签名为“徐思予”）

调查科，但凡送给徐恩曾的电报、报告和各种情报，都要先经钱壮飞审阅并先行提出处理意见，徐恩曾阅批后在上面签个字。所以调查科的特务所搜集到的有关共产党方面的文件，也都汇总到钱壮飞手里，钱壮飞只在上面盖个戳，就列入收藏完毕。这样，钱壮飞既掌握了调查科的许多机密，又避免了党的信息被敌人利用。

接着，钱壮飞又要胡底推荐同志相机打入上海无线电管理局。胡底推荐了他的安徽老乡、早在芜湖进行革命斗争时就相识的李克农。

“红色特工之王”

李克农，又名泽田、峡公、种禾、曼梓、稼轩、天痴、震中，1926年加入中国共产党，1928年到上海从事秘密工作，被称为“红色特工之王”。李克农时任中共沪东区宣传委员，常进出上海文化机关，与胡底熟悉。

胡底专程到上海找到了李克农，说明了钱壮飞的意思。当时，李克农已进入中共中央特科工作，胡底尚不知道。李克农随即向特科负责人陈赓汇报了这一情况。本来，中共中央已极为重视钱壮飞在敌人内部所取得的地位，听到陈赓的报告后，中共中央军委负责人周恩来立即批准李克农打入上海无线电管理局，以加强党在敌人情报系统内的工作。陈赓当即指示李克农前去报名应考。

李克农报名后，发现应考科目共三门，分别为三民主义、科学常识、命题作文。大革命失败后，李克农到上海找党组织，在喝“三鲜汤”（即葱花、酱油兑开水）的那段日子里，与进步作家阿英等从事文艺工作，写过小说和剧本，故其文史知识底子厚，加之才思敏捷，经过精心的备考，这三门科目李克农均考得很好。特别是命题作文，写得有文采、字迹也清秀，颇得考官赏识。张榜时，他顺利地被录取了。

李克农进入上海无线电管理局以后，被委任为上海无线电管理局的广播新闻编辑。他才华出众，思路敏捷，文笔流畅，凡是他经手整理的调查材料，徐恩曾都十分赞赏。经过徐恩曾的考察和钱壮飞的鼎力推荐，李克农很快就担任了电务股股长，掌管着全国的无线电报务员，官不大，权却不小，是获取情报的极好位置。同时，他还统管全国无线电报务员的登记和考试。每次考试，凡是党组织送来的名单，他都加以录取。李克农在上海东方旅社长包了一个房间，名义上是为了便于搜集“新闻”材料，实际上却成了钱壮飞从南京送递情报到上海党中央的联络点。此后，南京送来的情报都由李克农及时反映给陈赓，再由陈赓转交中央。

在周恩来的提议下，中央决定由李克农、钱壮飞、胡底三人组成一个特别党小组，李克农任组长。工作中的重大问题，均由党小组讨论决定，分头执行。按照党的组织纪律，他们当时都直接接受陈赓的领导。因此在中共党史上，他们三人被誉为中共早期潜伏在敌营内部的“龙潭三杰”。蒋介石对江西苏区进行第一、二次“围剿”的时候，钱壮飞因身为中统头目徐恩曾的机要秘书，所有的电文、报告等，他基本都能看

李克农

到，获得了许多重要的军事情报，且都经李克农转交给了陈赓。这些情报准确及时，中央转发到苏区后，对红军作战起到了重要作用。

1930 年 4 月，蒋、冯、阎中原大战拉开序幕后，蒋介石急于搞到有关东北军张学良立场动态的情报，以防他加入阎锡山、冯玉祥的阵营。过去蒋介石也曾派人到东北搜集情报，但都被日本人破获了。钱壮飞经秘密请示陈赓同意后，主动向徐恩曾请缨赴命。

徐恩曾知道这个任务的艰巨，搞不好就会有生命危险。既然钱壮飞主动要求，便立即批准。钱壮飞遂邀上正在天津的胡底，组织了一个谍报小组去沈阳活动。陈赓向中央做了汇报后，中共中央对此极为重视，便派陈赓与他们一同前往。于是，他们利用这个难得的机会，拿国民党特务机关的证照作掩护，花着国民党的钱，巡视了中共地下党在东北和华北的工作，并带回许多机密情报。为了应付蒋介石，钱壮飞回到上海后，同李克农一起，搜集报纸上的消息，再加上一些听闻情报，写成一份 4 万余字的调查材料。徐恩曾看后，连声称好。

第三节　白皮红心的中统特派员杨登瀛

中央特科成立后不久，中共的地下工作就打开了新的局面。在周恩来的精心策划与陈赓的努力下，情报科通过关系，成功地争取到了国民党中统局上海特派员杨登瀛。

杨登瀛其人

杨登瀛真名鲍君甫，广东人，辛亥革命前后赴日本留学，从中学读到大学毕业，是日本名校早稻田大学的高材生。大学期间，他听过日本著名马克思主义学者河上肇的讲课，并翻阅过不少马克思主义书籍。1919 年回国，在上海日本洋行任职，同时也为日本通讯社撰写稿件。他参加了国民党，但是是典型的国民党左派。与此同时，他也认识了时为上海工人运动领袖的顾顺章，并通过顾的关系，认识了许多共产党员，与中共人士保有密切的关系。

1925 年 5 月，“五卅运动”在大上海爆发，活跃的杨登瀛也卷入其中。运动中他结识了同乡杨剑虹，杨也是上海滩的活跃分子，青帮中人，因同乡关系兼脾性相投，二人很快成为莫逆之交。这个杨剑虹也是个神通广大的人物，他与陈立夫、张道藩都是朋友。在陈立夫南下广州投奔蒋介石从政后，杨剑虹随后也南下投奔陈立夫，成为陈立夫的亲信。很快，陈立夫被委任为中央组织部调查科主任，这个调查科就是中统的前身，杨剑虹随之也水涨船高，被委任为采访股总干事。杨剑虹在出任小头目后，也要网罗人才，他想到了上海滩那位能干的老乡朋友杨登瀛。

调查科成立后，开始向首都南京外的城市发展，派遣驻外特派员。在任命上海特派员时，他们颇费了些脑筋，因为上海是除南京外最重要的城市，必须要挑选优秀人才前往。杨剑虹推荐了杨登瀛。

杨登瀛在知道这件事情后，颇费了些脑筋。到底该怎么做呢？是否应该接受这个差事呢？一方面是同乡朋友的面子不好驳，另一方面是他对国民党的黑暗深感失望。这时，他身边的另一位朋友帮了他大忙。这位朋友就是共产党员、中共中央特科成员陈养山。陈养山是由朋友介绍向杨登瀛学习日语时，跟杨结识的，很快两人就结成至交。陈养山身上所具有的共产党人的光明磊落、勇敢机智等优点全看在了杨登瀛的眼里，他对共产党的认识也发生了改变，他逐渐认为中国的明天可能就掌握在这批优秀的年轻人手中。

杨登瀛把自己的纠结告诉了陈养山，他想为共产党做事，为自己以后的人生选择一条光明的道路。了解到这一具体情况后，陈养山意识到这是个重要的机会，他立即把这个情况向党组织做了汇报。这个情况引起了周恩来的重视，对于杨登瀛这种人，一旦利用得好，可以为党组织带来许多便利，他立即指示陈赓亲自去跟杨登瀛面谈。

杨登瀛

成为红色地下党员

1928 年 5 月，上海霞飞路一咖啡馆内，中共特工史上的传奇人物陈赓、杨登瀛见面了。这次具有深远历史意义的见面，产生了一位中国历史上虽不是共产党员却又为共产党做了许多有益事情的特殊地下工作者。陈赓代表党组织对杨登瀛的工作做了指示，他肯定了杨登瀛的想法，让杨登瀛到国民党特工内部潜伏下来，并设法打入淞沪警备司令部和租界情报机构，伺机为共产党获取情报，营救被捕同志。为掩护杨的身份，中共地下党还为杨登瀛提供了专职秘书和保镖，并为他配备了一辆小汽车，这在当时的规格是很高的，也是身份的象征，让杨登瀛看起来更像是一个成功的生意场上的老板。当时给杨登瀛配的秘书叫安娥，后来成为田汉的夫人，杨登瀛获取的很多情报都是由安娥和保镖连德生传送的。

为取得国民党的进一步信任，杨登瀛可谓费尽心机。他与杨剑虹、陈立夫、张道藩等要人的关系处得非常好，除时不时地贡献些礼物表示心意外，他还在这些中统大员们出巡上海的时候，周到安排，并声色犬马地全程陪同。在得知张道藩遇到政敌而愁眉不解时，杨登瀛想办法为张除掉了政敌，使得张对他感激不尽。杨登瀛这一步棋走对了，张道藩在离开调查科后，便一路扶摇直上，官至国民党中央组织部副部长。在仕途得意之时，张道藩没有忘记杨登瀛对他的帮助，在他的卵翼下，杨登瀛一直受到很好的保护。顾顺章叛变后，杨登瀛一度受牵连被捕，但在张道藩的力保之下，他竟然逃脱了致命的危机。

作为国民党的特工人员，做不出成绩就难以为继，共产党也为杨登瀛考虑到了这点，中共地下党也经常帮他做出一些简单但又颇能迷惑人的政绩。比如陈赓经常把一些共产党内公开发表的刊物《红旗》《布尔什维克》等，以及党的宣言、飞行集会的传单之类没有机密情报的东西交给杨，让他拿去交差。在调查科、巡捕房侦知某些共产党的动态之后，他们也迅速将情报传递给杨，让他去抢功。地下党甚至还会布置一些空会场，让杨登瀛带人前去破获。就这样，杨登瀛在国民党内的地位逐渐牢固起来，从蒋介石到中统的各任长官都对他刮目相看，十分信任。在杨剑虹因贪污及帮派内讧等事丧命后，杨登瀛并没有因为失去靠山而失势，反而因“能干”得到了进一步的重用。蒋介石甚至亲自签署委任状，令陈立夫专程赶到上海授予杨登瀛，上书：“特派杨登瀛在沪协助办理重要案件并处理之。此令。”陈赓在谈到这一时期的历史时说：“当时国民党在上海的特务机关，实际上掌握在我们的手里。”[1]

杨登瀛在大上海滩，顶着“中央特派员”的头衔，加上天性的交游特长，很快便成功地打入了上海的军警宪各界。国民党上海市政府、市党部和宪兵系统，都有杨登瀛的眼线，他甚至与淞沪警备司令钱大钧保持着非常好的私人关系。杨登瀛不仅在国民党驻上海的军警宪系统内吃得开，就连当时不可一世的洋捕房，他都想办法打进去了，而且还特别

---

[1] 《传奇杨登瀛：周恩来临终前牵挂的特殊人物》，载《老人报》2010 年 6 月 30 日。

受信任，主要原因在于他会做人，并与巡捕房的帮办谭绍良攀了老乡。在谭绍良的帮助下，杨登瀛巧妙地利用他与淞沪警备司令部的特殊关系为巡捕房办事，让巡捕房的人感到杨登瀛不是警备司令部的人，但可以让警备司令部听他的话，于是他们在与国民党中统打交道时，只认杨登瀛。另外，杨登瀛还利用他的留日经历帮助巡捕房。当时日本妄图独占中国，这便不可避免地与英美发生矛盾和冲突。上海英租界洋捕房警务处督察长兰普逊，在听取了杨登瀛对日本情报机构的各种情况的分析后，对杨佩服有加，力邀杨就任巡捕房顾问，还特准杨登瀛在公共租界紧急办案时，不必履行常规拘捕手续。后来，在兰普逊的介绍下，杨登瀛又担任了法租界巡捕房的顾问。这样，杨登瀛就对英法两个租界的巡捕房的动静有了准确和深入的了解，甚至可以直接找关系救人。

经杨登瀛出手成功解救或者提供线索惩治叛徒的案件不胜枚举，使中共避免了多次损失，下面就几件重要的事件说明之。

营救罗亦农

罗亦农，湖南湘潭人，出生于富家，后到上海求学，结识陈独秀，加入中共，是中共早期领导人之一。1922 年被送往莫斯科东方大学学习，任中共旅莫支部负责人，与刘少奇、任弼时同学。1925 年回国后，从事工人运动。1927 年任中共江浙区委书记，参与领导了上海工人第三次武装起义，并在随后党的五大上当选为中央委员。大革命失败后，调任湖北省委书记，并在“八七会议”上当选为中央政治局委员，会后组织领导了鄂南暴动。是年 11 月，在上海召开的政治局扩大会议上，被选为中央政治局常委，与周恩来、李维汉组成中央组织局，出任主任。是月下旬，作为中央巡视员前往武汉指导两湖省委工作。

1928 年元旦，罗亦农从武汉回到上海，同李文宜结婚，并主持中央组织局工作。4 月 15 日，罗亦农与邓小平约见会谈工作，结束后，为不被敌人注意，根据秘密工作约定俗成的惯例，邓小平先走一步，罗亦农要在邓走后才能走。邓小平出门后，习惯性地向不远处的暗哨看了一眼，结果惊讶地发现扮成鞋匠的暗哨向他做了个危险的动作。邓小平迅速回望身后，结果发现英国巡捕房的洋侦探已走进他刚刚走出的大门，罗亦农已无力脱身，被巡捕带走，邓小平幸运地逃过一劫。

罗亦农被捕后，周恩来等中央特科的领导人万分焦急，根据当时罗亦农被捕的情况推断，此事一定系叛徒出卖所致。为营救罗亦农同志，也为避免革命进一步遭受损失，周恩来、陈赓、顾顺章等决定要找到告密者。陈赓想到了在调查科工作的内线杨登瀛，因杨跟英国巡捕房的警务处督察长兰普逊关系比较好，由他出面应该比较靠谱。

杨登瀛接到任务后，立即行动起来。他仔细考虑之后，认为自己现在正式身份是调查科的人，利用这个身份出面既显得光明正大，又能借这个平台实现自己的目的。于是，杨登瀛给陈立夫和张道藩发了电报，向他们汇报情况并请指示下一步的工作。陈立夫得知消息后，非常兴奋，认为罗亦农在共产党内地位非常高，为中央政治局五常委之一，与周恩来平起平坐，这次总算抓到了大鱼。陈立夫命令杨登瀛立即向英巡捕房提出请求，商谈引渡罗亦农事宜，由他来亲自处理。

杨登瀛赶往英租界巡捕房，找到老朋友兰普逊，向他说明来意，要求引渡罗亦农。兰普逊得知这是国民党上层的意思，对引渡之事并未阻扰，只是提出要钱，一方面是自己及属下弟兄们的辛苦费，一方面说是因为告密者要求5万美金还需提供两本赴德国的护照。

经过杨登瀛对兰普逊的大量工作，终于得知叛徒就是罗亦农的秘书霍家新和贺治华夫妇，而且还打听到贺治华之所以要价这么高，是因为她手中还握有一张三百多人的共产党人名单。出卖罗亦农只是贺治华夫妇取信于巡捕房的一个小小的筹码。为避免给革命造成更大的危害，必须尽快惩治叛徒，夺回名单。

罗亦农

霍家新和贺治华都曾留学德国和苏联，二人尚未了解清楚革命的实质就参加了革命队伍。贺治华漂亮能干，性格泼辣，在德国留学期间结识了朱德，由于身处异国他乡，当时又有相投的志向，就结合在一起，并生了女儿朱敏。后朱德回国，贺治华在转到苏联留学后，移情别恋，又与霍家新结婚。回国后，二人生活奢侈，对革命前途缺乏信心，就打算出卖组织，敲诈一笔，然后携款远走德国。于是，贺治华找到了巡捕房，打算利用手中掌握的党组织的秘密，为自己的未来谋划一幅美丽的蓝图。周恩来在确认叛徒时，非常谨慎，在杨登瀛的全力帮助下，最终认定了贺治华夫妇的出卖行为。

据郑超麟回忆，“能说德语、英语的漂亮女性”先是拿了一封信给在戈登路（今江宁路）、爱文义路（今北京西路）口值勤的中国巡捕，说是给巡捕房的。信内说，她住的地方楼上是共产党机关，每日有共产党的重要人物罗亦农来办公，她要巡捕房去抓，交换条件是送她和她的丈夫去外国读书。[1] 这个“会说德语的、漂亮的女性”就是贺治华。英国巡捕房捕快前去抓捕罗亦农时，在楼下先同贺治华用德语沟通过了，所以抓捕进行得非常快，而且非常准，只从机关内带走了罗亦农一人。

杨登瀛赶紧把调查的情况向陈赓做了汇报，他还告诉陈赓，经他与英巡捕房商议，决定于当月 19 日把罗亦农移交到国民政府手中，如不马上营救，罗可能会有性命之忧。中央特科得知这个消息后，尽快策划营救方案，准备在押解罗亦农时进行劫狱。可到了关键时刻，陈立夫竟

[1] 《邓小平“最大危险”之一：罗亦农被捕　周恩来落泪 (1)》，资料来源：http://military.china.com/zh_cn/history4/62/20090901/15623372.html。

专门为处理罗亦农案亲自来到了上海。他告诉杨登瀛，因为罗亦农是共产党的高官，本来蒋介石是要亲自来处理的，但因前线战事紧张，蒋不能亲自前来，陈立夫便代蒋来沪。由于罗亦农坚决不招供，陈立夫担心夜长梦多，怕到手的大鱼又被共产党掳走，于是突然命令立即就地处死罗亦农。杨登瀛知道这个决定时，已经太迟了；等他再设法通知共产党后，周恩来他们已经没有时间和机会进行营救了。罗亦农壮烈牺牲。

罗亦农牺牲后，出卖他的叛徒还在逍遥，而且还将给革命带来新的危害。中央特科决定尽快惩治叛徒，保护党组织。对于惩治叛徒的过程，1928 年 4 月 26 日的《新闻报》报道称，这日“上午七时许，其家所雇乳媪吴刘氏，因贺氏夫妇业将起床，正并坐床上阅报，乃手提水壶，开门出外，往附近老虎灶买水……迨乳媪买水归来，则见有四人已经入门，穿本国装者三人，直奔楼上；西装者一人，禁止其行动，初尚以为遇盗，不敢声张，维时只闻该屋后门忽大放鞭爆无数……无几何时，三人下楼，偕另一西装者出门扬长而去。吴刘氏惊魂甫定，遂上

贺治华在德国留学期间与友人合影，前排右二为贺治华，右一为朱德。

楼观看，见贺嘉兴（编者注：即霍家新）及其妻……均已倒卧于血泊之中……”《申报》《新闻报》均报道，事发地在霍家新和贺治华的新居，法租界蒲石路（今长乐路）178号。[1]

惩治叛徒白鑫

1929年8月24日，法租界新闻巡捕房在上海沪西新闸路经远里613弄12号，将正在开会的中共重要人物彭湃、杨殷、颜昌颐、邢士贞、张际春等5人逮捕，周恩来因事缺席而幸免。杨登瀛立即打听到了这一绝密消息，并获悉告密者就是该处房东、中共中央军委秘书白鑫。周恩来遂于当晚召集中央特委紧急会议，布置营救工作。

白鑫原系黄埔军校第四期毕业生，先后参加过东征和北伐；大革命失败后，参加南昌起义、广州起义，随军到达海陆丰，一度出任彭湃属下的团长。海陆丰农民起义失败后，他偕妻子王英北上上海，出任中央军委秘书。1928年冬，彭湃到上海担任中央农委书记兼江苏省军委书记后，白又兼任彭的秘书。因此，白鑫夫妇的住所便成为党的一个重要联络地点。因对革命前途失去信心，他们遂通过在南京政府军政部任储备司司长的白鑫之弟白云深，向国民党自首，透露了中共中央军委与江苏省军委于是日下午在他家里召开联席会议一事，由上海警察局通报给法租界巡捕房缉捕。

26日，彭湃等5人经租界临时法院审讯后，当即判决。下午便引渡给上海市警察局。陈赓通过杨登瀛获悉上述情况后，指示他利用陪审员的身份，与彭湃等取得了联系，并决定在把他们解往淞沪警备司令部途中组织营救。8月27日晚，蒋介石亲自抵达上海处理此案。他在火车站意外遭到刺客的袭击，险些丧命。蒋介石一怒之下，决定立即处死人犯。次日凌晨，特科营救成员在顾顺章、陈赓等指挥下，按计划埋伏

---

[1] 叶孝慎：《中央特科第一仗》，载《解放日报》2009年9月1日，第五版。

到囚车必经地枫林桥准备救人，但行动时因枪械意外出了问题，致使行动失败。

30 日上午，警备司令部军法处对彭湃等 5 人进行了复审和严刑拷打，午后 1 时，彭湃、杨殷、颜昌颐、邢士贞等 4 人被枪杀于警备司令部大院内。周恩来知悉噩耗以后，悲愤难抑，当即起草了《中共中央为反抗国民党屠杀革命领袖告全国劳苦群众书》，愤怒声讨国民党当局勾结帝国主义屠杀彭湃等革命领袖的罪行，并指示陈赓一定要及时惩治叛徒。

陈赓立即找到杨登瀛，要他设法打听白鑫的情况。白鑫知道自己的泄密会带来多大的恶果，此刻势必性命难保。他找到上海市特别党部成员、中统特务范争波作掩护，住在范的公馆里不敢跨出大门一步，打算尽快办妥出国的手续，前往意大利生活。中央特科情报员在侦知这个情报后，计划在白鑫出国前将其正法。陈赓找到杨登瀛，杨利用他跟范争波的关系和他的特殊身份，到范争波公馆探望白鑫，打听到他出国的具体时间。红队成员经过精心策划，终于在白鑫即将踏入送他出国的小轿车之前，将其刺杀。

惩治黄第洪　保护周恩来

1930 年 4 月，在杨登瀛的帮助下，共产党成功挫败了一起出卖周恩来的案件。当时，蒋介石的侍从室收到一封写给蒋的信件。写信的人是黄埔一期生、刚从苏联学习回到上海的黄第洪。他向蒋校长诉苦说，在共产党内不得志，准备自首改过自新，投向国民党，请蒋介石亲自接见他一下。作为见面礼，他准备向蒋介石献出共产党的重要领导人周恩来；说周恩来近期准备接见他，并把详细地址及时间等情况一并在信中做了交代。蒋介石喜出望外，责成陈立夫亲自督办此事，陈立夫则指派徐恩曾出手。为防止意外，尽快抓住他们的劲敌周恩来，陈立夫和徐恩曾认真商量对策，经过慎重选择，决定派出他们眼中最可靠的人——杨登瀛来办理此事。

杨登瀛得到这个重要情报后，立即向共产党报警：务必设法确保周恩来的人身安全。

杨登瀛按照黄第洪信中约好的接头暗号跟黄见面了。黄第洪见到蒋介石果然很重视自己，非常高兴，向杨登瀛提供了一些情报。周恩来对这个事情非常重视，亲自指挥，在确认黄第洪叛党事实确凿后，为避免他对党造成进一步伤害，红队对他进行了处决。

营救关向应

1931 年，杨登瀛与中共地下党员刘鼎、黄慕兰，共同营救了被巡捕房逮捕的中共中央政治局候补委员关向应。

1931 年 4 月中旬，中共中央政治局候补委员、中华全国总工会党团书记关向应在其上海闸北的寓所被捕。入狱后，他化名李世珍，并未暴

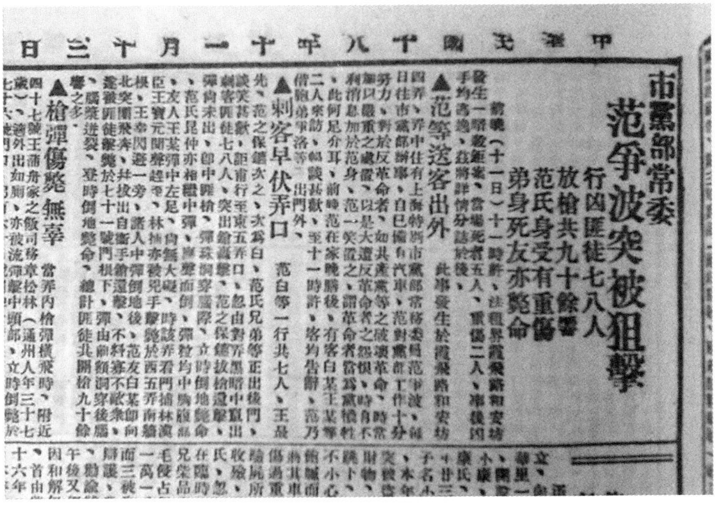

中華民國十八年十一月十三日

市黨部常委
范爭波突被狙擊
行凶匪徒七八人
放槍共九十餘響
范氏身受有重傷
弟身死友亦斃命

▲范等送客出外

▲刺客早伏弄口

▲槍彈傷斃無辜

《民国日报》当时关于范争波遇袭案的报道

露身份。他被关在公共租界的英国巡捕房里，虽然一开始身份并未暴露，但他被捕时，巡捕房在他的住所还搜走了一大箱文件，这像颗定时炸弹一触即发。为防万一，周恩来指示陈赓布置杨登瀛尽快营救。

关向应被捕后，国民党宪兵队也听到风声，想把人引渡过来；但因他们跟巡捕房素有矛盾，一时没有办成功。杨登瀛找到英国探长兰普逊打探消息，兰普逊对关向应住所发现的文件材料很感兴趣；但苦于中文水平太低，读不懂，尚未发现线索。兰普逊见杨登瀛登门，立即请杨帮忙。杨推脱自己有要务缠身，答应替他另外想想办法。

杨登瀛把情况汇报给陈赓，陈赓设下一妙计，将自己的助手、中央特科情报科副科长刘鼎介绍给杨登瀛，要他把刘鼎当作中统的"政治专家"介绍给兰普逊。杨登瀛和刘鼎在兰普逊面前上演双簧戏，装作很忙的样子鉴定文件，在兰普逊不注意的空当，刘鼎便趁机将极为机密的文件抽出来藏到身上。刘鼎边翻看材料，边不在意地随口说这只是些学术研究的材料，没有什么问题。傍晚时分，杨登瀛借口要回去加班加点鉴定材料，便提出把没看完的材料带回去看。兰普逊对杨登瀛没有丝毫疑心，一口答应了下来。杨登瀛和刘鼎回去后，把重要文件全部取出，又连夜模仿了大量无关机密的学术文件，放回到原文件中，再由杨登瀛交给兰普逊。次日，杨登瀛把文件交还兰普逊，并告诉他未发现什么问题。兰普逊一见文件没有少，便相信了。在杨登瀛的活动下，兰普逊把没有价值的李世珍转到中方的龙华警备司令部。

1931 年 4 月 25 日，顾顺章被捕叛变，杨登瀛受到连累入狱，营救工作暂停，关向应在狱中的危险更加深了十分；幸好关向应被捕时顾顺章在汉口，尚不知道此事，所以他一时还不会向徐恩曾供出关向应。但危险时时都在，营救工作必须尽快进行。同年 6 月 22 日，中共中央总书记向忠发被捕，为防止关向应被他供出，行动更须加紧。这时红色美女间谍黄慕兰发挥了重大作用。

关向应

黄慕兰原名黄彰定，又名黄淑仪、黄定慧，出身湘中名门，天生丽质，多才多艺，社会活动能力特别强，国共许多高层领导人对她印象都非常深刻。黄慕兰1926年加入中国共产党，后到上海任中共中央书记处秘书、中央特科成员，成为地下工作者。向忠发被捕当日，她正与当时的密友、上海有名的大律师陈志皋喝咖啡，巧遇陈的好友、在法租界巡捕房担任翻译的曹炳生。曹炫耀当日巡捕房抓了一个悬赏10万元的共产党大头头，“湖北人，60岁左右，酒糟鼻，一口金牙，9个手指头”，并说此人被捕后并没有共产党人的钢筋铁骨，马上就交代了。黄慕兰面不改色地听着，心中直打鼓，这人是谁？这么重要的人叛变会造成多大损失啊。于是，她赶紧找了个借口，回到家中，给潘汉年打电话汇报，两人分析后认定此人定是向忠发！于是，黄慕兰成为第一个向党中央报告向忠发叛变的人。

为防止向忠发供出关向应，周恩来指示黄慕兰加紧营救。黄慕兰以前曾通过陈志皋认识了陈父，上海司法界巨头陈其寿，并设法取得陈其寿的欢心，成为陈老爷子的干女儿及陈家的家庭教师。黄慕兰谎称关向应是自己的表兄，要陈老爷子设法帮忙营救。陈其寿在上海司法界一言九鼎，通过关系，将龙华监狱的典狱长请到家里喝茶，并把事情讲了。典狱长当即答应此事，后却没了下文。向忠发被捕后，黄慕兰心急如焚，不得已再次向陈老爷子提出此要求，陈其寿得知自己交代的事情没办好，不由得动怒。马上叫来典狱长，打听清楚原来是一个李姓书记官不肯放人，陈老爷子知道这个人抽大烟，马上给他送去了上好的烟土。

接着，被关了近半年的关向应终于被营救出狱。后来关向应为中国共产党的发展做出了很大的贡献。

1928 年 8 月，中共平凉路沪东区工会机关被中统侦悉，淞沪警备司令部函知英巡捕房政治部搜查，结果有 7 名共产党人被捕。在杨登瀛的侦探之下，中共特科得知是叛徒戴冰石 8 月初秘密自首投敌所为，遂将其处死。

黄慕兰

1929 年农历新年，淞沪警备司令部接到湖南人黄歧密报，可抓到共产党的重要人物罗迈。在打入淞沪警备司令部的中共情报员宋再生的安排下，黄歧于正月初五在司令部见面宴请之时被毒死，此举有效地保护了中共领导人的安全。不久后，宋再生又将出卖中共中央政治局常委兼秘书长，后又兼任宣传部长李立三的铁路工会秘书顾某解决，并将李的住所古玩店处理，杜绝了后患。

杨登瀛还在钱壮飞打入徐恩曾中统组织、成为徐的机要秘书的过程中起到了辅助作用。中共中央由此掌握了国民党中统特务机构所有重要的机密。周恩来称此举具有特别重要的意义，钱壮飞伪装出色，取得了徐恩曾的信任与重用，并在最后的危急关头挽救了中共中央和中国革命。

1930 年秋，杨登瀛利用跟兰普逊的私人关系，成功营救了被公共租界巡捕房逮捕的中共中央政治局委员任弼时。

顾顺章被捕叛变后，杨登瀛也受到连累而入狱，但因缺乏进一步的证据，加之张道藩的暗中活动及担保，杨很快出狱。遗憾的是，此后杨登瀛与中共地下党组织失去联系；再后来，他又出任国民党南京首都反省院副院长、汪伪政权感化院院长，期间没有什么重大事件，也曾多次在职责范围内释放被关押的共产党人。

新中国成立后，杨登瀛留在大陆继续生活，但日子过得相当清苦，甚至有几次被抓捕和批斗的经历。幸好有了解他当年为中央特科做贡献的周恩来、陈赓、安娥、陈养山等人保护和接济他，才使他生活得以维持。

1970年，杨登瀛因病去世，临终前，他再三对自己的子女说："我不是特务，不是叛徒，也不是什么内奸，我到底算一个什么人，自己也说不清，但周总理是知道我的……"据说周恩来在临终前，对陈赓交待了一份名单，说他们是为党和国家做过重大贡献的人，我们不能忘记他们，其中就有杨登瀛的名字。

[第五章]

惊心动魄的“顾顺章案件”

在 20 世纪 30 年代初，发生了一件国共秘密斗争中的大事件，这就是有名的“顾顺章叛变案”。这一事件是陈立夫中统特工系统在与中共斗争中取得的一次重大收获。但由于周恩来等人的沉着应对，终于将其对中共及其革命事业的危害降到了最低点。

第一节　顾顺章的被捕叛变及其恶果

顾顺章，上海宝山县人，产业工人出身，早年在上海英商南洋兄弟烟草公司做小工头。因身怀武功，为人豪爽，又颇具小聪明，在上海“五卅惨案”大罢工时，他担任工人纠察队队长，表现勇敢出色，加入了中共。他曾一度专任苏俄顾问鲍罗廷的侍卫。1926 年 9 月，党组织派他和陈赓等人到苏联学习政治保卫工作和群众武装暴动经验；在伯力，他受到了“契卡”的系统训练。半年后回国，被任命为中共中央政治保卫局局长，由此进入了党的核心阶层。他在响应北伐战争的上海工人武装起义中担任了领导组织工作，曾经立下过功劳。但是，顾顺章并未经过系统的马克思主义思想教育，政治立场不够坚定，严格地说，他还是一个流氓无产者，因此导致了他被捕后的很快叛变。顾顺章为人非常机警谨慎，他从来不拍个人照片，现在能找到他照片的地方，只有在一张旧合影中，就是在这唯一的照片里，他还戴着帽子，脸被帽檐遮住了一大半。

顾顺章在早年的工作中，作为中央特科“红队”的负责人，曾为保卫中共中央做出过重要贡献，保护和营救过多名党的领导人，也因惩治极具破坏性的叛徒而闻名。但是与此同时，顾顺章所固有的缺点也很突出，他贪图享受，把用于掩护身份的吃喝玩乐当作理所当然的享受，吃喝嫖赌样样精通，对思想政治理论修养很不重视。

顾顺章租住在上海英租界威海卫路802号，一整幢石库门房子都租来做公馆，家具陈设极其考究，个人着装仪表也相当奢华。当时他的家只允许特科情报科长陈赓和电讯科长李强去，陈赓回来就对特科同事柯麟说：“我们两个人只要不死的话，准能见到顾顺章叛变。”[1] 结果，陈赓这句话一语成谶，竟然真的预言到了顾顺章可耻的后半生。

武汉被捕叛变

1931年3月，中共中央安排张国焘、陈昌浩等领导人去鄂豫皖苏区，顾顺章担负护送任务。圆满完成任务后，顾顺章在返程途中违反保密工作纪律，在武汉逗留，并化名“化广奇”，公开进行魔术表演，不料被国民党中统调查科派往武汉的特派员觅得了行踪。

顾顺章魔术表演水平极高，手法巧妙，每次都能引起观众围观喝彩。他经常采取这种魔术表演的方式赚取钱财，以满足自己的吃喝嫖赌贪欲。为防止被人认出，顾顺章每次登台表演的时候都化装成高鼻子、小胡子的西洋绅士形象，从不以真实面貌示人。但即使化装再巧妙，他这样高调的表演行踪也难以掩盖。

---

[1] 杨者圣：《特工老板徐恩曾》，上海人民出版社1997年版，第59页。

顾顺章

顾顺章善于交际，言语风趣，待人和蔼，处世圆滑世故，善于揣测他人心理，所以交际面很广。

在武汉期间，尽管顾顺章除表演外很少外出，但前去拜访他的人却非常多且杂。没多久，他就被武汉中统分子盯上了。经过严密侦查，他们发现与顾顺章交往频繁的人，多半是在武汉联共时期接近过共产党的人，于是认定顾顺章是与共产党有密切关系的人，故加派了人手严密盯梢。

1931 年 4 月 25 日，中统调查科武汉特派员蔡孟坚控制下的中共叛徒尤崇新，在武汉江汉关轮渡码头偶然发现了未经化装外出散步的顾顺章。尤认识顾，立即与手下上前抓捕，顾顺章依仗拳脚反抗，终因寡不敌众被逮捕，且被俘后，他竟然不再反抗。当晚，顾顺章要求见蔡孟坚，供出了自己的身份，并自认为中共要人、特工主管，要求与蒋介石见面。他同时要蔡不向徐恩曾报告，以免泄密，但又不肯说出徐身边潜伏者钱壮飞的姓名，以为奇货可居。蔡孟坚在中统内部有“铲共专家”的称号，曾组织破坏过中共汉口地下党机关，脾气较大。他在试探性地要顾说出在武汉的中共地下党组织人员并加以捕获之后，相信了顾顺章的话。在请示武汉行营主任何成浚后，他们决定从水路将顾顺章押解南京。为抢先报功，他们没有听从顾顺章的劝告，于 25 日晚连发 6 封急电向陈立夫和徐恩曾报告了捕获顾顺章及其已经自首的情况，还注明不要让徐身边的人知道此事。

钱壮飞报警

蔡孟坚给徐恩曾发去加急密电时，恰逢周末，中统老板徐恩曾离开南京去上海度假，并将随身的密码本也交给了机要秘书钱壮飞。当钱译出全部的武汉来电稿后，不免大吃一惊，在排除了中统对他实行考验的可能性后，钱壮飞立即做出了终止潜伏，向中共中央报警的决定。他迅速采取了三项措施：一是派他的女婿、交通员刘杞夫火速前往上海，向李克农报告事件，请中央立即采取对策；二是给在南京的地下党发出警报，要他们撤离，同时用暗语电报通知天津潜伏于中统的胡底等人应变；三是决定自己次日早也撤往上海，再次向党中央报警。他临行前留下一封给徐恩曾的信，以揭露其为非作歹行为为要挟，警告徐不准对他的子女家人下毒手。钱壮飞的这一系列行动，有效遏制了徐恩曾的行动，降低了顾顺章投蒋所造成的危害，在根本上挽救了中国共产党中央领导机构，因此改变了事件的结局。

当在上海的中共中央收到特急警报后，周恩来在云南路福兴字庄中央军委地下联络点紧急召开了中央特委成员会议，决定中央政治局、中央各部、中共江南省委、共产国际远东局等立即搬家。果断处置之下，市区内外几乎所有的中共重要机关与联络站点，在一夜之间便撤退了。[1] 中共中央同时也向顾顺章所知的天津及其他城市地下党组织发出了立即撤退的警报。但无可挽回的是，由于顾案的影响，中共地下党在武汉、南京、上海、天津等地系统都遭受到了不同程度的损失，组织网络在一段时间内已陷入了混乱瘫痪的困境。

4 月 27 日，顾顺章被押解到南京。按照陈立夫的指令，解往中山东路中统的秘密机关；但顾顺章立即认出这是中共的“驻京办事处”，并说出了钱壮飞潜伏于此的真情，使得陪押他的蔡孟坚大吃一惊。蔡知

[1] 郑义：《中共情报首长》，（香港）夏菲尔国际出版公司 1999 年版，第 17 页。

道事情不妙，立即报告给陈立夫与徐恩曾，但事已无可挽回。据当时参与此事的中统特务张国栋回忆说：“在顾顺章到达南京前十数小时，徐恩曾的私人秘书钱壮飞突然失踪了。当时我们看得出，开始，徐表现得很紧张……他来到调查科与总干事张冲、干事顾建中悄悄说上几句话，便又匆匆忙忙地离去。在发现钱壮飞失踪后，徐十分紧张，简直到了惊恐的程度。”徐恩曾立即派出特务四处搜捕，但一无所获，只在钱宅找到了其年迈的母亲，鉴于钱壮飞的警告，徐恩曾也不敢加害其母。

蔡孟坚押解顾顺章到南京后，陈立夫与徐恩曾得知蒋介石要接见二人，便立即布置，派中央组织部秘书长张道藩赶去蒋的官邸，抢在前面警告蔡、顾二人不许向蒋介石透露有关钱壮飞的情况。这一举动，使得陈、徐二人开脱了自己的责任，避免了一场灭顶之灾。蒋介石在见蔡、顾时，并未对顾顺章表示出多大热情，只是说其“归顺中央，甚好”，要其“以后一切听蔡同志安排，为国效力”。随后，蒋又单独召见蔡孟坚，询问了此案的有关情况，嘱咐对顾要好好运用。蔡孟坚顾忌到陈立夫与蒋的关系及陈与他的交情，没敢对蒋说明钱壮飞之事。

当天，徐恩曾趁蔡孟坚见蒋之机，带人将顾顺章从中山东路秘密住处劫走，控制在自己手下。蔡孟坚对此大为恼火，但在张道藩的威胁之下，他只好放弃这块“肥肉”，怏怏地回到了武汉。

大破坏

在对顾顺章进行了初步审讯后，徐恩曾等连夜赶到了上海，指挥军警宪特及时进行了大搜捕，其结果是捕获了一批来不及撤退的中共地下党员。据当时在沪的中共地下组织领导成员聂荣臻的回忆，徐恩曾“搜查了我们几乎所有的机关，只剩下一个汽车行没有被搜查，那是我们军委的一个联络点，顾顺章不知道”。“恩来、富春同志和我，在情况紧急时，都到过这个联络点得到掩护……工作虽然仍在进行，但危险很大，我们这些过去与顾顺章交往很多的人，就经常待在家里，不敢上街。从那以后,组织上就已经在考虑我们这些人撤离上海的问题。”[1] 在顾顺章的积极配合下，中统特务针对中共地下组织的活动特点，“搞了一套对付我们的办法”，使中共地下组织遭受到了相当程度的损失，“其结果是800多共产党人遭逮捕”[2],其中有几个中共中央“特科”（即“红队”）的人员也被捕杀，个别的则跟随顾顺章投降了国民党。徐恩曾对这次大搜捕是尽了全力的，他几乎三天三夜未眠，数过沪上的家门而不入。虽然尽了全力，表面成绩斐然，破获了一些来不及撤退的中共地下组织，如红旗报社、中央军委保卫组办公处、北四川路接头处、武定路秘密机关等；但其欲逮捕周恩来等中共领袖，将中共中央机关一网打尽的企图却没有实现。但是，由于顾顺章的出卖，中共在武汉设立的机构，如中央军委武汉交通大站及省、市、区委交通五所，湘鄂边区红二军团驻汉交通处、采购处，湘鄂边特委、湘鄂西红二军团后方医院药品采购处，汉川独立师驻汉交通处、采购处，沔阳驻汉交通站等二十余处中共地下交通联络组织以及数处秘密掩护机关均遭到了严重破坏。加上原已遭破坏的鄂西联县苏维埃政府和红二军团驻武汉办事处，中共在汉地下组织几乎无一幸免，中共地下党的工作遭受了相当程度的损失。

徐恩曾从顾顺章处得到的另一项大收获，是他发现了曾隐藏在苏州反省院囚犯中的中共重要领导人恽代英。

按照中共中央的要求，中央常委等党的高级干部，每年都要有一段时间深入基层组织工作。恽代英当时化名王作霖，去上海浦东基层支部发动工运，当他化装成工人上街散发传单时，不幸被捕。因国民党警察中无人认识他，便得以自称为不识字的工友，被送往苏州反省院感化。党组织为了营救他，通过顾顺章，花了几千元的“运通费”，结果获批

[1] 杨者圣：《特工老板徐恩曾》，上海人民出版社 1997 年版，第 71 页。

[2] 〔英〕迪克 · 威尔逊：《周恩来传》，中共中央党校出版社 1989 年版。

准，于2月转送到南京，即将由“军法处”宣判释放。在此重要关头，顾顺章的叛变使营救恽代英的工作功亏一篑。

顾顺章投敌后，急于卖友求功。4月27日，他在陪蔡孟坚去见蒋介石的路上，忽然想到了恽代英的事，立即向蔡告发，并说恽代英是中共重要人物，需立即查明已否开释。

徐恩曾获报，即派干员顾建中、王思诚与李熙元，手执刊有恽代英照片的黄埔四期同学录，火速赶往南京江东门外中央军人监狱，在狱中将恽指认出来。恽代英知道自己的身份已经暴露，轻蔑而自豪地说：“我就是恽代英！”特务们劝降失败，便将恽代英加上镣铐，关进单人牢房严加看押。

两天后的4月29日中午12时，奉蒋介石批示：“立即就地处决！”

恽代英

特务将恽代英从牢房押往狱中刑场。恽代英神色坦然，昂首挺胸，沿途高唱《国际歌》。临刑前，面对执行的刽子手，恽代英发表了慷慨激昂的演说。枪声响了，恽代英身中数弹壮烈牺牲。他的大义凛然正气使特务们为之惊恐。多年以后，徐恩曾回忆此事仍心怀恐惧，他说：“共产党的可怕就在于此。”

顾顺章投敌后的另一项“功劳”，是他出卖了中共地下党在中统组织中的又一内线杨登瀛。顾顺章对杨登瀛的身份一清二楚，于是，杨即被供出逮捕。但杨在受审时拒不吐实，又因为他在国民党内与中统头目陈立夫、张道藩有较深的私交，最后被张以个人名义保释，其结果尚称安全。

如果说杨登瀛是依靠他的私人关系逃脱了被顾顺章出卖的恶果的话，那时任中共中央总书记的向忠发就没有如此幸运了。

向忠发历史上曾是一个不大不小的上海工运领袖，本身并无作为中共最高领导人的资本与才干，但在共产国际和王明“左”倾思想的指导下，以为必须推举一个纯工人出身的人担任中共的最高领导，中国革命才有希望。于是，他便被“选”为中共中央总书记，因才干有限，他并不掌握全盘工作大权。顾顺章叛变后，向忠发已随中共中央安全转移，但他在平安两个月后，又耐不住寂寞，去找他的情妇杨秀贞，结果出了问题。原来顾顺章曾为杨秀贞安排过一个女佣，向忠发转移后，顾顺章便将其女佣严密监视起来，并根据她的口供，知道杨秀贞在一家裁缝店里还有一件衣服未取，以顾对杨小气性格的熟悉，知道她一定会冒险来取，于是守株待兔，终于通过跟踪杨秀贞，发现了向忠发的行迹。6月21日，向忠发不听周恩来的警告，私自去中山公园与杨约会时被捕，被引渡到国民党上海警备司令部，是为顾顺章的一大意外收获。向忠发被捕后，在威迫利诱之下，很快自首叛变，但蒋介石也知道他的作用与影响有限，没有什么更大的利用价值，三天后即下令将他枪决。[1]

对于向忠发在被捕后是否曾叛变的问题，历史上有过争议。1933年12月，国民党中统机关印发了一本名曰《转变》的小册子，附录中有《前伪共中央书记向忠发的报告》全文。《转变》一书，是中统特务为了劝说被捕的中共党员们“转变”而印发的内部册子。内中《前共党中委兼总书记向忠发的自供》写及，在被捕之后，“向初尚抵赖，后以说服，遂自供周恩来之住址，及一切重要机关”。向忠发的自供，包括十部分：（1）国际——国际共党（引者注：即共产国际）驻东方部负责人；（2）中国共产党中央政治局委员名单；（3）特务委员会（即中央特科）名单；（4）苏区负责人名单；（5）李立三已经送到莫斯科了；（6）各地上层负责者；（7）各地实际情形；（8）军事（开列了红军七个军的负责人名单）；（9）共党经济来源；（10）附记。[2] 这份文件确实证明向

[1] 曹英：《红色档案——中共早期领导人活动纪实》，改革出版社1999年版，第360—361页。

[2] 吴诗四：《昙花一现的向忠发》，载《南京晨报》2004年3月29日，B11版。

忠发业已叛变革命。

顾顺章被押期间，徐恩曾、张冲、顾建中轮番与他见面、谈话。但在上海大搜捕后，因未抓住一名够得上档次的中共首脑级人物，徐恩曾遂不得不考虑派顾顺章亲自出马，企图能够抓获一两位中共重要人物。

1931 年 5 月底，徐恩曾将顾顺章安排到南京城南双塘巷居住，并派自己亲信特务王思诚做顾的秘书，由中共叛徒王国栋、李志远、胡洪涛陪伴，实行监控。徐恩曾并陪同陈立夫到顾顺章的住处看望。陈立夫对顾说，蒋介石对他指认恽代英一事十分满意，并转达蒋的话，说党国不会亏待每一个效忠的人。顾顺章不由得受宠若惊，他进而主动提出可以设法捉到中共著名的工运领袖蔡和森。

蔡和森曾是中共中央政治局五名常委之一，后受到共产国际的处分，被罢免了政治局常委的职务，当时已被发配到广东省任省委书记。顾顺章认为，虽然周恩来现在应该已通知他转移，但蔡和森脾气倔强，绝扔不下广东的工作，肯定还留在香港，估计只是换了住所。据说，原先他一家三口住在香港一家罐头公司的楼上。陈立夫听罢当即拍板：立即安排人手，到香港捉拿蔡和森。

随后，顾顺章在徐恩曾的安排下，由几名调查科特务监视着南下香港。6 月 10 日，徐恩曾得到了香港传来的消息：蔡和森在参加香港海员工会会议时，连同与会 5 人一同被捕，现关在香港英国监狱。

蔡和森被捕后，不久就被广东军阀陈济棠引渡到广州。在狱中，他虽然受尽种种酷刑，但始终没有暴露党的任何情况。8 月间，陈济棠下令用铁钉把蔡和森的四肢钉在墙上，然后用刺刀将他的胸脯戳得稀烂。蔡和森英勇就义，年仅 36 岁。

曾与蔡和森在湖南长沙共同创办新民学会的毛泽东闻此噩耗，悲痛地说：“一个共产党员应该做到的，和森同志都做到了。”

顾顺章以恽代英及其他许多中共党员的鲜血生命来换取国民党的青睐，给中共造成了巨大的损失。顾顺章从此成为中共死敌。

第二节 “牛兰事件”

顾顺章投敌后，给共产党造成的又一重大损失是共产国际驻中国的重要负责人希莱雷 · 努伦斯和他的妻子在上海公共租界一起被中统特务逮捕事件，即所谓的“牛兰事件”。

希莱雷 · 努伦斯 (Hilaire Nuolens) 真名为保罗 · 鲁埃格，波兰人，他的中文名字叫牛兰，于 1927 年 11 月受共产国际派遣来到上海。

1927 年“四一二”“七一五”事变相继发生后，中国的革命阵营分裂，国内局势的急剧变化，使共产国际和苏联共产党不知所措。共产国际召开会议，严厉批评了共产国际联络部和负责中国事务的远东局。为了进一步了解中国国内的情况，用更加合适的方法加强中国共产党的联系，共产国际决定组建对中共的秘密联络站。经过慎重选择，共产国际决定派遣牛兰前往中国，命令他以私人身份经欧洲绕道哈尔滨、大连，然后到达上海，以开商业公司作为掩护建立秘密联络站；并要求牛兰不管在任何情况下，不许与苏联在华的公开机构联系，以保持他的秘密性。

牛兰在接受共产国际的委派后，即刻起程到达上海。其后，他多次来往于上海与欧洲之间，多方联系，疏通贸易和联络渠道。1929 年，牛兰开始全面负责中国联络站的工作。1930 年，他出任泛太平洋产业同盟上海办事处兼共产国际远东局秘书。

牛兰的妻子汪得利曾，为了协助丈夫的工作，于 1930 年带着年仅 2 岁的儿子吉米也来到上海。夫妇二人在中国积极活动，利用其在上海租界内的合法身份，经常与中国共产党和亚洲各国共产党取得联络，工作开展得有声有色，取得了较大的成绩。

远东局的主要工作是扶助中国革命，它转发经费给中国共产党及青年团等组织，征募学生，并安排他们前往莫斯科的列宁学校和东方劳动大学学习，培训共产党未来的干部，另外还要建立并保持与中国红军及华中、华北苏区的联系。与此同时，远东局还在苏联同样执行转发经费和征募学生的任务，并保持与日本、印度支那、菲律宾和朝鲜共产党组织的联系。该组织所转的经费由共产国际西欧局提供。据记载，1930年8月到1931年6月，远东局援助中国共产党的资金平均每月达2.5万美元，高出其他支部十几倍。[1]

牛兰夫妇在上海工作期间，主要是利用上海租界区内的三家贸易公司作为掩护，其中利用时间最长的是资金雄厚的“大都会贸易公司”。

牛兰参与了中共中央在上海秘密召开的六届三中全会与六届四中全会的工作；并与中共中央保卫机构——中央特科合作，多次搜集重要的情报，因此与顾顺章熟悉；他还在上海与东南亚各国共产党建立了正常的联系。1931年初，在香港建立了共产国际远东局分支机构——南方局，又称香港分局；在日本、朝鲜的共产党组织内，也进行了卓有成效的联络工作，并定期向他们提供经费。

正当牛兰夫妇及其领导的共产国际远东局积极开展活动时，危险从天而降。顾顺章供出有关牛兰的情报后，1931年6月15日，国民党当局联络上海公共租界将其逮捕。随后，中统特务对牛兰夫妇的住处进行了搜查，发现了一把南京路某公寓房间的钥匙，租界当局警方在那房间里又查出三个铁箱，箱中存有共产国际远东局和太平洋职工书记处上海支会的档案文件，这是上海外国租界当局第一次获得有关共产国际在远东活动的情况。8月30日，牛兰等被引渡给南京政府，关押在苏州监狱，他在狱中曾三次绝食抗议。

[1] 崔永阁等：《牛兰案件始末》，载《中国档案报》2004年10月8日第3版。

佐尔格出马

牛兰夫妇被捕后，共产国际把营救他们的任务交给了正在上海的苏联红军总参谋部情报机关佐尔格小组，同时准备在国际上发动一个抗议蒋介石政府任意侵犯人权的运动，以呼应营救牛兰夫妇。

佐尔格当时是苏联军方著名的情报人员，后来前往日本潜伏，为苏联取得反法西斯战争的胜利立下过大功。他领受任务后，以其对中国情况的了解，首先把侦查的目标集中在国民党中统特务机构上，因为中统头目多系浙江籍出身，于是他们想方设法利用浙江籍的社会关系去搭上“CC 系”的关系，并取得了成果。

佐尔格小组通过内线关系认识了浙江籍的中统高官张冲，从张冲处知道牛兰夫妇确被关押在南京，而且此案正好由张冲主管。佐尔格认为这一情况必须得到证实，他们提出要张冲递出牛兰亲笔写的一个字条来，才能证明牛兰确在南京。有这个证明，共产国际才能发动反蒋的抗议活动，否则蒋介石可能会把牛兰处死，然后对外一赖了之。而张冲既为此案的主管人，要牛兰写一张字条带出并不困难。

为此，佐尔格小组经过努力，终于得到了张冲的回答：“手迹可以送出，但代价是三万元。”佐尔格分析出张冲索取这样的高价，不是单纯为了牟利交换的目的，而是有其政治上的意图。因为这是一项可能招来杀身之祸的交易，他帮这样的大忙，绝对不是为着金钱，而索此高价可能有两个原因：一是万一这件事被泄露，他将用这笔钱作脱身之计；第二可能是他用索取高价的方法，探询和他进行这笔交易的对手的真实身份。共产党的一般下级组织，绝对拿不出这样一笔巨款，只有中共中央或苏联共产国际才能做到这一点。如这笔交易成交，他就能肯定和中共的最高组织搭上了关系，才肯冒险出手相助。根据这样的分析，只要支付了这笔钱，不仅可解救牛兰，而且又建立了与张冲的秘密关系，今后可由他这条线继续得到其他的情报，所以物有所值。

付了钱后，佐尔格拿到了一个用俄文书写的小纸条，经过鉴定是真的，他便立即电告莫斯科营救工作取得了进展。

与此同时，佐尔格还通过在华的美国进步女作家和记者史沫特莱（Smedley Agnes）在上海成立了一个“保护努伦斯委员会”（即营救牛兰夫妇的委员会），包括宋庆龄、伊罗生、杨杏佛在内的中外许多知名人士都参加了这个委员会。除此之外，著名的美国记者埃德加·斯诺（Edgar Parks Snow）以及《中国论坛》的出版者依萨克斯、上海《密勒氏评论报》的创办人鲍维尔等外国友人也参加了这次活动。另外，史沫特莱还亲自到鲁迅家商谈关于营救牛兰之事。鲁迅也撰写发表了多篇揭露蒋介石政府迫害中国知识界罪行的文章，由史沫特莱负责译成英文，介绍到美国《新群众》等进步刊物上发表，在国际上扩大了反对蒋介石法西斯统治的声势，对国民党政府施加压力。

7 月 2 日，牛兰在狱中第四次绝食抗议。11 日，由宋庆龄、杨杏佛与蔡元培出面保释未果。与此同时，欧美不少报刊上陆续刊登了国民党政府秘密逮捕国际职工运动在上海工作人员牛兰夫妇和他们的 3 岁幼儿的新闻。随后，世界各国著名学者、作家，如苏联的高尔基、法国的罗曼·罗兰等人不断发出抗议函电，要求蒋介石公布“牛兰事件”真相，并要求他公布被捕人的“犯罪”证据。这时正是蒋介石向各帝国主义国家乞求贷款，用以“围剿”工农红军的时刻。国际范围内出现了普遍的反蒋运动，对他大为不利，这便使他不得不做出让步，把这一运动平息下去。他首先允许把犯人的孩子释放，经史沫特莱的安排，由美国人依萨克斯出面领出孩子，交由宋庆龄代为抚养。后又将原对牛兰夫妇男死刑、女无期徒刑的判决取消，于 8 月 19 日改判牛兰为无期徒刑。后牛兰夫妇一直到 1937 年抗日战争爆发后才得以出狱。[1]

由于长期从事情报工作，佐尔格很少留下照片，图为难得一见的佐尔格的西装照。

“牛兰事件”结束了，这笔高价的政治交易，虽然经过多方面的努力，取得了预期的成果，但在无形中却留下了佐尔格情报组织的蛛丝马迹，使之暴露在中统特务的视线之内。苏联方面为了确保安全，决定将这条秘密线索割断，不久，佐尔格及其主要助手撤离中国。佐尔格小组主要成员前后在中国工作了三年，在取得了重要成果后，于 1932 年底返回莫斯科，由此中断了任何可能被中统特务追踪的线索。顾顺章叛变后的又一个恶果，至此慢慢消失。苏联与中共方面为此付出了高昂的代价。

第三节　为中统卖命求荣

时在江西庐山的蒋介石，获悉顾顺章“立功”的情况后，颇为高兴，指示陈立夫、徐恩曾给予嘉奖。此后，徐恩曾对顾顺章恩宠有加，要他主持党务调查科的训练工作，顾顺章因此更加卖力。为了加快编撰特工教材的速度，徐恩曾特令徐政、章志仁、朱秋白等亲信特务，帮助顾顺章整理编撰各种训练教材，共编成一套“特工丛书”，分为《训练工作》《情报工作》《侦察工作》《行动工作》《审理工作》

[1] 〔美〕魏斐德：《间谍王：戴笠与中国特工》，团结出版社 2004 年版，第 145 页。但在本书中，作者将“牛兰案”与约瑟夫·华尔敦的“怪西人事件”搞混淆了，这是一个明显的错误。

与《组织工作》6册，计50万字。这些教材后来以“特工圣书”作丛书名，成为中统特务组织的第一部成文的专业教材和国民党特务训练工作的范本。

在编纂特工教材的同时，顾顺章又在调查科举办了第一期特务训练班。训练班场址就设在瞻园里的妙静寺，寺北面的一片旷地被作为技能培训场所，训练时间为三个月。徐恩曾对他尚不放心，第一次派给其训练的人员仅有史济美、李熙元、王剑虹、陈忠悌4人，全为1930年6月中央军校毕业后进入“正元实业社”的中统“创业者”及核心人物。顾顺章拿出了全部的看家本领，他以原在苏俄所受训练为理论基底，以其在中共时期领导特科的工作为实践经验，全部教授给受训者。经过三个月的训练，使他们对付共产党的特务技能有了明显的增强。

史济美受训完毕后，即被委予“中央特派员”兼“上海行动区区长”职务，于1932年6月到上海筹办调查科上海行动区。到1933年6月他被中共中央特科“红队”邝惠安刺杀时为止，在一年的时间里，他曾以吕克勤、马绍武的化名，指挥破坏活动，两次破坏中共江苏省委，密捕临时中共中央政治局常委、临时总负责人卢福坦，在租界公开绑架红军师长陈赓，逮捕中共要员廖承志、罗登贤以及余文化、丁玲、潘梓年等人，一时在中统内名声大噪。

这些“成绩”曾使徐恩曾欣喜若狂，从而减弱了他对顾顺章的防备心理。他见一期训练的效果显著，紧接着又命顾顺章开办第二期特务训练班，地点设于南京中华门内长乐路，这一期人数增加到了20名。其中之一的黄凯，原为调查科老牌特务，是张道藩手下的红人，曾在杨登瀛出事后，接替其担任调查科驻沪特派员。他自恃资格老，平素根本不将徐恩曾、顾建中等人放在眼里，但对顾顺章却大为赞赏。他说：“顾顺章对特务工作确有自己的独到精明之处，如经他所绘图监制的各种假发、假须、假牙等化装用品，用起来真是惟妙惟肖。他培养特工人员，有一套办法，成效快。”参加过第二期特务训练班的林成荫也赞叹说：“训练内容是顾顺章主讲‘特务工作的理论与实践’，都是一些打枪、擒拿、格斗、化装、盯梢、守候等特务技术，顾顺章的文化水平不高，但对此道却经验丰富，不愧为老手。结合他过去在中共‘红队’的经历，侃侃而谈，颇能吸引人。”老牌特务对顾顺章特工技术的交口称赞，令徐恩曾始料不及。但他看到由顾顺章所带来的特务工作之新气象，又不得不器重顾顺章。

不久，徐恩曾命亲信特务林金生去做顾顺章的保镖，又雇用保姆吴月宝去照料顾顺章的生活起居。不久后，他特地指令王思诚出面当“红娘”，为顾顺章介绍了一位南京女子张永琴为妻，而且把顾的婚礼办得很热闹。顾顺章的婚礼在南京最豪华的中央饭店举行。徐恩曾率大小特务到场庆贺。蒋介石为表安抚，特派专人送了一千元礼金。婚后不久，徐恩曾特地为顾顺章夫妇在南京细柳巷 4 号安排了一处住所，同住的有秘书王思诚、保镖林金生及徒弟陈连生、童国忠、张文龙等。

对此，顾顺章自然知恩图报。不久，他又设计出了几点反共构想，供陈立夫、徐恩曾参考：（1）以组织对组织。准备在上海设立强有力的特工机构，选派有较强工作能力的重要特务去主持工作，企图持续不断地打击中共地下党组织，动摇其根本。（2）两钳法。主张彻底贯彻“自首政策”，通过自首分子的示范作用，在对中共党组织的破坏上造成多米诺骨牌效应，以此达到瓦解和最后消灭的目的。顾顺章把他的这一套恩威并施、软硬兼用的策略，称为“两钳法”，并无耻地吹嘘这是他“弃暗投明”以后深刻反思的结果。（3）进一步注重并精心运用“细胞”政策。根据共产党人守气节的特点，注重提高特务的“劝降”水平，从理论上“说服”被捕人员，以期通过釜底抽薪的办法，引诱其背叛，然后再将其放回去，求得破坏范围和效果的扩大。

在他的教唆下，徐恩曾改变了对付中共地下党见人就抓、急于求成的战术，采用了放长线钓大鱼的方法，有针对性地在顺藤摸瓜、扩大网线、培植“细胞”上多下功夫，对被捕人员则尽量利用中共的叛徒，注重“理论说服”动摇意志、“思想劝降”的软方法，比较过去硬逼供方式有了很大的改变。

在中统的威胁破坏下，到 1933 年春天，中共临时中央无法在上海立足，被迫迁往中央苏区；而后的中共上海中央局迭遭破坏，以至于到了 1935 年年底，上海中共组织除留下一个“文委”外，几乎被破坏殆尽。

1931 年 12 月 1 日，中华苏维埃共和国临时中央政府主席毛泽东亲自签署了“苏维埃临时中央政府人民委员会通令——为通缉革命叛徒顾顺章事”，要求“一体严拿顾顺章叛徒。在苏维埃区域，如遇到这一叛徒，应将他拿获交革命法庭审判；在白色恐怖区域如遇到这一叛徒，每一个革命战士、每一工农贫民分子有责任将他扑灭”。

在徐恩曾逐步放手后，顾顺章以他的胆量与手腕，开始运用工作便利，在他的周围形成以中共叛徒为主的势力圈。其中有他从“中央特科”带出来的童国忠、蔡飞、陈连生及后来被捕叛变的王国栋、胡洪涛、李志远等人，组成了以顾顺章为首的一支行动力量。这些出身于中共地下党的国特，对中共地下组织的一套工作习惯与做法十分熟悉，因而破坏力巨大，推进了中统组织的活动；使徐恩曾在从 1931 年 4 月起到 1933 年底的一段时间内，进入了他事业的“辉煌期”，这也是国民党中统乃至其整个特务组织，在与中共的斗争中取得成绩较多的时期。顾顺章因此成了徐恩曾的“福星”。

实际上，不论顾顺章如何为徐恩曾效死力，并出谋划策对付共产党，他在徐恩曾的眼里始终不过是一名地位比较特殊的“工具”而已，徐绝不会真正相信他。

其间，顾顺章又被复兴社特务处长戴笠借用，以培训“军统”特务。顾顺章遂趁此机会，加紧了他自己的活动，异想天开地要成立一个“新共产党”的组织。

第四节 顾顺章之死

顾顺章是一个有小智慧而无大眼光的人。按照他的本意，其投蒋一是迫于当时性命攸关的求生之需，二来甚至于是为了“代表中共与蒋介石合作”。他以为自己还是可以“代表共产党的领袖”人物，故而在被押解去见蒋介石的路上，甚至还用了准备“与蒋先生当面讨论”解决中共问题的语句，这充分说明了他的无知与狂妄。后来在徐恩曾的压力下，他不得不低头委屈一时；但一旦压力减轻，他看彻底破坏中共无望，便开始了自组新团体的努力，想成立一个顾氏的“新共产党”，而其对象，便是他周围的若干中共叛徒。

1933 年初，顾顺章在上海公开对手下宣布了他的这个设想，并起草了新组织的章程、纲领与五年工作计划。最过分的是，顾顺章还不知死活地贸然对他的保镖林金生说，准备要他组织一个特务队，“首先把陈立夫与徐恩曾干掉”[1]。这样，也就意味着他离死期不远了。

顾顺章本来天性就是个有野心的人，而且喜欢蛮干。他的建立“新共产党”的计划被立即报告给了徐恩曾。徐恩曾觉得不能再听之任之袖手旁观了，他当即指示顾顺章的手下、中共叛徒童国忠和张文农，密切监视顾的一举一动。童、张二人为了洗脱自身嫌疑，自然不敢有丝毫懈怠。不久，徐恩曾派人将顾顺章正式逮捕，关押在镇江看守所。1934 年送往苏州监狱，在解往苏州途中，因传说顾顺章会魔术和催眠术，怕他在途中施“妖术”，故临行前竟用铁丝穿透了他的肩

[1] 杨者圣：《特工老板徐恩曾》，上海人民出版社 1997 年版，第 83 页。

胛骨以防止其逃跑。

在导致顾顺章死因中，还有一个不容忽视的因素就是他与戴笠的秘密交往。起初，因顾在中统的讲课渐有名气，戴笠也请他去训练班讲授特务工作要领，并进一步要挖中统的墙脚，以金钱要职引诱顾顺章弃徐投戴，而顾因自觉得不到徐恩曾的重用，也有此心。此事为徐恩曾发觉，徐有将顾立即处死的冲动，但还是忍耐下来。此事虽然不是顾顺章被杀的根本原因，但也算是因素之一。这是国民党特工组织中统与军统矛盾的早期摩擦点之一。

翌年，徐恩曾通过陈立夫向蒋介石报告说顾顺章有“反骨”和种种反叛迹象。蒋介石本来对敌营投靠者就有反感，随即下达手谕：“顾顺章既怙恶不悛，着即枪决可也。”于是，这个罪不容诛的变节者被枪毙在苏州监狱内，结束了其罪恶的生命。

顾顺章对中共地下党组织的破坏力至此告一段落。

顾案的收获，使陈立夫与徐恩曾在蒋介石面前得到了“恩宠”，蒋亲自召见徐恩曾，给予嘉奖，并嘱咐说：“有共无我，有我无共，必须放手大干，只求确有实效，一切不成问题。”[1] 从此，徐恩曾及其中统特务组织确立了他们在蒋介石心目中的地位，开始了一个新的发展阶段。

为了掩饰他杀顾的内幕，徐恩曾多年后在其回忆录中写道：“我所遗憾的是，这位具有特殊贡献的朋友，不曾和我合作到底。1935 年春，因和敌人重新勾结而被处刑。由于他不安分的本性，我虽然尽量优待他，日子一久，他仍感到不耐，要找政治上的出路。在我们这边找不到，又去和共产党勾结，向共产党提供我内部人事和业务报告。后又发现他有实行暗杀计划后逃往江西苏区的准备，我只好对他放弃了。我前后经办和他同等重要的共党分子的自新转变案件不下五六十起，顾顺章

[1] 杨者圣：《特工老板徐恩曾》，上海人民出版社 1997 年版，第 73 页。

是唯一转变后又想回到敌人怀里的一个。”[1] 我们现在仍不知道徐恩曾的这些说法有何事实根据，从当时顾顺章与共产党已成不共戴天仇人的情况来看，如无十分特别的缘由，顾想回到中共一边几乎毫无可能，徐的说法大有掩盖真相之意。

顾顺章一案至此完全结束。它给中共方面及其情报系统带来的教训是非常深刻的，在国民党特工历史上，它既是一次空前的成功，也是一次空前的失败，其对国民党中统组织发展的影响是巨大的，成为抗战之前中统乃至国民党特工组织活动史上最大的事件之一。

[1] 杨者圣：《特工老板徐恩曾》，上海人民出版社 1997 年版，第 122 页。

[第六章]

抗战前夜的疯狂屠戮

1931 年“九一八事变”后，中日民族矛盾急剧上升，但国民政府在蒋介石“攘外必先安内”政策的指导下，把剪除异己、“清剿”共产党作为主要工作。在这样的大环境下，徐恩曾使尽全身解数，对共产党组织展开了疯狂的屠杀，势力急剧膨胀。尤其在顾顺章叛变后，中统无论从组织规模上还是技术手段上，都得到了极大的发展，达到了它的鼎盛期。

第一节　毒辣的“细胞反间计”

20 世纪 30 年代前期，中统与中共的斗争尤以在上海为烈。第一次国共合作破裂后，中共的活动被迫转入地下，并在上海建立了秘密的中央机关。中共在上海的活动引起了国民党的恐慌。调查科成立后，在上海设立了行动区。顾顺章叛变后，向徐恩曾建议要强化上海区的力量，并将由顾顺章培训过的第一批特务骨干史济美、王剑虹等派往上海。在顾顺章的建议下，中统对付共产党的手段，从一开始简单残暴的严刑拷打开始向更高级别转变，即“自首政策”“反间政策”，利用有文化、水平高的特务及共产党高级叛徒，对被捕的共产党员进行诱降。将秘密投降、未暴露身份的叛徒放回原工作岗位，作为国民党特务的内线，对中共组织造成更大的破坏，这些内线被他们称之为“细胞”。中统利用安插“细胞”的方式，对中共造成了巨大的破坏，产生了恶劣的影响。

在中共内部培植“内线”

中统老特务黄凯是出身于党务调查科的老牌特务，他早在张道藩任主任的时候，就加入了党务调查科，并且与采访股总干事张冲的私人关系很好。徐恩曾入主党务调查科以后，一直对他很倚重。当时，他在河南开封主持特务工作。杨登瀛被捕入狱以后，徐恩曾又改派他出任调查科驻上海特派员。

黄凯自到上海后，有些运气。由于中共叛徒提供线索，先后逮捕了中共高干杨匏安、第三党领袖邓演达、托派首领陈独秀等；因为轰动一时的“牛兰案”以及虹口公园日军白川大将被炸一案，他又被外界不明真相的人误以为均是他所为，更被戴上了“国际侦探家”和“抗日英雄”的桂冠。

事实上，黄凯并非是靠自己的能力去破案的，至于“牛兰案”则更与他无关。本是公共租界英国巡捕房干的，但不知出于何种考虑，抓获牛兰夫妇的英巡捕房一再强调牛兰案系黄凯所为。而 1932 年 4 月 29 日发生在上海虹口公园日军白川大将被炸案，后据查明，系朝鲜抗日志士尹奉吉所为。

1932 年 10 月，黄凯回南京参加特工总部高干会议。在会上，黄凯与叶秀峰发生了激烈的争吵。叶秀峰指责他在上海一年多，没做什么工作，如再不努力，以后功劳都将由戴笠抢去了。陈立夫、徐恩曾也持同样看法，他们以黄凯“成天抽鸦片、嫖妓女、私生活太坏”为由，要他停职，好好反省。陈立夫建议重新向上海派出特务主持工作。6 月，徐恩曾指派史济美前往上海筹备特工总部上海区，11 月正式任命史为上海区区长。

史济美是黄埔军校第六期毕业生，1930 年 6 月进入党务调查科；1931 年 6 月接受顾顺章培训三个月，系统地掌握了顾氏的反共技巧。在他主持特工总部上海区活动期间，时间虽不足一年，但成果显著。

史济美到任后，设上海区总部于南市沿马路（今职华路）东侧的一座石库门房子里；同时，他指定许祖卿为副区长，朱秋白任文书兼办情报工作，陈蔚如任会计兼管交通工作，陈中柱为行动股长。

当时，特工总部上海区下辖沪东、沪西、沪中、沪南和浦东五区。次年初，京沪、沪杭两路特别党部特务室把上海、吴淞段划归上海区，成为上海区的第六个分区——闸北分区。

史济美到上海后，为遮人耳目，先是以马绍武的化名取得了国民党中央党部驻上海特派员的公开身份，用以同上海各方面的交往；接着，他又以吕克勤的化名在上海公安局取得了督察员一职，用以掩护秘密身份。

史济美在上海的工作中，首先协调了与上海公安局的关系。为了笼络本属戴笠手下的上海公安局侦缉总队副队长兼特务股股长刘槐，史济美请示徐恩曾同意，按月发给他大笔津贴，作为他协助上海区工作的补助。此后，上海区特务逮捕共产党人便可直接押往小东门东方旅社秘密囚禁。愿意自首的，马上放回作为内线“细胞”，否则才送往公安局处理。

其次，他与租界捕房也搞好关系。史济美以中央特派员的身份，公开同捕房洋探长和翻译官接触，并代他们向中央申领礼金，以示亲善。至于一般巡捕，则经常同他们吃喝玩乐。因此，他在租界办理案件时，捕房总是协助行动；特务在马路上公开抓人，翻译官也善言加以掩饰。有时，捕房捕到人无证据定案，只要上海区特务弄去伪证，捕房遂立即定案，引渡给上海区。

当时，史济美及其继任者徐兆麟、韩达等指使特务们采用下述两种方法对付中共组织及中共人士：

一是采用“三打一”盯梢方法跟踪发现目标。

当时中共人士为了对付特务盯梢，行动极为谨慎，他们行路时时常回头察看有无尾巴跟踪，一旦发现有可疑人跟踪，便想方设法摆脱。特别是在去机关或回家的路上，总是多转些弯多跑些路，直到肯定安全后，方才进门。对此，史济美想出了一个“三打一”的盯梢绝招，即先由一人跟踪目标，人多的地方靠近一些，以免失去目标，人稀的地方就离远一点，以免被怀疑；一旦目标进入里弄，第一线特务就只到里弄口，注意目标进弄后的动向，然后，让第二线特务跟上。这样，一线换二线，二线换三线，很容易使中共人员大意，以为甩掉了眼线。

当然，特务在确定了目标的住址以后，再伪装找人或借口送东西上门进行查证；一旦弄清楚，即招呼守候侦查的特务，一拥而上抓捕。1933 年 4 月，中共江苏省委就是这样被特务破坏的。当时，跟踪的特务已弄清了中共江苏省委的地址在北四川路天潼路口，但因此地行人稀少，守候特务无法隐藏，遂由两名特务以踢足球作为掩护，故意将足球抛进三楼一个房间；然后，借口上楼找足球，从而摸清了省委机关的门牌号和内部情况。中共江苏省委机关的人员尚来不及反应，就被破获了。不久，特务们又发现了中共机关和联络点设置警号的秘密：中共地下党一般在窗口挂上帽子、雨伞或在阳台上放置花盆作为警号；一旦遇捕，就借故把帽子、雨伞拿走或将花盆移动、打碎来报警。于是，特务们便注意将这些警号恢复原样，并留下特务继续守候。

1934 年 10 月，特务们根据原上海中央局书记李竹声的口供，到继任的上海中央局书记盛忠亮家里将其抓获后，特别注意保留了警号，结果又在他家里抓住了前来汇报工作的程祖怡。程祖怡当时是中共上海秘密电台台长，不仅负责上海中央与江西苏区的联络，而且兼管国际台与苏联的联系。他被捕后旋即叛变，供出了其他五名报务员的姓名、住址和全部六部电台的位置；这样一来，在上海的中共地下电台全部受损。当缴获这些电台设备时，特务们还对中共人员凭手工制造出这样小巧高效的发报机表示惊奇。此后，上海中央局不仅失去了与江西苏区党中央的联系，更失去了经由上海地下电台中转的中共与共产国际的联系。

二是以绑架、诱捕的方式密捕中共人士。

1933 年 3 月 1 日，上海区的特务根据内线“细胞”所供情报，秘密绑架了中共江苏省委书记王云程。王云程是王明莫斯科中山大学留学时的同学，1931 年初，王明主持临时政治局工作时，他接任了江苏省委书记一职。被捕后，他即供出了中共要人罗登贤的住址。28 日，罗登贤与前来拜访的余文化在住所一同被捕，数小时后如约前来的廖承志也被捕。31 日，上海第二特区法庭审讯罗登贤等三人时，王云程作为证人到庭指认了他们的真实身份。

史济美为积极贯彻徐恩曾“扩大自首潮流，瓦解中共组织”的政策，在大力发展“细胞”工作的同时，又将“细胞”分为内线和外线两种。内线“细胞”为混在中共或其他反蒋党派中的耳目。外线“细胞”即指那些活动在一般阶层中，布置在中共或其他党派活动较多的地区组织外围的耳目，其作用在于分裂和瓦解对手，并负有搜集情报、提供线索和密切注意一定范围内的异常情况、可疑人物的责任。充当“细胞”的人一般为中共基层党员，对其中高级党员，则采取抓紧线索、连续侦查的办法，适当时候给予破获。当时，为了调动这些“细胞”的工作积极性，史济美每月还发给他们 5—15 元的“生活津贴费”。

1932 年 12 月，即史济美正式就任上海区区长尚不到一个月的时候，由于内线“细胞”提供情报线索，中共中央政治局常委卢福坦被密捕。

卢福坦，1891 年出生于山东泰安，1926 年加入中共，并担任中共青岛市委书记。“八七会议”后，他因工人出身，在共产国际指示精神下，被推举为中共山东省委书记，并于次年在党的六大上当选为候补政治局委员，不久调任中共河北省委书记。在 1931 年党的六届四中全会上，他当选中央政治局委员，并调任中华全国总工会委员长。1931 年 6 月下旬，向忠发被捕后，他一度代理总书记职务。是年 11 月，以博古为首的临时中央局成立，他成为三名临时常委之一，参加书记处工作。

1932 年 9 月，中共中央根据全国赤色工会的失利情况，决定卢福坦暂停参加中央书记处工作，并责令其在中华全总会议上做检查。

也就是在这个时候，卢福坦被内线“细胞”盯上了。这年 12 月的一个晚上，他在去往铁路总工会做检查的路上，被上海区特务秘密逮捕。

特务们考虑到卢福坦的特殊身份，没有将他立即交给上海公安局，而是带到了东方旅社，秘密进行审讯劝降。

根据史济美的请求，南京特工总部训练科调来特务阴耀华、荆宪生到上海区主持新设的训练股，其任务就是加强培训特务们对被捕人员进行“劝降”的技巧和水平。卢福坦被阴耀华劝降成功，表示愿意自首。他很快就供出了全总党团、铁路总工会、江苏省委以及临时中央的秘密。之后，卢福坦成为特工总部的一名特务，先后活动于徐州、南京、南昌等地，带领特务搜捕地下党组织。新中国成立后，隐姓埋名的卢福坦于 1951 年 5 月被南京公安机关逮捕，1969 年 11 月被处决。

1934 年 6 月 27 日，同样由于内线“细胞”的告密，上海中央局书记李竹声在公共租界马立斯新村中央机关开会时，和与会的同志一同被捕。

李竹声被捕后，中统上海区区长韩达也曾派特务向他劝降，但在理论上说不过李竹声。徐恩曾闻讯，要求将李竹声押往南京特工总部，改由训练科的特务出面劝降。李竹声终被劝降成功，随即供出了上海中央局组织部部长盛忠亮的住址，导致盛忠亮被盯梢，三个月后被捕。盛忠亮被捕后不久也叛变了。

1933 年 9 月，特工总部情报科科长徐兆麟继任特工总部上海区区长。他看到史济美利用“细胞”连破大案，遂专门组织了一个“细胞”工作委员会，由中共叛徒周光亚具体负责，继续发展隐藏在中共组织内部的“细胞”；还专门研究如何培植和培训“细胞”等问题，为进一步打入中共高层创造条件。如沪西区的徐阿六、闸北区的姚长庚，就是在徐兆麟的帮助下，逐步掌握了区委的大权，从而有机会得到中共江苏省委的情报，为上海区特务进行破坏提供条件。

徐兆麟还进一步完善了特工总部上海区的组织结构。他在区部下面增设了总务股、情报股；同时，他依照各股内部结构及工作性质，制定了分组负责制度，各组增设一名小组长。情报股内则划分成了采访、编审、研究等小组，通过参与邮电检查来获取情报。

1932 年 6 月，特工总部破坏了中共临时中央印刷机关报《红旗日报》的地下印刷厂，负责人陈蔚如被捕。不久，陈蔚如秘密自首，并受史济美之命继续在中共内部活动。

7 月上旬，陈蔚如在四马路遇到了沪东区委书记尹某，遂谎称自己被捕后被国民党拉去当兵，并在军队中建立了几个组织。他还说有封信要请对方代转临时中央，并与尹某约好了下次见面的时间、地点。过了两星期，两人再次见面时，陈蔚如便将预先拟好的信交给尹某，随后把他引到特务黄柏生所开的成衣店，帮他挑了几件新衣，并趁机将他交给黄柏生跟踪。不久，尹某被逮捕。

几天后，临时中央派人跟陈蔚如接上了头，并留下联络暗号，还给了他 10 元钱生活费。第三天，果然有人到陈蔚如家里来联络。陈遂以谎言敷衍，并借口买点水果招待来人，赶到外面报告了守候在外的史济美，要他派人跟踪。

两天后，上海公安局侦缉总队副队长刘槐和上海市党部“肃反专员”黄永华在法租界西门里25号将该人抓获，并搜走一大箱文件。经审讯，此人是临时中央宣传部部长李必刚。

陈蔚如知道此事后，向史济美大发牢骚，说不该如此早动手，本来还可顺藤摸瓜抓到大鱼的。

1932年9月，陈蔚如又参加了侦查破坏小沙渡路中共沪西区委的活动，逮捕了区委干部朱秋白夫妇。朱秋白后自首，也成为中统特务，并被徐恩曾点名，协助顾顺章编纂特工教材。11月，朱秋白又协同史济美破坏了共青团中央机关，逮捕了胡大海、胡均鹤、姜子云、袁炳辉等人。这四人在特务的软硬兼施下先后自首。1933年4至5月，胡大海等两度参与破坏中共江苏省委、共青团中央机关，逮捕了鲍志明、高其度、王忆马等人。

1933年9月，行动股特务倪坚，在英租界四马路和广东路交界处，侦查跟踪上了一名海员工会负责人。倪坚见只有自己一人，就狡猾地与之纠扯，一起被四马路捕房抓去。这时已升任行动股副股长的陈蔚如接到了倪坚的求援电话，赶去保释了倪坚，并引渡了海员工会负责人。

陈蔚如便对该负责人劝降，该负责人却矢口否认自己的真实身份。陈蔚如遂将他捆绑在一条长凳上，将头悬空，把嘴撬开，横上两根筷子，然后强行灌进浓辣椒水。如此反复，直到该负责人愿意自首才罢休。

陈蔚如的活动对中共造成了极大的损害，地下党决定对他进行制裁。这年10月，他被中共特科“红队”击伤，引起了上海区特务们的恐慌。徐兆麟害怕也被“红队”暗杀，匆匆向徐恩曾要求调离上海。1933年底，韩达接手上海区，并将伤愈的陈蔚如提拔为特工总部上海区副区长。

中共“红队”被“细胞”出卖

中共特科“红队”自成立之后，在保卫中共中央、惩办危害组织的叛徒和国民党特务等行动中屡建奇功，对国民党两派特务组织都造成了极大的威胁，也被他们视为最大的对手。当特工总部在沪活动连连得手之时，他们自然也急于破坏“红队”，想根除这个最厉害的对头。

1934 年 6 月，韩达派伏在“红队”内的张阿四出卖了组织，“红队”成员被敌人盯梢，中统特务进而一举破获了中共上海中央局、江苏省委以及刚从中央苏区迁回上海的中华全总等重要机关，抓捕了包括上海中央局书记李竹声、江苏省委书记赵立人、中华全总党团书记袁孟超 3 人在内的 16 名中共高级干部。

中央特科“红队”据此怀疑内部有了敌人暗探，排查之后，他们采取了严厉的镇压行动，在韩达派人严密看护之下，枪杀了那名“细胞”。韩达对此十分恼怒，急电南京，要抓捕“红队”。徐恩曾接到韩达的报告后，经请示陈立夫同意，回电韩达，限令 10 天内侦破此案。

1934 年 11 月底，韩达派亲信陈叔平接替了原由陈中柱主持的行动股，游定一取代了潘哲的中央特派员职务，他自己则亲兼原由周光亚操持的“细胞”工作委员会的工作，他们派出大量特务，却找不到“红队”的踪迹。

正当特务们一筹莫展之际，沪西分区主任、中共叛徒苏成德向他们报告了一个重大情况，说他在西藏路北泥城桥附近，偶然遇见了已失踪近一个月的“细胞”张阿四。张阿四报告说，10 月份后，他被中共调入沪西区委，接着又被区委选拔到“红队”，进入秘密的射击训练班，在北泥城桥东堍的一幢石库门房子的灶披间里，专门学习使用手枪射击。白天训练，晚上就睡在灶披间，绝对禁止外出，所以，一直无法跟他们取得联系。这几天，训练班已结束，他被收编进了“红队”作为预备队员，故而可以请假外出活动。在此期间，“红队”仅派赵轩一人与他联络，并指导训练。房东只管其食宿，故对“红队”的情况，他也不明底细。

于是，苏成德当即决定让张阿四继续潜回“红队”，他另派出特务进行蹲点守候。

韩达听罢苏成德的汇报，当即指示陈蔚如：赶快命令行动股股长陈叔平，立即派人到张阿四住处附近的租房住下，昼夜监视。

当天，张阿四住处的附近，突然间多出了一家水果摊。水果摊的对面又增加了一家鞋匠铺。行动股的老牌特务李典伪装成水果摊贩，仇一九伪装成鞋匠铺主，他们与张阿四一起，形成了一条盯梢线。

11 月 29 日，“红队”成员赵轩骑着一辆没有牌照的自行车来找张阿四联络。张阿四借外出到李典的水果摊买水果的机会，用暗语把情况告诉了李典。不久，赵轩骑自行车离开，但他身后已跟了两个骑车的人——李典和仇一九。很快，上海区总部就掌握了赵轩的秘密住所在西藏路大世界娱乐城对面的里弄，又经由赵轩发现了孟华庭的秘密住处，再经由孟华庭发现了“红队”队长邝惠安的秘密住处，掌握了邝惠安的行踪，得悉新闸路的鸿祥旅馆和北京路的老凤祥银楼是“红队”的秘密联络点。

邝惠安是广东人，1925 年“五卅”大罢工时来到上海，并于这年加入共产党。顾顺章叛变后，周恩来决定让邝惠安参加中央特别工作委员会，并指名由他接任“红队”队长一职。

在距离徐恩曾的最后限期仅差一天的时候，12 月 5 日，韩达下达了缉捕“红队”的命令。游定一迅速与上海公安局侦缉总队副队长刘槐取得联系，做好行动前的一切准备。

6 日早晨，上海区行动股股长陈叔平亲自赶往西藏路大世界娱乐城附近，指挥逮捕行动。上午 9 时，特务姜志豪、杨阿才在邝惠安出门时，在租界巡捕的协助下，将邝捕到戈登路巡捕房；同时，“红队”成员孟华庭、赵轩、陈玉明、陈杰明等人均遭到逮捕，亦被押往戈登路巡捕房关押。到下午，其他三十余名“红队”队员也都陆续被捕，与邝惠安等关押在一起。

韩达、陈蔚如对此收获弹冠相庆，当即给南京特工总部主任徐恩曾拍去电报邀功。但不久，巡捕房方面就传来消息说被捕人一问三不知，且多在街上被捕，身无凶器，无法定案，既不能定罪，又不能引渡。

韩达情急之下，命陈叔平率行动股特务搜查孟华庭、赵轩及陈杰明的家，同时又命行动股特务倪坚带领英、法租界巡捕搜查邝惠安的家。倪坚等在搜查老凤祥银楼二楼邝惠安家时，却有了惊人的收获。在一个大衣箱里搜出大小手枪 32 支、子弹 2000 多发、手榴弹 1 枚、刺刀 1 把、钢马甲 1 件。他们遂将邝惠安之妻连人带物一并押送到戈登路巡捕房。可在对该女子进行刑讯后，她始终不肯承认与邝惠安的关系，仅承认这些武器是她苏北的一个财主亲戚，因家乡闹土匪，特意采办了存放到租房的。巡捕转而质询邝惠安，邝也说根本就不认识该女子。

巡捕因为关押邝惠安的期限将至，无法定案，遂主动找到韩达，协商下一步对策。经韩达请示徐恩曾，徐与顾建中、濮孟九、王思诚等紧急磋商，决定由韩达出面，将邝惠安等 37 人借渡华界一个礼拜，同时急调训练科科长王杰夫、科员阴耀华赶往上海协助劝降。邝惠安等 37 人被特工总部上海区借渡到一个小型看守所里。这个看守所设在上海公安局特务股楼下，是特工总部上海区借用上海公安局的房子私设的，作为拘留但未做最后处理的中共人士之用。

王杰夫、阴耀华一到上海，即指挥上海区训练股股长阎松平对邝惠安等实施劝降，并不惜采取“车轮战术”，连续三昼夜马不停蹄地进行审问。

直到无法忍受这种残酷的疲劳折磨后，邝惠安等才承认历次枪杀事件均系他们所为，但却拒不供出细节，并对其他事情只字不提。

一周后，邝惠安等被送回戈登路巡捕房。在接受审讯时，同样仅承认历次枪杀事件均系他们所为，但拒绝提供细节。巡捕房遂以“谋杀罪”的罪名，将他们移送上海第二特区法庭进行审判。法庭经草草审讯，即判决引渡给国民党淞沪警备司令部。

邝惠安等被引渡后，立即遭到警备司令部军法处的审判，最后判决邝惠安、孟华庭、赵轩、陈杰明四人死刑，邝惠安之妻有期徒刑 6 年，赵轩之妻有期徒刑 3 年，其他“红队”队员均被判处无期徒刑或 3 至 15 年的有期徒刑。

面对“红队”队员的英勇不屈，徐恩曾似乎也有所动心，他多次在电话里指示上海区派人到警备司令部继续予以劝降，以为特工总部所利用。最后，徐恩曾本人不惜亲自出马，特地从南京赶到上海，进行劝降。徐恩曾许诺，只要邝惠安吐露真言，表示悔过，他可以保证邝惠安的生命安全和光明前途。但遭到了邝惠安等的坚拒，邝鄙夷地回答：“你们自己的前途都不光明，还能保证给别人光明吗？”表现了共产党人的大无畏精神。

由于徐恩曾心存幻想，警备司令部没有对邝惠安等人立即执行刑讯，这一拖竟是几个月。英租界巡捕房获悉此事后，即向上海方面提出抗议，并要将全部案犯押回重审，由他们执行判决。

在此情况下，徐恩曾因惧怕引起外交纠纷，才不得不放弃自己的如意算盘，要韩达通知警备司令部按原判决执行。

1935 年 2 月，春节前夕，在漫天的雪花和阵阵的除夕爆竹声中，邝惠安、孟华庭、赵轩、陈杰明四人走上了刑场。临刑前，邝惠安等人拒绝套上黑纱头套，并高声宣布：我们生为理想而战，死为理想之魂，堂堂正正，光明磊落，纵然赴死也要带着光明去死！邝惠安握住同志们的手说：“我等四人从加入共产党的那一天起，就随时准备着为理想抛头颅、洒热血！何况，今天天地为我们缟素，世人为我们燃放爆竹送行，如此壮烈地去就义，我等死不足惜，死而无憾！”其大义凛然之气概，使国民党特务们胆战心惊。共产党人的浩然正气在天地间永存！

就在邝惠安等壮烈牺牲的同时，中共上海地下党组织又遭到了一次空前规模的大破坏，36 名中共高层干部被捕。其中，包括上海中央局宣传部部长朱镜我、宣传部下属文委书记阳翰笙和社联党团书记许涤新等。不久，原上海中央局军委干部刘仲华于次年 3 月份宣布成立了“临时中央局”，自任书记，负责全盘工作，并任命贺昌之负责组织工作，蒲化人负责宣传工作，王世英负责军委系统工作，毛齐华负责破坏部工作。在此紧急关头，王世英临危受命，在极其困难的情况下为党转移疏散了五百多位干部，为中国革命留下了宝贵的火种。

国民党中统系统特工总部，依靠和运用中共叛徒，在上海的破坏工作虽得逞于一时，但归根结底，危机是出自中共内部。这一时期，中共上海地下党对内部变节者的防范不得力，应变措施不够，这才导致连连失利。由此我们可以看出，堡垒最容易从内部攻破。地下党由此吸取了足够的教训，在以后的工作中逐步变得成熟起来。

徐恩曾因在上海的工作成绩，得到了蒋介石的青睐，他自己也由此奠定了在中统内部的统治地位。特工总部亦成为一个与戴笠系统并立的蒋介石的特务工具。

第二节　反共图谋的连续失败

1931 年 11 月，经过第三次反“围剿”斗争，中共领导的中央苏区范围不断扩大，为中国革命的发展创造了基础。上海党中央决定在江西瑞金苏区中央局驻地召开“第一次全国苏维埃工农兵代表大会”，正式成立“中华苏维埃共和国”革命政府。这次会议计划除各苏区根据地代表外，还有来自白区和外国代表参会，预定 11 月 7—20 日举行。

中央电报到达后，苏区中央局代理书记毛泽东主持会议，制订安排了周密的会议计划和保卫预案。

会议的保卫与安全工作由叶剑英负责，除了外线的军事保卫警戒，他把内线的保卫工作交给了中央政治保卫处，由钱壮飞、欧阳毅起草了大会内线保卫与警戒方案。为迷惑敌人，毛泽东指示保卫处处长邓发：依靠当地党组织，在闽西长汀公开设立一处假会址，选择在长汀一处宽敞林稀的山坡地上，轰轰烈烈地布置了彩旗飘扬的会场，比瑞金叶坪的真会场还要逼真。经过真假两处会场虚实不同的紧张准备，会议场地筹备工作顺利完成。

南京方面在获知这一消息后，蒋介石命令陈立夫调统局派特务潜入江西赣南和闽西苏区刺探会议情报，准备破坏会场，阻止中共建国。

在这前后，中统和江西前线何应钦指挥下的国民党军事情报机关向苏区派出了大量的特务，他们化装成商人、农夫、算命先生甚至乞丐，前往苏区，利用各种关系刺探情报，收买人员，极力要搞清楚共产党召开大会的时间与地点。

中共中央政治保卫处针对苏区游民忽然增多的情况，命令各地加强盘查，对没有苏维埃政府发放合格路条的人，一律集中审查，逮捕了一批国民党特务。对可疑分子一律扣押到大会结束后再处理。苏区各级组织也全面加强了反谍报工作。

11 月 7 日，“第一次全国苏维埃工农兵代表大会”在江西瑞金苏区中央局驻地叶坪顺利召开。十几分钟后，一批国民党军飞机掠过叶坪上空向闽西飞去，长汀假会场随即遭到了狂轰滥炸，会场被夷为平地。

这一回合的国共斗争以国民党特务的失败而告结束。[1]

---

[1] 章芸等：《苏维埃共和国成立前的保密工作》，载南京《晨报》2007 年 4 月 27 日，C11 版。

徐恩曾诱降陈独秀失败

1932 年 10 月 15 日，由于托派内部叛徒的出卖，中共前领袖陈独秀在上海被捕，并连夜被押往南京。在老虎桥监狱拘押半年多后，被国民党江苏省地方法院以“危害民国罪”提起公诉。中统特务介入了此案，他们发现陈独秀态度“十分顽固”，因为该案无油水可捞，故迟迟不愿开庭处理。

在陈独秀被审判前的关押期内，中统特务对他进行了劝降活动。徐恩曾曾在《我和共产党斗争的回忆》一书中，对他参与劝降陈独秀的活动做了叙述，他写道：“陈独秀由上海租界引渡到南京，我们给予比对待一般共党分子更尊敬的优待……他精通很多的中国书，他有中国读书人的传统风度，他有坚强的民族自信……他有别于一般的共产党人。同时也使我产生自信，以为可以使他放弃过去的政治主张……可是，接谈之后，我的信心动摇了。我发现他的态度相当倔强……仍不肯放弃他对马克思主义的信仰，他虽已被中共开除党籍，但仍以真正马克思主义者自命。”

起初，国民党当局只是把陈独秀领导的托派运动看成是“共产党内部的分裂”，认为其宗旨与活动仍是共产党性质。所以，国民党当局对托派分子仍以敌视的态度来对待。后来，他们发现可以把陈独秀及其托派势力当作中共的对立面来看待，于是转变策略，企图拉拢陈独秀来共同对付共产党。因此，他们决定优待陈独秀，希望能收买他，甚至觉得当时就不应该逮捕陈独秀，“为共产党消灭了一个敌人”。徐恩曾在上述的回忆中，明确表达了这种意思：“此事我做得是否算好，现在想来实很怀疑，因为我在无意中替毛泽东立了一个大功，替他剪除了一个不共戴天的仇敌。”[1] 当时中共中央对陈独秀的态度是光明磊落、是非分明

[1] 转引自祝彦：《1933 年，陈独秀在国民党法庭上》，载《纵横》2003 年第 2 期，第 46—47 页。

的，徐恩曾的这种观点不免是出自小人之心。

丁玲被捕脱险记

1933 年 5 月 14 日，中统上海区区长马绍武（原名：史济美）带领一班特务冲进上海昆山花园路 7 号楼著名左翼女作家丁玲的暂住地，抓捕了丁玲。

丁玲是当时上海的左翼作家，中共党员。1928 年因出版《莎菲女士的日记》而出名，后相继发表了短篇小说集《在黑夜中》、长篇小说《韦护》《水》《母亲》等作品，并与胡也频、沈从文合办《红黑》杂志；1930 年，参加中国左翼作家联盟，次年，出任左联机关刊物《北斗》主编及左联党团书记；1932 年，加入中国共产党。

马绍武是如何获得有关丁玲住地线索的呢？目前所看到的材料多指因丁玲的丈夫冯达出卖而得。马绍武冲进门内时，发现屋里有丁玲和潘梓年（中共在沪秘密工作负责人潘汉年的弟弟），于是就令特务全部绑起来。当时应修人（“左联”成员之一，曾任中共江苏省秘书长、宣传部部长）也在房间，他与特务们进行了一番搏斗，并从丁玲住所的窗户逃跑，不幸在翻窗时被玻璃划破肚皮，前额着地，不幸身亡。

丁玲，原名蒋伟，字冰之，笔名彬芷、从暄等；1904 年 10 月 12 日出生于湖南醴陵的一个大户人家，父亲中过秀才，还曾赴日本留学，母亲亦粗通诗书画作，可以说在当地是个不错的书香门第。可惜其父在丁玲 10 岁时不幸病逝，家道至此中落。丁玲少时在湖南读书，曾受“五四运动”影响，成为进步青年学生；1922 年初为逃避家中订立的“娃娃亲”而赴上海，并在陈独秀、李达等创办的平民女子学校学习；1923 年经瞿秋白等介绍，进入中国共产党创办的上海大学中国文学系学习；次年夏转赴北京，曾在北京大学旁听文学课程。

丁玲在北京收获了人生中的第一份爱情。她在这里遇到了著名的中国左联五烈士之一的胡也频。胡也频小丁玲一岁，对丁玲一见倾心，随即展开了热烈的追求。而丁玲当时沉湎在丧弟的痛苦中不能自拔，在胡的强烈攻势下，丁玲与胡也频走到了一起。二人的生活在当时是非常窘迫的，尽管胡也频才华横溢，在中国文学界已小有名气，且著作颇丰，但当时的稿费收入是很微薄的，加之二人不善理财，经常落到食不果腹的地步。胡也频对丁玲非常好，但是在二人相爱的同时，丁玲又爱上了著名诗人冯雪峰。此事在当时传得沸沸扬扬。不过幸好这种三人行的日子并未持续太久，丁玲和冯雪峰最终还是战胜了私人感情，成为普通朋友。实际上在丁玲的内心中，这个未曾长久的冯雪峰才是她心中的最爱。后来在延安时，她曾说："我最纪念的人是也频，而怀念的是冯雪峰。"冯雪峰退出后，胡丁重归旧好，二人同为文艺青年，很多地方有相通之处，共同生活多年后，留下了许多美好的回忆。1930 年 11 月 8 日，丁玲生下儿子胡小频，二人的关系更加亲密。丁玲对自己这段感情的评价是："我不否认，我是爱他的，不过我们开始时，那时我们真太小，我们像一切小孩般好像用爱情做游戏，我们造作出一些苦恼，我们非常高兴地玩在一起了。"

1931 年 2 月 7 日，胡也频作为左联五烈士之一，被中统特务逮捕并枪决于上海龙华警备司令部，这给丁玲带来了无尽的噩梦。

胡也频牺牲后，丁玲的生活出现了极度的困苦，一个人要负担母亲、自己和儿子的生活，一度靠朋友接济维持生计。沈从文、徐志摩等都曾伸出过热情的援手。不久后，时为德国《法兰克福时报》记者的史沫特莱前来采访丁玲，她要做有关左联五烈士的相关报道，并带了一个翻译名为冯达。冯达在为丁玲翻译时，听到丁玲生活的困苦，了解到丁玲伟大又坚定的内心，立即对她产生了巨大的同情心，并很快燃烧为炽热的爱情。丁玲当时身心俱疲，在冯达无微不至的关怀下，二人很快同居了。冯达对丁玲很好，对其照顾可谓无微不至。但他的缺点是性格软

丁玲和胡也频在北京

弱，立场不够坚定，这也给丁玲带来了灾难。

某日，冯达发现有两个常来的通讯员可能出事了，于是想前往他们的驻地查看，并与丁玲约好若是12点尚未回家，就代表出事了，要她赶紧逃离。冯达去后，果然被埋伏的中统特务捕获。他抵制不住敌人的审讯，并侥幸地认为丁玲应该按照事先约定，过了12点就离家了。于是，在与特务拖过12点钟后，便交代了家庭住址。冯达走后不回，丁玲预感到苗头不对，正打算收拾东西离开，但因潘梓年在家作客而有所拖延，正是这个时间差，让马绍武抓了个正着。

马绍武抓获他们后，异常得意。但棘手的是，当时丁玲已经是文化名人，抓捕和关押这种犯人极易招惹事端。颇具戏剧性的是，参与抓捕丁玲的一个特务李菊村因崇拜丁玲或其他原因，中途跑到“中国民权保障同盟”报告了丁、潘二人被捕一事。于是同盟主席宋庆龄和总干事杨杏佛便开始积极活动，进行营救，一时在媒体上闹得沸沸扬扬，以至于蒋介石不得不亲自过问此事。蒋介石对宋庆龄和杨杏佛的做法极为不满，但不敢动宋，不久后令手下特务将杨秘密杀害。在刺杀杨杏佛案中，中统曾积极谋划，但未成功，最终被军统特务得手。

为减少阻力，中统特务将丁玲夫妇从上海押解到南京，软禁起来。初时关押于南京大行宫南户部街新都大旅社，后担心闹市区的大旅社容易走漏风声，便转到一个小饭店，约3个月后又将之囚禁于中统特工总部的宿舍，由顾建中亲自挑选的两个特务进行长期看押。这两个特务与丁玲夫妇同吃住，相处日久，关系竟渐渐缓和起来，时常在一起聊天，特务还偶尔上街买报纸供丁氏夫妇阅读。渐渐地，特务认为丁玲夫妇毫无逃跑之心，而顾建中又长时间不来过问，竟然租来马车载丁玲、冯达二人同游玄武湖。只是此事很快被顾建中知道，将看守特务狠批了一通。

丁玲初时对冯达并未过分怀疑，而冯达亦信誓旦旦地表示自己不会叛变。时间久了后，丁玲终于琢磨出冯达已经投向敌人怀抱，她内心异常痛苦。而中统特务又在他们办的《社会新闻》上造谣生非，说丁玲已背叛共产党，还编造出丁玲的私生活糜烂、与马绍武有染等谣言。一时谣言四起，丁玲甚至差点上吊自杀。但为保住自己的安全，稳住冯达，丁玲表面上还是与冯关系亲密，并在此期间为冯达生了个女儿。私下里，丁玲则寻找一切机会与党组织联络。

丁玲忍住了看押三年的折磨，表面上，她让国民党特务认为自己已经彻底被驯服，对特务的安排尽量顺从，甚至陪同徐恩曾外出考察。为进一步迷惑敌人，丁玲还将母亲与儿子胡小频也接到南京居住，作为人质，接受中统监视。逐渐地，中统特务和冯达慢慢相信了丁玲，放松了对她的监视。一切安排妥当后，丁玲开始试探性地提出到外地去，开始时外出必定按时返回，特务们逐渐被麻痹了。1936 年夏，丁玲提出去北平散心，徐恩曾竟然批准。其实这一次丁玲已事前与中共地下党联系上了，在冯雪峰的帮助下，她终于脱离中统魔掌离开了南京。到北平后，在潘汉年的安排下，丁玲改名换姓，一路越过重重关卡，终于来到陕北延安。而冯达据说后来一直在中统局工作。

江西前线的国共情报战

1933 年 9 月末，蒋介石开始部署对中央苏区的第五次大规模的军事“围剿”。蒋介石汲取历次军事“围剿”失败的教训，决心采取“竭泽而渔”的方针，动用了 66 个师又 28 个旅约 60 万兵力和大量飞机“围剿”苏区；改变了过去惯用的轻进、长追、合击等战术，通过“堡垒推进”战术逐步蚕食中央苏区，并消耗红军的有生力量和物质储备，达到最后与中央红军主力决战并一举全歼的目的。次年9月，蒋介石在庐山召开军事会议，研究制定了对中央苏区实行“铁桶式围剿”的方案，名曰“铁桶计划”。在德国军事顾问的参谋下，蒋介石命令“围剿”部队分成北南东西路，在以江西瑞金为中心的中央苏区周围，建筑碉堡构成封锁线，步步蚕食进逼。

然而这样一个“绝密”计划，在会议结束的当天晚上，全套文件就被送到了共产党人手中，很快转给了周恩来，10万红军由此进行大转移，及时脱离了险境。在这其中，中共的情报人员功不可没，而国民党特务机构的防范保密工作遭到了彻底的失败。

为了配合中央苏区粉碎敌人的“围剿”，在上海的中共特科负责人王世英着重进行了对包围江西中央苏区的国民党军队的情报搜集工作。他布置张庆炎在法租界八仙桥租了一间房子，建立了一个秘密通信联络点，专门接收从各地转来的军事情报。

张庆炎每两天去马霍路中德医院传达室，找到化名“王世杰”的小王，取回寄给“王世杰”的信；然后把收到的情报内容抄下来整理好，销毁原件，用药水复写5份交给王世英。为避免各地来信同样寄给一人而引起怀疑，张庆炎又利用他在公共租界巡捕房的好朋友和新发展的党员作为收信人。于是，他们又在老闸、四马路、虹口、提篮桥等捕房建立了通信处。为了慎重起见，王世英还同意张庆炎在苏州河边乌镇路派出所、他的拜把子二哥李风林处建立了一个通信处，用于最机密通信。

这一时期，王世英提供给江西中央苏区的情报内容，主要是国民党军队的进攻计划、进攻路线、兵力分布、部队番号、指挥官姓名、武器装备、战斗力、口令、灯号、电台呼号、波长密码等。

在加紧搜集敌人情报的同时，王世英还和国民党的一些高级将领和政府要员建立了联系。

当时，驻扎在武汉的一位国民党高级将领有意和共产党联系。王世英得到这个消息后，立即派夫人李果毅只身去武汉联络。建立联系后，改由打入国民党武汉行营当科长的谢甫生同志负责日常联系。王世英还派张庆炎每星期一去法租界一位南京政府高级要员的家里去取情报。

在这场国共大战中，直接导致国民党“围剿”红军“绝密”文件失泄的，是时任国民党赣北第四行政区专员兼保安司令的莫雄。

莫雄，广东英德人，早年毕业于广东陆军讲武堂，追随孙中山革命，是同盟会的中坚干部。北伐战争结束后，已经升为师长的莫雄被蒋介石视为异己而遭冷落。中共特科因此将他列为重点争取对象，常与他秘密接触，莫雄接受了中共的主张，多次提出要求加入共产党。周恩来、李立三得知他的要求后，曾指示李克农前去做工作，劝他暂不要加入中国共产党，这样将对革命事业更加有利。莫雄觉得李克农说得有道理，也就欣然接受了。

1934 年 1 月，莫雄由南昌行营秘书长杨永泰推荐任赣北第四行政区专员兼保安司令。他立即想到，这是一个让中共派人打进蒋营的良机，随即赴上海和中共组织取得联系。当时周恩来直接领导的中央特科决定，派项与年等十几名地下人员随莫雄去江西。随行的人由莫雄安排在行署或保安司令部任职，还有几个通过杨永泰安插到南昌行营担任文职人员。

为保证“铁桶计划”的实现，蒋介石亲自部署指挥。在包围圈形成之前，他以 12 个师的兵力在苏区四周和红军纠缠，借以迷惑红军。待整个包围圈形成后，他将 12 个师撤出，然后断绝交通，封锁红军所有的供给物资渠道和消息来源，欲以围困来削弱红军的力量，而后聚歼之。庐山“剿共”会议结束时，蒋介石向与会的两百多名高级军政官员发誓说：“剿共大业，毕其功于此役！”

莫雄也上庐山参加了此次会议。会议一结束，他就将会议两斤多重的绝密文件带下了山。回到司令部，经过反复思考，他决定冒杀身之险，把“铁桶计划”交给时任保安司令部谍报科参谋的中共地下党人项与年。

当晚，项与年挑灯夜战，用从上海带来的特种药水，将各份情报上的要点：敌军兵力的配备、各部队的推进计划、火力网点设置、后勤机构设置等，密写在新买的四本学生字典上，重要的军事标图则描写到薄纱纸上。一直忙到天亮，他才将“铁桶计划”的全套“绝密”写完。

为了不误时机，他们决定直接把情报送到江西瑞金中共中央负责人手中。

项与年选择了一条由德安抵达瑞金的最佳路线，披星戴月，日夜兼程。进入重峦叠嶂的老盘营“赤区”后，他见通往兴国的每条大道小路都有敌军把守，每一个村庄都驻有敌兵，盘查非常严格，一般青壮年根本无法通过。于是他决定自残化装，抓起石块一连敲下了自己四颗门牙，顿时鲜血直流，痛翻在地。瞬间，两腮肿胀起来，面部变得红肿高耸，可怕吓人。次日，他下山了，身上的衣服破破烂烂，头发也杂乱不堪，完全像一个蓬头垢面、令人讨厌的乞丐。他将那四本字典的封皮扯掉，藏在肮脏的讨饭袋里，赤着一双脚，无精打采地朝前走，他就这样混过了沿途敌军的层层哨卡。经过七天的长途跋涉，于 10 月 7 日下午抵达瑞金。在沙洲坝，他找到了临时中央机关，见到了周恩来副主席。周恩来听了项与年的报告，望着他那肿胀变形的面容，深受感动，吩咐一定要好好关照这位功臣；同时马上批示红军总部参谋部作战处组织人连夜复原字典上的图表和文字。

当时红军的高层领导博古、李德、周恩来“三人团”传阅“铁桶计划”后，大为震惊。他们意识到中央红军将面临重大威胁，如不断然采取应对措施，再有十天半月就会完全被敌人包围，于是当即决定以中央军委名义发布主力红军进行战略转移的行动命令。此时，距蒋介石制订

“铁桶计划”还不到半个月。中央苏区的红军突然实行战略大转移，紧急集结在于都境内的红军主力 8.6 万多人，从 10 月 16 日至 18 日，分别在四处渡口渡过于都河，踏上了突围西去之路。

中央红军主力突围后第十天，即 10 月 26 日，按照“铁桶计划”渐渐向苏区腹地推进的国民党军队完全占据了宁都、长汀、会昌等地。七天后敌军前锋推到瑞金城外时，才发现红军主力已转移。正在北京协和医院住院的蒋介石得知消息，气得暴跳如雷，大骂一定是有人走漏了风声。他随即出院乘飞机赶至南昌，召集紧急会议，部署如何急调南北大军，对突围而去的中央红军进行围追堵截。

蒋介石精心铸造的“铁桶计划”至此破产。由于莫雄、项与年及时送达的“绝密”情报，使红军及时撤出了“全军覆灭”的险境，开始了艰苦卓绝的二万五千里长征，最后胜利到达陕北抗日根据地。[1] 中央特科及其在国民党中的内线为挽救中国革命又立下了不朽的功勋。国民党在“剿共”内战中的情报工作最终以完全失败而告终。

与此同时，在上海的王世英还联络一些著名人士恢复了与党的组织关系，著名爱国将领吉鸿昌就是其中之一。1934 年春，王世英介绍西北军将领吉鸿昌恢复了党的关系，并代表上海中央局给吉鸿昌布置了任务，派他返回天津，组织反帝同盟。后来，吉鸿昌参加了冯玉祥将军组织的察北抗日同盟军，成为其主要将领，猛烈地打击了日本及其伪蒙军，最终却被国民党军统特务暗杀。

王世英虎口脱险

1933 年春天，中共临时中央批准上海中央局成立，指导全国白区工作。王世英被上海中央局安排到中央特科情报科，协助特科负责人潘

---

[1] 张荣久：《他们把蒋介石的“铁桶计划”带给苏区》，载《南京晨报》2004 年 11 月 5 日，D14 版。

汉年工作。

王世英，1905年出生于山西洪洞县，1921年考入太原国民师范，1924年考入国民第二军学员队，次年加入中国共产党。1925年9月考入黄埔军校四期；1926年参加两次“东征”及省港大罢工；1928年组织皖北暴动，暴动失败后，一直在阎锡山部活动，直到1931年10月到上海，找到党组织。1931年底，他被派往南京建立党的情报关系，因身份暴露，次年2月又返回上海。

特工总部上海区逮捕了左翼文化人潘梓年和丁玲后，直接威胁到潘汉年的安全，潘汉年被迫离开上海，转往中央苏区。在此情况下，上海中央局决定暂由王世英代理中央特科情报科的工作。同时，由于原情报科工作人员刘鼎、欧阳新（大汉）等骨干亦已相继转往中央苏区，王世英又找了新的助手张庆炎。

张庆炎是湖北秭归县人，大革命时期就加入了中共组织，此时受党组织派遣打入公共租界老闸巡捕房，做了一名华籍探员。不久，王世英又增加了一名地下党员刘秉林做助手。

针对当时特工总部上海区利用“细胞”跟踪侦察，大肆搜捕中共党员和进步人士的情况，王世英细心思考，设计了反“细胞”的方法。他规定手下的人员只能单线垂直联系，彼此之间不发生横向关系，无关系的熟人遇见后也不能打招呼。他甚至取消了中央特科原规定的每周夫妻见一面的规定。为了便于开展地下工作，他自己化名老余进行活动。

中央特别工作委员会委员邝惠安指挥的“红队”大部分队员被捕后，上海中央局命武胡景负责中央特科的工作，又命王世英重组“红队”以延续革命武装斗争。为了党的革命事业，王世英迅速抽调一批身强力壮、具有经验与技能的地下党员，重新组建了“红队”。[1] 他们继

[1] 段建国、贾岷岫：《王世英传奇》，山西人民出版社1992年版。该书中对王世英及其组建的“红队”的英勇机智的斗争历史，有过精彩描述。

承了“红队”的光荣传统与作风，曾在被特务们包围的剧场中，击毙带着特务搜查的叛徒，营救了中央特科负责人武胡景，还曾策划过营救方志敏的行动。

1935年7月中旬，上海中央局的交通局突然给王世英转来正被国民党关押在南昌百花洲监狱中的红十军团长方志敏的一封密信。数月前，方志敏率领由红十军团组成的抗日先遣队北上，转战于浙赣边界。1935年1月，红十军团被七倍于己的国民党军队包围在赣东北的怀玉山，除少部分突出重围外，大部分被击溃，方志敏也在闽浙赣交界处的陇首村因被叛徒出卖而被捕，后辗转关押于南昌狱中。方志敏在信中说，经过他的宣传教育，百花洲监狱看守愿意配合他越狱；方志敏建议党组织搞一艘汽艇，带上武装去劫狱。

王世英急忙找到张庆炎共商对策，决定派出四名队员前往南昌营救方志敏。但“红队”尚未来得及组织实施劫狱计划，蒋介石即下令南昌行营于8月6日枪杀了方志敏。9月初，王世英从上海撤离到天津后，从国民党的报纸上获悉了方志敏遇害的消息，不禁自责“动作太慢，被敌人抢了先”。

7月底，上海临时中央局遭到大破坏，被搜查的机关达40处，被捕39人。在这种情况下，临时中央局在上海已无法存身，只好决定让尚存的领导人离开上海转移到苏联，并决定由王世英负责的“红队”代理上海临时中央局的工作。

这时，上海临时中央局的处境已愈加险恶，不仅同中共中央、共产国际均失去了联系，而且活动经费也极度缺乏。王世英代理临时中央局的工作后，为同党中央、共产国际恢复联系，付出了很大努力，但一直未能如愿。临时中央局破坏部部长毛齐华按照负责人刘仲华的指示，于这年夏天重新组装了一部电台，并向中央苏区发出联系讯号，但一直未得到回讯。1936年初，毛齐华辗转抵达瓦窑堡时，曾当面询问周恩来是否接到过上海发出的电台呼号。周恩来说："那时我们正在紧张地长征，顾不得这些了。"

虽然处境日益险恶，王世英抱着对党的坚定信仰，仍一如既往地领导上海临时中央局剩余人员继续坚持斗争，设法打开工作局面。

8 月 26 日，王世英接到王明、康生 5 月 3 日、5 日自莫斯科费尽周折转交过来的两封信。其中 5 月 3 日的信中指示："上海目前不需要任何中央局的组织。"遵照这个指示，王世英决定结束上海临时中央局的工作，将临时中央局的人员转移到天津。同时，为便于联络，他在上海成立了一个交通站，由邱吉夫（化名小张）负责，继续保持同南京、浙江、福建、香港等地工作点的联系。

9 月起，王世英开始率领上海临时中央局机关向天津转移。月初，他带了一批人去天津，并命张庆炎 10 月 2 日带领第二批人赴天津。为此，他给张庆炎预留了一笔路费，并安排其乘外国邮轮走，还规定了去天津后住宿的旅馆和接头的地点暗号。10 月 2 日，张庆炎和其他几人化装成商贩，陆续上了一艘外国邮轮。由于风浪大，他们迟了半天到达天津。等张庆炎赶到接头地点时，已不见接头人。第二天他又去接头，正碰上宪兵检查，也没能联系上。一连十几天，张庆炎跑遍了天津的大街小巷，希望能碰到自己人，但一直未能遂愿。最后带的路费全部花光了，他只好派一位同志返回上海，和邱吉夫联系。

一直等到第 18 天，张庆炎从天津劝业场出来，路过一家肉铺时，突然看见王世英和李果毅从那家肉铺店走出来。他不由喜出望外，上前招呼。王世英见到张庆炎也非常高兴。于是，张庆炎跟着王世英夫妇来到一家酒馆。落座以后，他向王世英详细汇报了到达天津以后的情况。晚上，王世英来广达旅社见到了其他两人，并给他们发了钱。为了防止意外，王世英给三人各自安排了一个住处。

此后，由于从上海转移出来的人员越来越多，经过多方努力，王世英基本上给这些地下党员找到了养家糊口的工作，并让他们利用工作之便发展党的组织。中秋节过后不久，原上海临时中央局破坏部部长毛齐华和聂荣臻的夫人张瑞英也离开上海到了天津。他们住进天津旅馆的翌日，王世英就赶去接待了他们。此后，王世英通过中共华北局的同志，将他们辗转经北平、郑州，安全地送到了西安。此后，毛齐华先后在杨虎城部及张学良的东北军106师驻西安办事处进行活动，直到1936年初，才到达当时的中共中央驻地瓦窑堡。

不久，上海交通站遭到破坏，邱吉夫被捕。此后，上海仅有原属上海临时中央局宣传部管辖的文化工作委员会（简称“文委”）仍在坚持着斗争。

抵达天津后，王世英一直想方设法通过各种途径保持着同白区各省地下党的联系。就在他从上海转移到天津不久，即同中共华北局取得了联系。中共华北局立即安排他担任情报部部长。但此时的华北局也已同中共中央中断了联络。

9月后，王世英在极其困难的条件下，和其他地下党员一道，共同克服困难，艰难地同各方面加强联系，想方设法取得援助，有组织地转移、疏散了滞留在上海的大批地下党员。据统计，在王世英的领导下保存下来的干部约有五百多人，其中著名的有毛齐华、王学文、南汉宸、刘道衡、陈雷、王超北、刘贯一、金城、杨松青、陈克寒、肖明、张友渔等。

此后，王世英在国民党西北军和一些地方势力中，广泛结交上层爱国人士，团结友军，瓦解敌军，扩大党的影响，对推动全国的团结抗战起到了积极的配合作用。抗日战争爆发后，他担任八路军驻山西办事处处长。解放战争时期，他出任中国人民解放军总部副参谋长兼中央军委敌工部长。全国解放后，他先后担任过天津警备区司令员、山西省省长、中央监委专职委员、政协第四届全国委员会常务委员等职。

中统诱降瞿秋白失败

1934年10月，中共中央红军主力退出江西革命根据地，开始长征。苏维埃中央政府开会决议，留下一批人在闽赣边区继续坚持游击战争，以牵制国民党军队。瞿秋白被留了下来。留下是危险的，尤其对于瞿秋白这种长期疾病缠身、又有典型柔弱书生气质的党内领导人而言，并不是很合适，但是，中央的决议还是要遵从。

1935年，留守部队在项英的错误领导下，受到重创。为保存革命力量，促进革命的进一步发展，中央决定让久病的骨干领导瞿秋白去上海就医。2月24日清晨，当瞿秋白一行到达福建长汀水口镇时，不幸被国民党保安队发现并逮捕。在监狱里，国民党长汀保安十四团团长钟绍葵对瞿秋白进行了严酷的刑讯逼供，但瞿秋白始终坚贞不屈，他化名林琪祥，与敌人进行周旋。他的假供词一开始真的迷惑住了敌人，他甚至写信给鲁迅、周建人和妻子杨之华，让他们设法营救。在亲友们四处奔走营救即将成功之时，瞿秋白被叛徒出卖，身份暴露了。当时瞿秋白是中共中央政治局常委之一，身份地位与周恩来平起平坐，国民党上上下下因俘获了共产党如此重要的人物而兴奋不已。蒋介石亲自接见了钟绍葵，并授予中正剑和少将军衔。瞿秋白随后被押解到长汀国民党军三十六师师部。

瞿秋白就义前最后留影

当时驻长汀三十六师的师长是黄埔一期生宋希濂，宋读过很多瞿秋白的书和文章，也听过他的演讲，对瞿秋白的学问非常仰慕。宋回部队后，立即过问并对瞿秋白的饮食住宿及治病等问题都做了优待安排，他希望瞿秋白能被“感化”。虽经宋希濂和军统分子的反复劝降和拉拢威胁，瞿秋白始终没有投降变节。蒋介石一气之下，决定立即杀掉瞿秋白。陈立夫知道此事后，也是兴奋异常，他一心想做好瞿秋白的劝降拉拢工作。他亲自跑到蒋介石面前，请求蒋宽限几日，让他想办法说服瞿秋白。中统向来以对付共产党“有法子”出名，蒋介石也想试试，于是便答应了陈立夫的请求。

陈立夫立刻指派陈建中前往长汀，劝降瞿秋白。陈建中原是共青团陕西省委委员，1933 年被捕后即叛变，成为中统的骨干之一，任中统局行动科干事，同时，在中统“社会调查人员训练班”中讲授《说服工作》。陈建中身为中共叛徒，对共产党人的特点及心理非常清楚，加之善于做心理工作，所以成为中统劝降工作的骨干成员。这次派他来长汀，也是陈立夫用心良苦。但是，陈立夫很快发现一个问题，单派陈建中，其才学、阅历、身份等都难以与瞿秋白抗衡，不足以完成任务，于是，陈立夫又打出了一张王牌——王杰夫。

王杰夫，又名王傲夫、王书生，吉林庄河青堆镇牌坊人。北平燕京大学毕业后，研究过一段宗教哲学。他是一个虔诚的基督教徒，与人谈话时，必定劝人信奉基督教，人送绰号“王牧师”。王杰夫曾在商震军中从事清洗进步人士工作，深得陈立夫的青睐。1934—1938 年，王杰夫任国民党中统局、中央党部组织部调查处训练科副科长、科长，负责领导“中共自首人员招待所”和中统“社会调查训练班”，成功做过中共一些大叛徒的劝降工作，在国民党内是鼎鼎有名的“劝降专家”。陈立夫对这项工作很重视，希望能借此一展中统工作的“雄威”。他在召见王杰夫时，给了很大的谈判诱降空间，可以不要求瞿秋白公开发表脱党声明，不担任公开反共的职务等。他告诉王杰夫：“如果说降瞿秋白，在国内国际上的号召和影响都是很大的。”

在陈立夫的亲自操作下，中统成立了一个专门的瞿秋白劝降工作小组，以王杰夫为中心，陈建中为副手，加上福建省党部秘书、调查室主任钱永健和厦门市党部书记、中统特务朱培璜，阵容不可谓不强大。陈立夫满以为这次出马一定会成功，王杰夫也信心满满："宋希濂不行，军统不行，现在就看我们的吧！我们一定让那个文弱书生改变想法！"

王杰夫率手下对瞿秋白进行了 6 天的诱降谈判，共谈 9 次。执行的方案是，一方面用亲属和朋友的情感来打动瞿秋白，一方面以中共高级干部叛变后受到的优待和重用的例子来诱惑瞿秋白，这也是他们历来惯用的伎俩。

现摘录他们有关谈话内容，来看一下当时二者的交锋。

王杰夫：闽西平定，共军西窜，浙赣铁路畅通无阻，东南诸省一片升平景象……

瞿秋白：东北四省早已沦亡，淞沪卖国协定墨迹未干，华北、山东又危在旦夕，外患方殷，亏你们还说得出什么"升平"……

王杰夫：少谈国事，少谈国事。你想家吗？瞿先生！

瞿秋白：你想家吗？王先生，你是东北人，东北沦陷，家破人亡何止万千，你的家料想也难保全……古语云"国破家何在"？谈家焉能不涉国事！

王杰夫：何必如此严声正色……京沪朋友都很关心瞿先生的身体和安全。自从瞿先生被捕的消息传到京沪，许多亲友，甚至许多青年为瞿先生的安全担心，有的还向中央呈递意见书，要求予以"考虑的机会"……只要从长计议，你有极其光明的前途。

瞿秋白：王先生，钱先生，谢谢你们的好意。我问你们，这种关心和陷害有什么区别？事实上，没有附加条件是不会允许我生存下去的。这条件就是要我丧失人格而生存。我相信，凡是真正关心我、爱护我的亲友家属，特别是吾妻杨之华，也不会同意我这样毁灭地生存……

王杰夫：瞿先生，我们从南京到长汀来，因为你是一个非凡的人才，你的中文特别是俄文程度在中国数一数二，你生存下来，可以做翻译工作，翻译一些托洛茨基最近有关批判联共的著作，这对你来说是轻而易举的……

瞿秋白：我对俄文固然懂得一些，译一点高尔基等文学作品，自己觉得还可以胜任。如果翻译托洛茨基反对联共的著作就狗屁不通了！

……

王杰夫：你如果决心生存下去，不一定叫你做公开的反共工作。你可以担任大学教授，也可化名做编译工作，保证你不做公开反共的事。瞿先生，你学识渊博，现在正是国家用人之际，所以，我们为国家爱惜你的生命。瞿先生，你看顾顺章转变后，南京对他优待。他杀人如麻，中央都不追究嘛！

瞿秋白：我不是顾顺章，我是瞿秋白。你认为他这样做是识时务，我情愿做一个不识时务笨拙的人，不愿做个出卖灵魂的识时务者！

王杰夫：你只有三十几岁，就这样顽固，不愿活下去吗？老实告诉你，这次共军西窜途中，中共大部委员均已被捕，他们的地位不比你重要，但已认清大势，一一投降了，你何必这么顽固呢？

瞿秋白：古语云：朝闻道，夕死可也。我不仅闻了共产主义世界大同之道，而且还看到了这个道正越来越多地为人民所拥护，千千万万人正在为它洒热血、抛头颅，不管遭受多大的牺牲、多少次的失败，总有一天会在中国，在全世界成功的。我瞿秋白纵然一死，又何足惜哉！[1]

心高气傲的王杰夫，在瞿秋白身上真正体会到了挫败，他使尽了全身的解数，却在瞿秋白身上毫无用处，这个中统所谓的谈判专家知道了

[1] 摘自王铁仙主编：《瞿秋白传》，人民出版社2011年版，第455—457页。

瞿秋白的坚决。王杰夫小组越劝，反而越坚定了瞿秋白的信心。在王杰夫到达长汀之前，瞿秋白刚刚在狱中完成了个人自传式自白书《多余的话》。在书中，他全方位地释放了自己的心声和心忧，虽其中不乏忧郁沉闷之词，而在王杰夫小组对他劝降时，应答反而铿锵有力，一个共产党人应有的铮铮烈骨呈现在国民党面前。

中统特务对瞿秋白的劝降最终无效。1935 年 6 月 18 日，蒋介石亲自下令，在长汀将瞿秋白杀害了！早在 6 月 2 日，蒋介石就已亲自给国民党驻闽绥靖公署主任蒋鼎文发了一道密令："龙溪绥署蒋主任：寒已法电悉。成密。瞿匪秋白即在闽就地枪决，照相呈验。中正。冬行息字印。"[1]6 月 15 日，王杰夫、陈建中等离开长汀回南京复命，蒋鼎文等人已迫不及待地要加害瞿秋白，连续三天急电蒋介石，请示处决，得到批准。瞿秋白于长汀英勇就义。

王杰夫劝降失败后由长汀回到南京，中统训练科的同事都很奇怪，问他："你在长汀，难道都未看过《多余的话》？"王答曰"看过"。同事又问："既然看过了，难道不曾发生一点怜悯心，放他一条生路？"王叹了一口气，连说两声"意外、意外"。但至于到底为什么意外，他却不肯再解释。中统特务骨干万大鋐在退到台湾后，曾以万亚刚的名义于 1995 年出版了回忆录《国共斗争的见闻》。他在书中谈到瞿秋白之死时，也是感到莫名其妙；因为处死瞿秋白时，正值国民党大力推行宽待共产党俘虏政策，按照常理一般不会处死，但瞿秋白还是被处死了，至于具体原因，很多人都在猜测，蒋介石对瞿秋白和共产党的仇视和惧怕也由此可见一斑。

瞿秋白去世后不久，当年 8、9 月间，由中统特务机关出资、时为中统特务和中共叛徒的丁默邨和李士群等主编的反共刊物《社会新闻》第 12 卷第 6、7、8 期连续节载了他的《多余的话》，所载内容为第二章

[1] 引自王铁仙主编：《瞿秋白传》，人民出版社 2011 年版，第 458 页。

"历史的误会"、第六章"文人"和第七章"告别"。

第三节 应对"西安事变"束手无策

1936年12月12日，震惊中外的"西安事变"发生后，国内外各方的焦点都集中于西北，议论该事件对中国政局前途的影响及其将如何结束。

事件发生后，在中统方面，特工总部于12月13日早就接到由西安市特务室主任王思诚发来的寥寥数字的告急电，称"张杨叛变，领袖被扣，生死不明"。一时间，局势大乱，徐恩曾惊恐万状，除马上报告外，亦无法可想。他匆忙将电报亲自送给了陈立夫，据说陈立夫闻讯后至为震惊、沮丧，认为"领袖一身系天下安危，今竟为叛逆所扣压，生命难保，前途堪虑。唯有大张挞伐，聚歼丑类"。同时，这一消息也在特工总部内传开了，一时上下议论纷纷。

次日，又接到了西北区区长孙步墀和河南省特务室发来的比较详细的情况电报，徐恩曾即于当晚召开科长以上人员会议，商讨应付策略。徐恩曾用哭腔说："我们失职，未能事先有所察觉，致领袖蒙尘，真是罪该万死。现时唯有尽最大的努力，进行挽救，同时也要把日常工作做好。"会议最后决定了以下几项行动措施：

一是急电西北区和河南特务室迅速派员潜入西安进行侦查。

二是指示南京邮件和电报检查所所长张志鹏和叶定，严密检查邮件（特别是电报），即时具报。

三是责成所属南京区区长钱永健、周光亚加强侦查戒备，并与宪兵司令部配合，防止坏人乘机造谣扰乱治安。

四是指使所属密电研究室主任马懋文、陈文彬对各派系（指桂系、阎锡山、龙云、刘湘等）加强侦查，以了解他们对"西安事变"的态度和行动。

五是与军事机关密切联系配合行动。

几天后，他们又得知中共的代表到了西安，与张、杨密谈，均认为蒋介石一定是凶多吉少；即使宋美龄兄妹赴西安，也不过是领回蒋的尸体而已。直到事变解决，蒋介石在张学良陪同下返回南京，中统人员才松了一口气，连称蒋介石“洪福，吉人天相”云云。[1]

12月25日，在中共方面的协调下，“西安事变”得以和平解决。蒋介石口头答应了张、杨所提的八项主张，停止内战一致抗日，并在张学良的陪同下返宁。

较之军统参与事变的解决过程，中统则是不明真相的。直到次年初，中统方面才从《大公报》所载范长江写的一篇报道和其他消息来源中知道了一些有关“西安事变”和平解决的真实经过。但是他们对于共产党以国家民族利益为重的诚意还是不相信的，只有极个别人在私下承认“共产党主张联合抗日是有诚意的”[2]。

“西安事变”和平解决后，国民党特务组织的发展也开始有了新变化。军统头子戴笠由于在“西安事变”中的亲往“救驾”表现令蒋介石十分满意，戴笠和他的军统更加受到重用。中统和军统两大势力的力量对比开始出现变化，中统在国民党特务系统中的主体作用开始受到威胁。

[1] 张文等：《特工总部——中统》，香港中原出版社1988年版，第43页。

[2] 张文：《中统二十年》，载《中统内幕》，江苏古籍出版社1987年版，第36—37页。

[第七章]

由盛而衰

——抗战期间中统的活动

抗战爆发后，蒋介石加强了他的特务建设工作。一方面，因为全国抗日民族统一战线的成立使共产党及其他民主党派的活动有了合法的保障，从地下转到地上，日益活跃，成为蒋介石的心腹之患；另一方面，由于抗日战争的需要，蒋介石也急需一大批特工打入沦陷区，尽可能多地获取日伪军情报。可以说，国民党的特务机构是随着抗日战争的爆发一起发展壮大起来的。但是，这并不意味着中统和军统两大特工机构都在抗战中得到了充分发展。事实上，由于抗战的发生和发展，使得肩负着搜集军事情报使命的军统在此期间大展身手；而相比较之下，由于共产党地位的合法化，专事反共的中统在此期间的活动虽然也有些新领域的发展，但反共的活动却已不能像抗战前那样大张旗鼓，变得束手束脚。中统的地位由此开始下滑，并最终被军统反超。

1938年3月29日至4月6日，国民党五届四中全会在武汉召开。这次会议除决议有关抗战的政治军事大计，通过《抗战建国纲领》外，还做出了大力扩充特务组织的决定。大会决议将原挂在陈立夫名下的军事委员会调查统计局第一处扩编为国民党中央调查统计局，仍以徐恩曾为首；将原军统局第二处独立出来，升格为军事委员会调查统计局。该局完全以戴笠系统的人马为基础，使其完全公开化、正规化，并将其职能侧重于对外抗战。国民党的两大特务组织“中统”与“军统”正式完成组建。戴笠的军统组织由此开始逐步达到鼎盛，而中统则由于客观环境和自身的种种原因，在组织机构设置及活动能力都达到高峰后，在抗战还没结束时就开始走向下坡路。

第一节 中统重建国民党南京地下市党部的活动

“七七事变”爆发，特别是淞沪“八一三”抗战开始后，南京连续受到日军飞机的轰炸。在全民抗战急剧开展之际，一向以反共内战为主业的国民党“特工总部”暨中统组织，此刻却乱了阵脚。他们没有如军统组织那样的军事情报工作职责，反共又不合时宜，对日本的情报作战更没有列入议事日程，抗战准备严重缺乏，全局上下工作陷入半停顿状态。

1937 年 9 月初，以陈立夫为首的“大本营第六部”设立，主管抗日“民众动员”事宜。徐恩曾担任了其第四组组长，成立了 10 个“战地工作团”，他把中统特务王思诚等人分别派往苏北、赣北、河南及晋绥等地工作，但不久就因第六部裁撤而停止了活动。

10 月，因战事紧急，特工总部部分人员在书记濮孟九的带领下，随国民党中央党部先行乘车离京，转去湖南衡山。11 月 20 日，上海守军全线溃退，特工总部主要人员乘“建国”轮撤退武汉；徐恩曾本人则另包了一艘小火轮，带着他的亲信女秘书费侠等人秘密逃出南京，27 日抵达武汉。他们在黄陂路平汉铁路特别党部楼上设立了新的总部，但只留下少数人组建“机要室”，大部分人已撤往湖南长沙、衡山等地。而徐恩曾则忙于搜罗各地来汉的“战地工作团”人员，组建“中统局”的工作。[1]

1937 年 12 月，日军兵临南京城下。南京城内的国民政府中央及市县级机关大小官僚职员匆忙逃走，丢下了满城的百姓无人保护。

侵华日军攻占南京后，对中国人民进行了惨绝人寰的南京大屠杀；其后，又在南京先后扶植了伪“中华民国临时政府”和汪伪政权，并以南京为其在华统治中心，进行了恐怖严密的占领统治。日本法西斯的殖民统治，在南京城内外造成了高压的氛围；而这种客观环境，使得国民党的势力在南京的秘密恢复遇到了较大的困难。

当局势稍为稳定之后，国民党中央当局便开始了在南京重建地下秘密组织的努力。这项工作是以国民党中央执行委员会指挥其下属新组建的调查统计局来完成的。当时的国民党中执会秘书长朱家骅主持了选派人员潜回南京恢复国民党地下市党部的工作。

重建南京市党部的工作首先是挑选潜伏回京的特工人员。鉴于南京当时的恶劣环境，中统在武汉的多数人，包括那些已躲在上海租界里的中统局特工都不愿前去冒险，因此这项工作一开始就遇到了不小的困难。经过反复的研究与协商，1939 年 6 月 7 日，朱家骅终于向蒋介石做了一个报告，决定派原南京市党部党务整理委员、第一区区长章兆直（赵祺）和陆玄南（钟平）二人回南京重建组织。22 日，蒋介石批复，给章、陆二人予赈济委员会属下的“国际救济会”工作人员的名义，派回南京工作。[2] 从这一点来看，设计得还是比较周密的。

紧接着，7 月 8 日，又有一名中统人员夏恩临（李光辉）上书朱家骅，主动申请回南京办理党务及三青团的工作。在慷慨陈词之后，夏恩临又不无忧虑地写了一大段话，请求朱家骅在他如遭不测时要照顾他的

[1] 张文：《中统二十年》，载《江苏文史资料选辑第 23 辑：中统内幕》，江苏古籍出版社 1987 年版，第 42— 43 页。

[2] 见台湾“中研院”近代史所档案馆藏档《朱家骅档案》62—1、2、3。

家属。这在当时的背景下，虽然是可以理解的，但也暴露出夏对自己前景的悲观。[1]

到了9月2日，陆玄南向朱家骅回电报告：“公司营业，大致布置已定。”

章兆直（化名赵祺）、陆玄南（化名钟平）二人与夏恩临（化名李光辉）通过国民党在上海的地下组织负责人吴开先和吴绍澍，在沪打入汪伪中央通讯社工作；由赵祺任中统工作组组长，组员有钟平和李光辉。

然而在这个中统工作小组内部，却产生了较大的矛盾。组长赵祺对工作并不热心，整天混迹于灯红酒绿场所，吃喝嫖赌，钱不够花则虚报冒领公款，为钟、李二人所不满。钟平当时在汪伪中央通讯社已混职为伪京分社的部门主管，他不服赵祺的领导，曾以辞职向朱家骅要挟，要求掌握活动经费。11月间，钟、李联名上书朱家骅，控告赵祺贪污腐化，朱家骅阅之不快。12月18日，他曾下令给吴开先，称钟等三人“互相攻讦，经贵处去电一律召回”[2]。

钟、李二人虽然也不干净，但他们在南京还是做了一些工作，尽管其中也许会有一些“水分”。12月9日，他们电告朱家骅，“略作收束”由沪至京，在南京内璇子巷开设了掩护机关“宝源号”商行；并在汪伪市党部内发展了中统组织，起初参加者有陈觉吾、丁柏长二人，之后逐渐发展到十多人，其中还有颇受伪方重用的副处长。于是这一方面便成为中统在南京的第二条线。

不久之后，钟、李二人又以快邮代电的方式汇报了他们获取的情报与工作成果：

有关南北汉奸青岛会议及汪伪组阁的情报；

---

[1] 《夏恩临致朱家骅报告》(1939年7月8日)，载《朱家骅档案》62—1。

[2] 《夏恩临致朱家骅报告》(1939年7月8日)，载《朱家骅档案》62—1。

重庆中央通讯社密码已被汪伪破获，汪伪汉奸由此可截获渝方消息，须立即更换密码；

香港“民族论坛”主编汤良礼已投汪，更名李子良，出任伪“中华通讯社”英文部主任；

曾组织人员在伪大民会内部散发揭露汪伪汉奸面目的传单；

派人监视并准备刺杀在“南京大屠杀”中诱骗中国士兵万余人放下武器遭日军大屠杀的伪市政府参议詹荣兆。[1]

但真实情况及上述计划实行与否，不得而知。

1940年1月31日，钟平、李光辉给朱家骅发来了极密件，汇报1月份南京地下市党部的工作。

1940年2月18日，吴开先在上海致电朱家骅说：钟在伪政权内“渐失信用之力，已与澍兄（吴绍澍）商决，拟（使之）公开反正，以动摇其内部，钟对工作报告尚称完备，唯内容正确性如何，亦不易考查，因京市环境更劣，不易进展亦属实情也。并据钟昨日报告云，兆直（章兆直，即赵祺）在对方（指汪伪）有领津贴情形，确否未知，因兆直自去年领旅费之后，闻尚在沪，而人则未晤见也”[2]。

1940年4月1日，吴绍澍电朱家骅报告：因南京工作不得力，他们提供的情报大都为过时的消息，所称行动情报也不知转给上海何处，拟给赵祺记大过一次，并劝其以市党部主委身份回渝戴罪图功，李光辉与钟平二人今后能否合作还有待谈话了解情况。[3]

随章兆直潜回南京的张绍揆、陶仲和二人，在南京还同时为国民党军统组织工作，联系人为军统分子庆深庵。1940年2月5日，张绍揆在策反汉奸何世桢时被捕，随即签署了降书。他自知无法在南京再待下

[1] 《夏恩临致朱家骅报告》（1939年7月8日），载《朱家骅档案》62—1。

[2] 《夏恩临致朱家骅报告》（1939年7月8日），载《朱家骅档案》62—1。

[3] 《夏恩临致朱家骅报告》（1939年7月8日），载《朱家骅档案》62—2。

去，便通过陶仲和向军统方面要钱，想离宁赴渝。钟平、李光辉为此向朱家骅电报说：张的要求“倘不成或确有别情，则京市工作基础将全部牺牲”，“职等处此环境，深愧难能应付”。[1]

朱家骅在来电上批示道：“查张绍撰因与章兆直（即赵祺）失去联系，乃参加庆深庵工作，业已四月，庆因沪地环境恶劣，上月离沪，由张代其联络一部关系，张之叔父张公达与何世桢[2]有旧，张乃进行说何反正，并挑拨汪何内讧，不幸于本月5日在寓所被伪特连其夫人绑去。越日，由何世桢将其保释。沪地领导张工作之胡璋亦几被绑。刻张仍在沪地，最近来电要求发给1500元旅费，以便来渝。此间因不清楚其被绑既释放之详细经过，已电庆深庵同查报备核。”[3]

4月12日，吴绍澍又电朱家骅报告，为张绍撰掩饰变节行为，他写道：张绍撰被捕后“始终不屈，对我方任何机密丝毫未泄，尚不愧为本党同志临难不苟之革命精神，核准旅费千元，已由伯诚先生处代垫转交，已在返渝途中。此人有骨气，有奋斗精神……”[4]

4月17日，吴绍澍再电朱家骅，对在南京的地下工作提出全盘否定与改进建议：“职以为京市党部成立迄今，未能有所建树，钟、李二人不尽不实之报告，于工作毫无影响，似以彻底改组为宜。”29日，赵祺电告朱家骅：已找钟、李二人谈过话，李光辉“无成见，已憬悟改图，拟请从宽免于置议”，“至钟撤职令已下，乃考虑环境情况，暂仍请留用，徐观后效。钟在我伪双方支薪，每月计800元以上，工作却无成绩，应规定：（1）钟为留任察看；（2）凡参加伪方工作人员不得领支双薪，仅发一部分临时活动费；（3）该党部要上报今后三个月

[1] 《钟平、李光辉致朱家骅申电》（1940年2月20日），载《朱家骅档案》62—1。

[2] 何世桢，时任汪伪国民党中执会常委。

[3] 《夏恩临致朱家骅报告》（1939年7月8日），载《朱家骅档案》62—1。

[4] 《吴开先、吴绍澍致朱家骅电》（1941年3月11日），载《朱家骅档案》62—2。

的工作计划。”

5月3日，赵祺再电朱家骅，汇报了他对过去工作缺点的检讨，提出了四个方面的问题：(1)纪律废弛；(2)缺乏经验；(3)领导人无决心；(4)言行不符。他提出今后工作的改革方针是：“(1)整饬纪律；(2)严密组织；(3)以身作则；(4)进行淘汰训练。”并具体安排了以后三个月内包括说服大汉奸反正在内的七点工作计划，要求增加经常费与临时费拨给。朱家骅对赵的敷衍塞责式的表态心中有数，他看透了赵祺的检讨后面就是要钱，于是回批道：(1)说服大汉奸不是件容易的事；(2)鉴于赵某过去虚报冒领挥霍无度的事例，申请增加经费一事绝不可能，并斥责赵祺“尤不知自反甫，准复职竟又份外请费，不知是何居心，应予申斥”[1]。

1940年5月7日，赵祺向朱家骅提议任命陶仲和为市党部委员，次日又电请增加经费拨款。朱对南京党部的贪得无厌十分恼火，他批道：“国难当头，党费支绌，该部客夏以来，耗费公帑甚巨，迄今毫无成绩。中央甫宽其既往，再准一是，即定增费，实属非是。应并参考前批再复，严予申斥。”但赵并不死心，9号，他再电报告说南京市党部决定成立“行动队”，开展刺杀汉奸等行动。这一点却正中朱家骅的下怀，于是最后终于得批：“电令照准，增加经费。”[2]

拿到钱后，赵祺为了应付差事，策划了一些小规模的行动。如，为庆贺国民党军所谓“粤豫会战”成功，向蒋介石报告策动“南京全市商店拒用日本军用票”运动，据报告取得一定实效，“敌伪令止无大效果”。又如，1940年8月4日在南京永和园茶馆突袭汉奸秦默晒，因当时手边无利刃，情急之中操以身边铁器将其头部击伤，秦落荒而逃。虽然这次出手并不是什么大的行动，但在中统南京地下组织方面，已经

---

[1] 《夏恩临致朱家骅报告》(1939年7月8日)载《朱家骅档案》62—2。

[2] 《夏恩临致朱家骅报告》(1939年7月8日)载《朱家骅档案》62—2。

是一次破天荒之举。朱家骅闻之非常高兴，急忙去电嘉奖，并允增加经费。[1] 另外，7月间，李光辉在汪伪特务黄凯家中发现有寄自重庆磁器口董家桥25号邹钟林通讯处的信件一纸，提醒渝方注意。朱家骅批交由中统局进行调查。8月20日，赵祺保荐秦杰、张绍揆二人加入组织工作；22日，又派大学生两人进入汪伪中大建立组织，派三人进入日伪合办的"新华无线电学校"工作。[2]

不久后，刚刚起步的南京国民党地下组织活动就遭受到了日伪的重创。

8月26日，赵祺报告：南京市党部在京机关8日夜遭到日伪破坏，陈觉悟、石超等7人被捕，李光辉幸免逃沪，敌四处张贴赵祺照片进行通缉，环境险恶。12月12日，受此案牵连，汪伪警察厅督察处长邓铭竖被认定与重庆方面有联系而被捕。[3]

12月13日，又报：8月底，重组之南京市地下党部以夏恩临（李光辉）暂代书记长，委员有以下数人：赵祺（化名王志观）、夏恩临（化名李光辉）、张绍揆（化名朱熙民）、陶仲和（化名姚君义）、秦杰（化名陈予明）、俞采丞及陆玄南（钟平）。

1941年1月9日，朱家骅接报，南京市地下党部委员陆玄南"在职殉难"，为此他发出专函表示哀悼，并对陆给予了较高的评价。11日，朱家骅又致函国民党中央秘书长叶楚伧，提议拨款2000元抚恤金慰问陆父。

经过这次挫折，南京的地下工作陷入暂时停顿状态。工作人员滞留上海，不敢回南京。1941年初，李光辉以国民党南京地下市党部的名义向重庆发来报告称："因机关留沪尚未赴京，但京市工作并未

[1] 《夏恩临致朱家骅报告》(1939年7月8日)，载《朱家骅档案》62—3。

[2] 《夏恩临致朱家骅报告》(1939年7月8日)，载《朱家骅档案》62—3。

[3] 《夏恩临致朱家骅报告》(1939年7月8日)，载《朱家骅档案》62—3。

停顿。本自因常留京，又因电台设备及其他接洽关系，须常在京沪间往返。”朱家骅在电报上批复：“据报彼等仅到京二次，实属痛心。着即申复以后必须常川留京，工作努力，不得赴沪，否则只有立即撤回。”3月11日，吴开先与吴绍澍致电报告朱家骅：李光辉等人曾去南京两次，但其工作成绩无法核查。建议批准他们的“行动与组织分离”的计划，以防今后再遭大的破坏。“但京市目前尚无行动”，要准备一笔用于营救被捕者的“营救准备金”，并拒绝其领用中央或中组部“工作证”的要求，另请派熟悉京市情况的中央大员来京沪主持工作“就近指挥”。

8月20日，朱家骅电吴绍澍，指示应南京市党部的要求，对于刚获释的被捕人员李瑞芝、徐广仁、张至仁、韩慕周、刘文彬及戚忠六等6人，各发抚慰金800元。

最后，到1941年11月11日，吴绍澍电告朱家骅，因掩护措施及经费问题未解决，新委任的南京市地下党部主任委员李文斋尚未到达南京。[1]

总括上述诸端史实，可以看出，据朱家骅档案所载，国民党中统机构在恢复与重建南京地下市党部工作方面尽了不少的努力，但工作成效并不显著。究其原因，大概有以下几个方面：

一、国民党内部核心组织人员的政治思想与工作作风素质普遍较低，缺乏为国家民族献身的政治信念，加之客观上有关当局的用人不当。朱家骅依靠驻沪二吴（吴开先、吴绍澍）重用的赵祺是一个不尽职守的人，专于享乐而疏于工作，还有虚报冒领贪污腐化等丑行。而其他干部的基本状况也普遍不佳，章兆直等人在南京也没有什么大的作为。除了当时外部环境恶劣的因素，中统局内部多数人缺乏政治信念、思想品格素质不高和工作不努力是其中显而易见

[1] 《夏恩临致朱家骅报告》（1939年7月8日），载《朱家骅档案》62—3。

的原因。除了在选派人员时就表现出的普遍的怕险畏难情绪及上任后的追求享乐消极怠工，张绍撲之类被捕后很快叛变保命，不讲政治气节等更是其例证。

二、组织内部缺少理解合作，矛盾太多，指挥失灵。中统组织上下级与各系统之间不仅不配合，而且互相攻讦，抢夺财权与领导权，造成内力抵消，难以一致对外。如赵祺及其组员之间不断地相互摩擦，互相攻击，等等。这从朱家骅一次又一次的电文命令和斥责处理决定中可见其概要。

三、工作作风欠佳。敌后工作人员没有高尚的政治目标，缺乏坚实的群众工作基础，因此造成其工作缺少扎实的作风，只求做些表面文章，浮夸虚构，以至于订计划洋洋大观、要经费多多益善、干实事乏善可陈。如在南京的地下工作情报不实，欺上瞒下，虚构罗列成绩，只为要钱。突袭汉奸要员只为扬名一时，实际意义不大。这不仅让重庆方面恼火，就连在上海直接指挥的二吴也无法回避隐瞒，总是要求改派“中央得力干员”前来指导工作，希望南京工作局面因此而有所改观。但直到最后，其新派大员也总是改变不了怕苦畏难的作风，其根源就在于派出干部的基本素质欠佳与国民党的组织机体缺乏生命力。

当然，对于国民党当局在沦陷后的南京重建地下组织的努力，从抗日的立场出发，我们今天也应当看到其中积极的一面；至少他们在与日伪的斗争中做了一些工作，牵制了敌人的力量，并在某种程度上打击了敌伪的气焰。但总体来看，从这段历史中，我们同时也看到了国民党内部的政治腐败、组织涣散与党员干部精神世界普遍颓废的状况。从中我们可以明白国民党为什么会从抗战胜利的顶峰一落而入崩溃的深渊，最后归于全面的失败。

第二节 “特种工作会报”始末

国民政府迁都重庆后，为了加强政治、军事等的情报搜集与汇总工作，于 1940 年起设立了甲、乙、丙三级“特种会报”制度。

“特种会报”是国民党党、政、军三方面统一协调、联合反共和对付日伪的一个组织指挥和决策机构，也可以说是国民党统筹特务活动的最高机构。它的全名是“党政军联席会报”。抗战胜利后改名为“党政军干部联席会报”。“特种会报”分甲、乙、丙三种（三级），因召集人和参加人各不相同而区分。各级“会报”定期举行或临时召集，会后的日常事务由“联合秘书处”（简称联秘处）或秘书处理。联秘处设正副秘书长和联络秘书，先后担任正副秘书长的有肖毅肃、肖赞育、谷正鼎、潘公展、徐佛观等。中统派驻联秘处的少将联络秘书先后为徐兆麟、万大鋐、杜衡等。[1]

甲、乙两种会报机构，因每次会报都在蒋介石的住处（重庆中四路）进行，故又称“官邸会报”。甲种会报一直持续到 1948 年，乙种会报到日本投降后停止。

甲种会报由蒋介石亲自主持，出席者有参谋总长、行政院长、中央党部秘书长、中央组织部部长、教育部部长、社会部部长、军委会政治部部长、军令部部长，并指定中统、军统特务头子列席。张群、王世杰、吴铁城、何应钦、陈果夫等，以及中统徐恩曾、军统戴笠、宪兵司令张镇都参加过会议。会无定期，每年约开两三次，会报内容主要是针对中共的活动，商讨反共重大行动以及如何全面应付共产党活动。会报

[1] 张文：《中统二十年》，载《江苏文史资料选辑第 23 辑：中统内幕》，江苏古籍出版社 1987 年版，第 68—71 页。

程序一般先由徐恩曾、戴笠做全面的工作汇报，然后出席人发表意见，最后由蒋介石做出决定，指示如何进行。所以甲种会报实际上是蒋介石政权的反共最高决策机构。

中统局徐恩曾每次得到开会通知后，总要先忙碌一阵，首先叫主管的第二组（处）收集有关材料，然后召集高级骨干王思诚、张炎茂、万大鋐、梁辅丞、张国栋、谢永存等进行计议，设计汇报的内容。

乙种会报又称“中央党政军联席会报”，由国民党中央组织部、军事委员会军令部以及中统局、军统局、宪兵司令部等单位组成，也在蒋介石官邸举行；先由军委参谋总长何应钦主持，后改由中央党部秘书长或由主管情报的侍从室第六组组长唐纵主持。1944 年后，乙种会报移交给国民党中央组织部出面召集，负责人是该部部长谷正鼎。

乙种会报参加者先有军政部部长、中央党部秘书长、中央组织部部长、教育部部长、社会部部长及中统、军统特务头子，后改为各参加单位处一级的情报官员，如军统局第一处处长鲍志鸿、国际问题研究所王芃生、外交部秘书顾毓华（杜月笙的女婿）、军令部第二厅第一处处长李立柏、中统局本部科长张国栋等。

乙种会报的主要内容是研究日汪方面的军事动态与活动，实际上也包括商议对在敌后活动的中共八路军、新四军的对策。乙种会报开会亦无定期，在成立之初，会期较密，约每两个月一次；后期则较少，平均约每年一次。开会通知是以蒋介石侍从室名义发出的，会报内容是由各出席单位代表汇报所得到的有关日伪军的动态，八路军、新四军在敌前敌后活动的情报等。[1]

该会报设有常设机构秘书处（简称联秘处），内设主任秘书一人，在何应钦的直接领导下处理日常工作。参加会报的单位亦各指派一人为

[1] 张文：《中统二十年》，载《江苏文史资料选辑第 23 辑：中统内幕》，江苏古籍出版社 1987 年版，第 68 页。

秘书，参加联秘处工作，并担任本单位与联秘处间的联络。该处设在何应钦办公室旁，长期担任联席会报主任秘书的是何应钦的亲信徐佛观。中统局派任该处秘书者为专门委员徐兆麟。

丙种会报为省市一级的联席会报，也称“××省党政军联席会报”，由各地区最高军事机关负责人主持，如抗日战争时期的各战区司令长官，抗战胜利后的各“委员长行辕”主任、各地区司令长官公署的司令长官、各绥靖公署主任；没有设立以上机关的省市，由省主席主持，省党部主任委员协助。参加者为各省市党部书记长、宣传处处长，军统、中统各地区负责人，各省市市备司令、保安副司令、宪兵团团长，各省市政府秘书长、民政厅厅长、教育厅厅长、警察局局长、三青团干事长。同时亦设有一个秘书处，组织形式与中央级会报相同，一般由该省省主席主持，秘书处的主任秘书一般也是由省主席指派其亲信担任。因丙种会报的实权多操在主任秘书手中，中统、军统为争夺各省、区联席会报主任秘书一职，曾互相争斗甚烈，他们都想利用这一席位取得情报，在蒋介石面前邀功请赏。中统人员曾长期垄断了部分省市的会报主任秘书一职，如贵州省前后主任秘书冉龙沧、向贤书，江西省前后主任秘书庄尚之、周德清，甘肃省主任秘书王全章等，都是中统特务。[1]

1943 年春，中统局为徐恩曾被控告事件，受到蒋介石的申斥，他下令“党务机关不得捕人”；其后，中统只好利用“联席会报”的名义进行各种特务活动。如 1945 年发生的昆明“一二·一惨案”、成都的“抢米风潮”、重庆的“反苏大游行”，都是由中统经由当地的“党政军联席会报”密谋计议制造的。[2]

这一时期，中统的重大活动大都是通过上述“会报”来组织进

[1] 李约勒：《难产的中央党员通讯局》，载《江苏文史资料选辑第 23 辑：中统内幕》，江苏古籍出版社 1987 年版，第 268 页。

[2] 同上书，第 269 页。

行的，其中突出的是策划和参与中央会报所决定的三次全国统一行动，即大规模地逮捕共产党人和进步人士。第一次是 1947 年发生在中统改组之前的“六二大逮捕”，由中统四川负责人邵平出席“会报”共同策划，根据中统提供的黑名单，逮捕了进步人士田一平、孙蕴实、柳慕宇等 11 人。第二次是 1948 年的“八二〇大逮捕”，在天津由中统天津区长郭乾辉出席“会报”参与决策，会后指示情报行动科科长崔佑汝、学运组组长李宗岳、督察刘耀宗提供黑名单，崔佑汝与行动员杨子杰、石墨林等参加行动，在南开大学等处逮捕进步学生十余人。在四川，由中统四川负责人先大启参加省主席王陵基的私宅会议，提供黑名单，共逮捕进步人士三十余人，其中四川大学学生方志炯、田中奚等于新中国成立前夕在成都十二桥被杀害。第三次是 1949 年的“四二〇大逮捕”，由四川中统负责人先大启向“会报”提供黑名单十余人，并派行动员陈国荣参与行动，在成都逮捕石室中学教师刘骏达及其妻马力可等多人，刘骏达后在成都十二桥遇害。在这些行动中，中统在全国各地都犯下了大小不同的罪行。

此外，中统为了纯洁特务队伍，对内部亦大加清理。在局本部设督察室，派王保身为主任，霍志征为副主任，专门秘密监视内外特务的言行活动，制裁不忠于特务组织和违反纪律行为者，被称为“特务中的特务”。在这期间，沈阳区区长朱瀚在沈阳破坏了一处中共地下组织，逮捕了不少中共党员，其中有人供出局本部党派调查处的调查员朱良明为中共派入中统内部的地下工作人员。朱瀚密报特务头子叶秀峰，叶当即指派督察室主任王保身秘密将朱良明逮捕，寄押在宪兵司令部看守所内。1949 年 2 月，局本部撤逃衡阳时，亦将朱良明押解一同撤逃，中途至浙江杭州，将其秘密杀害。

中统的“外延单位”特种经济调查处的各个经济调查站，都在各地进行破坏中共经济的各种活动。如在上海就曾截获中共准备运往解放区的大批药品和医疗器材。“特经处”还编印了一些小册子，进行反共宣传。[1]

1938 年中统局、军统局成立时，以王芃生为所长的军事委员会国际问题研究所也宣告成立。王芃生有“日本问题专家”之称，他曾向蒋介石建议，由中统、军统、军令部、外交部和国际问题研究所五个单位负责人组织所谓的“最高会议”，统筹安排对日情报工作。此建议曾得到蒋介石采纳，并在汉口开过一两次会，每次会议均由蒋介石亲自主持。这期间，王芃生来往于暗斗激烈、邀功争宠的两统之间，以情报会议的“秘书长”自居，凌驾于两统之上。他曾多次找徐恩曾会谈，欲交换情报，征求意见，殊不知两统对此均异常冷淡，他只好知难而退，不再过问两统的事了。同年 10 月，国民党驻武汉各机关撤往重庆，这一会议便无疾而终了。值得一提的是，当时在军事委员会国际问题研究所的工作人员中，其第二组的组长连震东，是一位留学过日本的研究日本和苏联问题的专家，其父亲是我国台湾地区著名的爱国人士、历史学家与文学家连横，而他的儿子就是国民党逃台 56 年后访问大陆，开启国共两党关系新历史的国民党主席连战。

第三节　军统与中统的矛盾与火拼

徐戴交恶

1938 年秋，在陈立夫等的建议下，蒋介石借抗战之机，大力扩充他的特务组织，形成了国民党特工组织中统局与军统局“双雄并立”的格局。这在给他的独裁统治带来最大服务“效益”的同时，也种下了两

[1] 李约勒：《难产的中央党员通讯局》，载《江苏文史资料选辑第 23 辑：中统内幕》，江苏古籍出版社 1987 年版，第 270 页。

大组织争斗的祸根。虽然这种争斗基本上都是在效力于蒋介石前提下的争功邀宠，但其中也包含了许多的政治与经济利益的争夺。因此，在抗战后期，两统的斗争越来越激烈，最后导致了中统“掌门”徐恩曾的下台，并引发了蒋介石改造特务机构的决断，在客观上造成了两败俱伤的后果。

中统与军统基本工作内容的相同与工作范围的重合，在客观上造成了他们产生矛盾和争斗的根源；而两大组织负责人徐恩曾与戴笠个性的异同，则是他们矛盾发展的另一原由。

在对付反蒋的各类势力方面，中统与军统都是通过各种特务手段来获取情报和进行破坏、逮捕、绑架、暗杀等活动，极易在工作中为邀功夺利而产生冲突。如双方同时或先后发现了同一目标，一方想放长线钓大鱼，并不急于收网，而另一方唯恐花落别家，便抢先下手，抓人报功，在客观上破坏了整个行动，结果造成双边的激烈纠纷；又如在对待顾顺章、张国焘等“有价值”的中共叛徒时，两统也互相挖墙脚，都欲将他们控制在手中为己所用，而不要被对方利用；更有甚者，双方出于经济利益的争夺，不惜撕破脸皮大打出手，直至公然杀害对方人员，还互相收集对方头面人物的“黑材料”，向蒋介石告发，欲置对手于死地，结果闹到水火不相容的地步。

军统头目戴笠

在双方头目的个性上，徐恩曾与戴笠的脾气极不相同。徐表面比较内敛儒雅，戴笠则为人霸道，趾高气扬，但两人又都有决不相让的习惯和压倒对方的性格。中统和军统在他们两人的领导下，钩心斗角、明争暗斗的事层出不穷，最后直至闹得互相残杀对方人员，势同水火。特别是在徐恩曾被集中攻击告发而下台的过程中，戴笠的军统局起到了很大的作用。

徐恩曾与戴笠之间并非一贯交恶，他们也一度有过合作。在戴笠的特务组织初创阶段，徐恩曾的“特工总部”曾给予其技术支援；1935年，他们在陈立夫任局长的包括徐恩曾“特工总部”和戴笠“特务处”在内的第一个“军统局”内合作过。即使在两统分立后的1940年，双方还曾合组过“国家总动员会议经济检察大队”；1942年，还在重庆望龙门成立过两统情报交换处。但这种合作更多的是形式上的，并不能掩盖徐对戴这个“后起之秀”的不服、妒忌和戴对徐蔑视、敌对的真相。

徐恩曾与戴笠的矛盾是随着他们的合作开始而逐步产生的。

1932年4月1日，戴笠的复兴社特务处在南京鸡鹅巷53号成立，初创时期缺少电讯系统可用，戴就找徐恩曾帮忙，计划在各地建立电台网。徐答应本系统的各地电台可以为戴所用，双方达成协议。中统用香港、北平、天津、杭州、济南、南昌、汉口等地的分台，为特务处收发电报。这本来是一件合作的事，只因一点矛盾，竟演化成为两大组织交恶的开端。

徐恩曾将所属香港分台台长项濂，调回南京香铺营中统特务总台任报务员。项濂与戴笠是浙江同乡（项是温州人，戴是江山人），又是黄埔六期的同学，因为香铺营离鸡鹅巷很近，项就常至戴处叙旧。那时项濂每月的薪金仅三四十元，戴笠许诺每月给他七十元，拉他为特务处工作；比较之下这是很高的报酬，因为当时戴笠的薪金也不高，每月不足一百元，项濂当然为之心动。项濂开始偷取中统特务总台的来往电报给戴笠，继而又拉拢中统的电讯特务到军统工作。这些事很快被中统特务总台的人员发觉，向徐恩曾密报，徐非常气愤，下决心要制裁项濂，他派行动员行刺项濂，但没有击中，之后项濂就公开投入了军统，这便是徐、戴二人矛盾之始。

使戴笠与徐恩曾翻脸的第二件事，是为了争夺中共叛徒顾顺章。

1931年春，中组部调查科驻汉特派员蔡孟坚，在汉口逮捕了中共中央特科负责人之一的顾顺章。当顾顺章被解到南京时，陈立夫和徐恩曾亲自驾艇从轮船上把顾顺章接下来，经过他们的威胁利诱，促使顾叛变。当时徐恩曾的私人秘书钱壮飞紧急向中共中央报告，使顾顺章供出的上海中央和江苏省委机关大部分领导都安全转移；但中统也捕到了不少人，如中共中央宣传部部长罗绮园、江苏省委书记王云程等。顾顺章在上海为中统"立功"后，又到各地监狱和反省院搜查囚犯，结果使中共领袖之一恽代英的身份暴露，被国民党杀害。顾顺章还奉命举办了特工人员训练班，训练了各地中统特务骨干数百人，并撰写《特务工作之理论与实际》等书，为国民党的特务工作献计献策，深得陈立夫和徐恩曾的宠信，成为特工总部手上破坏革命组织的一张"王牌"。戴笠的特务处也很垂涎顾顺章，邀他前去讲授对付中共的办法，并加以拉拢。1934年，陈立夫派顾顺章到日本考察特工，但顾返国后就被戴笠收买，答应跳槽到特务处工作。这使得陈立夫和徐恩曾震怒，决心要除掉顾顺章。次年4月，徐恩曾派干将顾建中将顾顺章暗杀于南京。

经过这两件事，两统的关系进入了互相斗争的阶段。

军统和中统本来按规定各有工作范围。军统面向军事、警察、保安部门，中统多在党政、经济、文化部门。宪兵和海军本是戴笠欲染指的领域，但徐恩曾也想渗透进去。20世纪30年代中期，他借兼任宪兵司令部政治督察之机，掌握了司令部的警务处和军法处、看守所，并把这两个处的主要干部都吸收进中统组织，专门操办政治案件，以获取情报。戴笠的军统掌管军事领域后，中统本应把宪兵部门让于军统，但徐恩曾却抓住不放，一直到1949年退台前夕，中统系统都还在与宪兵部门合作。对于海军方面，虽然在抗战后期已被戴笠视为掌中之物，但徐恩曾却利用海军司令桂永清与戴笠的矛盾，成功地在海军司令部成立中统调查室，掌握了海军情报系统，使戴无法插手现有的海军，不得不寄希望于依靠美国人来组建新的海军。

使两统矛盾激化的事情发生在 1939 年。中统局第三组长庐斌在山东活动期间，与军统局驻鲁专员厉文礼发生矛盾，竟被厉枪杀。这场风波虽被处理，但双方从此结下了仇根。

1941 年 2 月间，戴笠最喜爱的军统行动和暗杀专家赵理君在河南任军委会战时的华北督导团专员时，又与中统河南省调查室主任韦孝儒因抢夺地方缉私权而发生矛盾，赵倚仗他在军统的势力，一怒之下竟派人将其绑架，把韦孝儒及其随行的 8 个人一起活埋在一口枯井下面。徐恩曾闻讯大怒，命令中统搜集事证，向蒋介石报告。蒋介石看无法收场，便转令戴笠调查处理。结果军统方面无可抵赖，戴笠只好忍痛把赵理君逮捕并枪毙于西安。此事使戴笠与徐的关系达到了势不两立的地步。[1]

警察系统素来是戴笠与中央警官学校教育长李士珍争夺最为激烈的领域，徐恩曾虽无法在警察方面有所作为，但却暗中支持李士珍。1943 至 1944 年间，戴笠草拟了一个建警计划，欲在行政院下设一个警察总监部，把全国警察统一在国民党的中央指挥之下，由他来掌握。徐恩曾知道后，一面支持李士珍另搞一个十年建警计划，另一方面向陈果夫、陈立夫汇报，让二陈从中作梗。蒋介石本来准备批准戴笠的建警计划，并有意让戴任全国警察总监。但当他交方案给侍从室第二处主任陈布雷、第三处主任陈果夫研究时，他们都认为警察的指挥权一直在省市县地方政府，一旦划归中央，则地方维持治安可虞。同时，以军统的人任警察总监，多有不宜，不仅将在国内招致议论，且英美盟邦亦可能产生非议，贻人口实。蒋介石闻此思想动摇，再加上此时他对戴笠扩充势力已有担心，于是戴笠的计划便未能实现。

1943 年间，财政部有一大卡车中国银行刚刚印好的新钞票，从湖北运到重庆，途经沙市的乡间，突遇空袭警报，又闻谣传日军顷刻即

[1] 月西：《蒋介石和他的特务机构》，海天出版社 1996 年版，第 390 页。

至，押车人员和司机便弃车而逃。财政部闻报后，饬令中国银行将钞票号码注销。殊不知这车钞票落在了中统湖北调统室手里，因为数量庞大，当地特务不敢独吞，乃报告中统局，希望能得一笔奖金。徐恩曾接报后，想吞食这笔巨额横财，便派一名中统特务持中统局书面证明前往押返重庆。当押运至川鄂交界的封锁线三斗坪时，被军统交通检查所查获，戴笠当即向蒋介石告发。正处于财政窘境的蒋介石，起初认为是徐恩曾私印伪钞，一怒之下曾准备把徐枪决。后来经中国银行验证，不是伪造而是注销报废的钞票，徐恩曾又推说事前不知道，暗中令押运的小特务招认是贪财起意，途中拾得。结果军法总监部把那个押车小特务以扰乱战时金融的罪名判处死刑了事，当了徐恩曾的替死鬼。但此事对徐的影响甚大，给蒋介石留下了极坏的印象。

一波未平，一波又起。1944 年，徐恩曾用国民党中央党部的几部大卡车做走私生意，从中印公路运回一批走私西药，当运至四川广元时，又被军统查获。由于用的是中央党部的大卡车，戴笠明知是徐恩曾所为，但怕蒋介石认为他有陷害之嫌，就去找与徐恩曾水火不容的朱家骅向蒋介石密告。前后两事并在一起，蒋“龙颜大怒”。1945 年春，蒋介石亲自下令撤去徐恩曾的本兼各职，永不叙用。就这样，1945 年 1 月，徐恩曾结束了主持中统的生涯。

徐恩曾被撤去本兼各职后，只剩下一个工程师学会总干事的职务。1947 年起由中国工程师学会选为“国大代表”，上海解放时逃往香港。[1]

至此，戴笠与徐恩曾的斗法以徐的下台而结束，而军统与中统的矛盾斗争也成为了一段历史。在这里，我们可以引用戴笠的一段讲话来结束此节：“我们除不允许生活腐化之外，更不允许同志们与人家随便冲

[1] 李英：《徐恩曾与戴笠的“合作”与矛盾》，载文闻编：《我所知道的中统》，中国文史出版社 2004 年版，第 184—188 页。

突。这是十多年来我们的一贯作风。同志每次与人家冲突，我总是严惩自己的同志，轻责他人。古人说：‘穷则独善其身，达则兼善天下。’目前我们的力量，还不够‘兼善天下’，所以顶要紧的是健全本身。”[1]戴笠的言行是否一致，由此可见。

陈立夫与戴笠的复杂关系

陈立夫依仗他与蒋介石的特殊关系，在国民党内具有“党霸”的地位，一般人都是急于巴结他的；但有一个人不买他的账，这就是同样与蒋介石有特殊关系、起特殊作用的另一特务组织首脑戴笠。

俗语云：同行是冤家。共同的工作性质决定了陈立夫与戴笠之间自始至终都存在着相互竞争的关系，因此他们不可能走向友好。但在两方面的关系上，陈立夫以柔克刚，而戴笠则表现出强硬态度。

当戴笠以向蒋介石告发黄埔同学中的二十余名共产党员而起家时，陈立夫已是蒋介石集团中的干将，以后又控制了国民党的党务系统，在党内形成了“CC系”政治派系。戴笠的“密查组”“特务处”成立后，因未正名，只能纳入陈立夫主管的国民党系统特务组织之下，但他一直在蒋介石的庇护下独立工作，并不听从陈立夫的指挥，因此两人一直是貌合神离。中统与军统两个特务组织，从雏形时代开始就互相争斗，陈、戴关系也相应紧张。

随着戴笠的组织越来越大，手下干将也越来越多，但因特务工作的特性，这些军统骨干很少具有相应学历与资历，依法而论，他们都无法获得将官军衔。陈立夫以组织系统的主管，对戴笠本人尚且长期贬压为少将，其手下想通过铨叙审核而得少将以上军衔，简直难上加难。但戴笠却有办法另辟蹊径，他每每亲自给蒋介石写报告，得蒋的特批而任命了许多中将级特务。1941年时，少将戴笠手下就有15位中将级特务在

[1] 《戴笠自述》，载申元：《江山戴笠》，中国文史出版社1991年版，第98页。

为其效力，少将更多，仅戴笠同乡江山籍的军统少将，就有 14 位。其中除周伟龙、王蒲臣、连谋三人外，都没得到陈立夫把持的国民党组织部门的认可。于是，军统局就自制纯金梅花的将军服，自封自佩，陈立夫拿他也无可奈何。

随着戴笠军统势力的恶性膨胀，渗透到军事、交通、物资、缉私等各方面，权力之大，今非昔比；陈立夫为自己利益计议，也想与他缓和关系，并为此做了努力。抗战中，陈立夫曾有一次派手下左曙天到军统局重庆枣子岚垭的“漱庐”机关，找到与他交好的军统大将王蒲臣，要一份军统局科长以上官员名单，说陈立夫代表中统要大请客，搞一次中统与军统的联欢会。王蒲臣赶紧报告给戴笠，但几次催办都没有结果。最后，戴笠找来为王蒲臣送报告的秘书王绍谦，大骂一顿，说：“他陈立夫要请客，跟我姓戴的有什么相干？我没有批就是不同意嘛！他陈立夫企图掌握我们高中级人员名单，竟然要了这样的花招，我们是不会上当的。你告诉王蒲臣，让他转告左曙天：在抗战期间，我们双方的人员，要尽量避免接触。”

陈立夫的一番好心，就这样被满怀防备敌意的戴笠拒绝了。

1944 年 5 月，国民党召开五届十二中全会，以陈立夫之兄陈果夫为中央组织部部长，准备召开国民党六大，蒋介石提名戴笠为中央委员候选人；但戴笠为避免被二陈当场“修理”的难堪，竟决定拒绝参选，理由是不求争名夺利，他把名额让给了唐纵。当然，背后的真实内幕是不能明讲的，戴笠借此机会又给自己“贴金”：“伟大，对这两个字的解释很多。对我们来说，就是‘有功让给人家，有过自己担当’。要以德报怨，推己及人。民国 34 年，中央开会（指国民党六全大会——编者注）选举中央委员，领袖蒋校长提名要我当中央委员，我坚辞不就。后来经领袖同意，我推举唐纵为中委。我为什么坚辞不就，就是因为争权夺利，不配做一个革命者。我们必须知道，一个人生存于宇宙间，最有意义的事，莫过于获得荣誉，只有荣誉，才是最高尚的。否则的话，无声无臭，不识不知，何异于禽兽？”[1]

上述二事，可以看出戴笠对陈立夫的成见和防范是多么深。但陈立夫还算不记前怨，戴笠死后他送了挽联，两年后还为戴母送过贺寿礼。[2]

第四节　中统与汪伪的斗争与勾结

抗战爆发后，中统曾在沦陷区布置了一批特务情报网，专门从事对日伪的情报搜集工作。随着侵略进程的加快，日军逐渐加强了对沦陷区的特务工作，中统布置在各地的潜伏机构先后被破获，其成员大多投敌。在抗战进入相持阶段后，中统在沦陷区的潜伏机构几乎全军覆没；成员大部分投靠了汪伪，成为助纣为虐的汪伪“76号”魔窟成员，少数逃到重庆，结束了潜伏工作。

李士群叛逃与中统组织的分裂

1938年初，日本卵翼下的南京“维新政府”成立，接收了上海海关和税务局后，“维新政府”派俞模为“盐务署督办”。5月29日，俞即被自己的保镖开枪打死；以后无人敢接此职，以致虚悬甚久。“维新政府”另一位“绥靖部长”周凤岐，上任不久就在出门送客时被枪杀于上海亚尔培路寓所门口。附伪的《晶报》三日刊主人余大雄（穀民）被斩于“维新政府”在上海的大本营——虹口北四川路新亚酒店的浴缸中。《申报》记者钱华，乘人力车经跑马厅一侧的龙门路时挨三枪被打

[1]　《戴笠自述》，载申元：《江山戴笠》，中国文史出版社1991年版，第96—97页。

[2]　申元：《戴笠轶事》，香港天马图书有限公司2003年版，第77—80页。

死。《时报》经理王季鲁也遇刺杀被救。[1] 重庆特工的屡屡出击使“维新政府”汉奸胆寒，日本人恼火至极。

这时，李士群出现了。

李士群（左）与丁默邨（右）

李士群，浙江遂昌人，生于1905年4月24日，早年丧父，家境贫寒。后来，他考入上海美术专科学校，不久又转至上海大学读书。大革命兴起后，李士群也在激情驱使下投入了革命，并加入了中国共产党。大革命失败后，他被派到苏联留学，肄业于莫斯科东方大学。

1928年，李士群回国后，以“蜀闻通讯社”记者的身份从事地下工作，不久，他被公共租界工部局巡捕房逮捕。为了避免被引渡给国民政府，他托人走通了上海青帮“通”字辈大流氓季云卿的门路，将其保释出来。李士群向季云卿投了“门生”帖子，从此与上海流氓帮会挂上了钩。

1932年初，李士群被国民党中央组织部调查科逮捕，在敌人的威胁利诱下，他丧失革命气节，成为中共的叛徒。由于他只是一名普通党员，投敌后并未受到重用，最初只是被委派为调查科上海区直属情报员；后来又奉陈立夫之命，与丁默邨、唐惠民等主办《社会新闻》杂志，专司诬蔑、诋毁共产党和进步人士之职。因发表过一篇讥讽日本天皇的文章，他们被日本使馆告上租界法庭，由大律师余祥琴为他辩护才

[1] 朱子家（金雄白）：《汪伪政权的开场与收场》（第一册），（香港）春秋杂志社1959年版，第62、139页。

得以无罪开释。李士群给余报酬，余也不要，李便欠了他一个人情。

1932 年，中共中央特科“红队”在上海制裁了特工总部上海区区长史济美（化名马绍武），丁默邨、李士群等被中统组织怀疑与史济美之死有关，于是，他们均被再次逮捕。

丁默邨叛共较早，因在国民党“CC 系”里有靠山，很快便被保释出去；而李士群却被押解回南京的特工总部，饱尝了鞭打、老虎凳等酷刑之苦。最后由其妻叶吉卿用尽手段买通了徐恩曾，甚至以身相献，总算是把李士群保了出来。从此，李士群恨透了这帮特务头目。

1937 年 11 月，国民党特工总部撤离以前，在南京设了个“留守处”，由徐兆麟负责，李士群是留守处的成员之一，奉命在日军进入南京之后潜伏下来。可是未及日军攻城，他便仓皇地从南京逃到了汉口。这时，调查科已正式扩大为中统局，李士群被安置在中统局临时办事处工作。由于在中统一直得不到重用，李士群“怀才不遇”便另有二心；他看到国民党在正面战场上连战皆败，更对抗战前途失去了信心，遂萌生了改换门庭的念头，也好早点离开其所厌恶的这帮混蛋。

1938 年，李士群调任国民党浙赣铁路特别党部特务室主任，他认为这是千载难逢的机会，于是在领取了特务经费后，携款绕道广西、云南，避开中统布置在广州一带的耳目，取道河内逃到香港。抵港后，他很快就搭上日本驻港总领事中村丰一的关系，表示要向日方投降。

中村写信把他介绍给日本驻上海大使馆书记官清水董三。清水董三让李士群帮着为日本大使馆搜集情报，李士群满口应允。于是，由中共叛徒变为中统特务的李士群，再次变身叛国投敌的汉奸。[1]

李士群背叛中统，是国民党特务组织历史上影响深远的大事件，他投日后拉出了一批中统老同事，又逮捕诱降了不少军统人员，最后形成了与蒋系国民党对抗的日汪特工组织，给重庆政府及中统、军统带来了

[1] 徐飞编著：《狼与狈——中统军统行动档案》，河北人民出版社 1998 版，第 223—224 页。

大麻烦和大损失。这是中统用人机制的大失败，也是国民党特务组织内部矛盾的必然产物。

李士群投日后，首先找到在沪的原国民党内朋友唐惠民、章正范、刘坦公等人，又把留在租界内的国民党上海特别市党部委员汪曼云拉下水。汪曼云原本与中、军统都有复杂关系，李士群得到他们的帮助后，形成了上海滩上投日的情报小集团。

由于李的活动对国民党在上海的潜伏人员构成了很大威胁，军统决定动手除掉李士群。1939 年元旦前，军统上海区行动股股长于松乔秘密来到杜美路（今东湖路）11 号汪曼云的家，要他协助行动；但汪不仅没有帮忙，反而向李透露了消息，使得军统的一次刺李行动失败。

1938 年底，李士群在日本特务机关授意下，由专搞情报工作转向特工活动。他派人去昆明，请过去在中统内的顶头上司丁默邨来上海投敌，共同组建特务组织。

丁默邨，湖南常德人，早年参加过中国共产党，后投靠国民党“CC 系”，在上海从事文化特务工作；1934 年曾出任陈立夫为首的国民政府军委会调查统计局第三处（邮电检查处）处长，是与徐恩曾、戴笠并列的国民党特务大员。抗战开始后，中统、军统分家，徐恩曾、戴笠分灶吃饭，各成一体；丁默邨却因缺少戴、徐的根底和靠山，被闲置为军委会少将参议兼武汉特别市政府参事、秘书长。因地位下降而对当道者心怀不满，心中不免难耐不平。迫于与李士群一样的处境，他为“再干一番事业”，于是答应下水。

丁默邨潜到上海，与李士群会合，共同向日本“对华特别委员会”成员、军部代表土肥原贤二提交了在沪的抗日组织及人员情报，并递上准备好的《上海特工计划书》，要求得到日方的资助。

土肥原贤二与其特工助手晴气庆胤及日军大本营陆军部军务课长影佐祯昭商量，决定扶持丁默邨和李士群组织特务机构，由丁默邨、李士群、唐惠民、章正范等组成“七人委员会”来指挥。同意每月拨给活动经费30万元，并一次性配发手枪500支、子弹5000发及炸药500公斤；同时指定该特务组织直接由晴气庆胤负责领导，总部设在上海忆定盘路10号。

1939年3月，李士群在上海极斯菲尔路76号正式成立了“中国国民党中央执行委员会特工总部”，即“76号”特务组织，由日军大本营直接指挥。8月，划归影佐祯昭主持的日特机构“梅机关”。9月后，汪伪政权登场，“76号”才成为汪伪的特务组织。

“76号”前后的主要人物都是来自中统与军统的叛徒和上海帮会分子，除丁默邨、李士群之外，还有苏成德、马啸天、吴四宝、林之江、万里浪、胡均鹤、夏仲鸣、潘达、戴昌龄以及后来投汪的军统干将王天木、陈恭澍等人；在丁默邨左右的人员有顾维武、黄香谷、凌宪文、李子云等，跟随李士群的则有傅也文、黄敬斋、唐惠民、叶耀先、孙时霖等。“76号”有两个行动大队，吴四宝率一队守备本部，张鲁率一队守卫愚园路1136弄汪精卫与周佛海的住地，另外还执行其他行动。

这样，一个被晴气称为“以恐怖对恐怖、以枪对枪的野蛮计划”便

汪伪特工总部原址（位于上海极斯菲尔路76号，现在的万航渡路435号）

开始实行了。

汉奸特务的屠刀首先指向了上海的新闻出版界，其原因在于“抗日报纸通过租界把东洋鬼子日本这个坏名声传遍了整个上海，只要这些报社的印刷机在租界里，日本无论使用什么力量都不能迫使它停机1秒钟”[1]。1938年2月初，日本唆使黄道会暗杀抗日的《社会晚报》经理蔡钓徒，并残忍地将蔡的头颅悬挂在法租界巡捕房对面的电线杆上；2月9日，《大美晚报》《文汇报》《华美晚报》《时代报》和《上海报》均收到所谓“正义团”的恐吓信，称如有反日情绪，将与蔡钓徒同命运；2月10日，《文汇报》被手榴弹袭击，两名职员受伤，《华美晚报》也遭手榴弹袭击；13日，数报馆又接到恐吓信；2月12日，《华美晚报》经理、《大美晚报》经理各接到方盒一个，内有一只血淋淋的手臂，并附有恐吓信；24日，《华美晚报》报馆被袭击，10人受伤；3月22日，日本特务与汉奸指使暴徒向《文汇报》报馆投弹，炸伤路上行人；3月27日，日本特务将注有毒液的橘子、苹果、柚子分放在三个花篮里送到《文汇报》报馆，并附有三封英文恐吓信。

对于日伪特务的疯狂活动，重庆中统与军统被迫进行了再反击。尤其在国民党副总裁汪精卫等人出走投日到达上海后，他们接奉制裁指令，活动更趋活跃。

中统刺杀汪伪特务头目丁默邨

1938年底，丁默邨受原部下李士群的策动，从昆明经香港逃往上海日占区，与李士群等汉奸组成“七人委员会”，叛国投敌；并奉日本之命，组建了伪“76号”特工总部，丁任主任，李任副主任。1939年8月，汪精卫在上海召开伪国民党“六全大会”，丁默邨被指任为伪国民党中央常务委员、中央社会部部长、中央特务委员会副主任兼特工总

[1]〔日〕晴气庆胤：《沪西“七十六号”特工内幕》，上海译文出版社1985年版，第80页。

部主任，成为汪伪巨奸之一。

丁默邨是国民党中统特务出身，对国民党的特务机构及活动规律十分熟悉，因而在指挥“76号”特工总部与重庆两统斗法时，心狠手辣，屡屡给予对方沉重打击。重庆国民党当局决定尽快除掉丁默邨。因丁默邨曾在“CC”中统里干了很长时间，重庆当局便将暗杀丁的任务下达给了中统潜伏在上海的特务。

中统上海潜伏组织负责人当时为陈宝骅，他是陈果夫与陈立夫的侄子。在接受了暗杀丁默邨的任务后，他就思考用什么方法来执行。因丁是老牌特务出身，对暗杀这一套行当十分熟悉与警惕；自当上汉奸后，更是警卫森严，诡秘异常，整日蹲在特工总部闭门不出，接近他并非易事。

陈宝骅经过反复考虑，最后决定根据丁默邨的特点施用美人计，选派一名漂亮的女特务为诱饵，诱他上钩，然后选择适当场合将其暗杀。经过物色，最后选中了二十余岁的女情报员郑苹如。

郑苹如是一个中日混血儿。其父郑钺，又名郑英伯，浙江人，早年留学日本法政大学时，加入同盟会，从事民主革命活动。在日期间，结识了日本人木村花子。木村花子出身于日本名门望族，对中国抱有友好的感情。当孙中山、黄兴等革命党人在日本从事革命活动时，花子女士常相过从，聆听革命演说，深受影响，自愿为革命党人传递信息与文件。在活动中，她与郑英伯多所交往，最后缔结良缘。此后，花子女士改名郑华君，随夫到中国定居，追随孙中山从事革命活动。后来郑英伯弃政从教，在上海复旦大学任教授，之后还担任过上海公共租界江苏高等法院第二分院的首席检察官等职。他们夫妇生有两子三女，郑苹如是次女。

1931年“九一八事变”发生，华君夫人虽为日本人，却对日本军阀侵华行径十分不满，多有愤言，子女们受其影响很深。1932年

漂亮的郑苹如曾是《良友画报》的封面女郎。

“一·二八”上海抗战开始后，郑家全体投入抗日救亡运动，郑苹如与姐姐一齐到浦东乡间进行抗日宣传。1937 年中日战争爆发时，郑苹如的大哥郑海澄正在日本名古屋留学，学习飞行，二哥也留日学医，日本当局不允许他们回中国。华君夫人回到日本，毅然带着两个儿子偷渡回国参加抗战。上海沦陷后，郑英伯一家以华君夫人是日本人的关系，继续留居上海，并参加抗日工作。

1937 年，因郑苹如的年轻美貌，她的照片被风行上海的《良友》杂志选为第 130 期封面，陈宝骅看到后，在一次舞会上结识了她，又通过其父的关系把她与其二哥郑南阳都拉入中统，成为上海区的情报员。而郑海澄则被其父母送到国民党空军服役，撤退到大后方参加抗战。

郑苹如生于 1918 年，在中国长大，聪慧过人，又跟着母亲学会了一口流利的日语。她在上海读中学时，丁默邨曾兼任他们的校长。抗战爆发那年，郑苹如中学毕业，准备入上海法政学院夜校读书，继承父业。她参加抗日地下工作后，凭着青春美貌、通悉日语的交际才能，混迹于十里洋场，广为交结日伪人员，甚至于 1939 年还参加接待过到上海“访问”的日本首相近卫文麿的儿子近卫文隆，猎获了许多重要情报。当时传闻近卫文隆曾在上海失踪了几天，日本当局大为紧张，怀疑他被人绑架；后虽无恙，但郑苹如已被日方怀疑。实际上，中统特工籍熙宗确实通过郑苹如接近过近卫文隆，但他们对他做了什么工作却无人知晓。

中统上海组织认为郑苹如有暴露的危险，准备让她撤退；而此时，她却被陈宝骅选中，接受了刺杀丁默邨的任务。因郑年轻漂亮，还与丁默邨有师生之谊，陈决定派她去执行暗杀任务。

郑苹如伪装成一个涉世不深的贪财少女，借机结识了丁默邨，并以校长相称。果然，经过几个月的交往，郑苹如不仅取得了郑的信任，而且引得他神魂颠倒，事事依从，形影难分。中统见火候已到，下令布置对丁的暗杀行动。1939 年 12 月 21 日，丁默邨赴沪西朋友家宴，临时打电话给郑苹如邀她一道参加。

郑苹如接到丁默邨的电话后，即与中统商定，她以购买皮大衣为由，将丁默邨诱至戈登路与静安寺路交叉路口的西伯利亚皮货店，安排预伏的中统特务将其击毙。商定后，郑苹如便到沪西赴约。饭后当她向丁提出购买皮大衣时，丁立即答应，即与郑乘上轿车，驶向西伯利亚皮货店。

到达目的地后，丁默邨让司机留在车里，吩咐将车停在马路对面靠边地方，就与郑苹如进了皮货店。他让郑在柜台前选货，自己则站在一

计划刺杀丁默邨的地点——西伯利亚皮货店

旁抽烟，并随意从店堂内看向店堂外。突然，他透过皮货店的大玻璃窗见到人行道上有几个形迹可疑的人正从外向他打量。老练的丁默邨立即警觉起来，马上意识到处境极端危险，必须尽快离开。他迅速地想好对策，突然从自己西装口袋里掏出一大沓钞票，向玻璃柜台上一抛，随即对郑苹如说："你自己拣吧，我先走了。"不待郑苹如答复，转身就往外跑。郑苹如被丁默邨这个出乎意外的举动惊呆了，见丁默邨拉开店门冲出去，也想跟出去。可她刚走了两步，猛然想起外面的预伏人员就要开枪，便停了下来。而丁默邨冲出店门后，飞一般冲过马路，向自己的汽车狂奔。门外预伏的中统人员没想到丁默邨会突然跑出，迟疑之间丁已冲过马路，钻进了自己的汽车。司机见丁奔来时，知事情有变，早就打开车门让丁进来，同时发动马达。待刺客顿悟过来，掏出手枪向汽车射击时，丁默邨已关上保险车门，子弹根本打不进去。汽车迅速开走，丁默邨因此逃过一死。

中统精心布置暗杀汪伪特务头目丁默邨的行动，就这样失败了。

后来，郑苹如决定再次行刺，她在熟识的日本宪兵分队长的陪同下到"76号"特工总部，要求进去看望丁默邨。但李士群令特务们扣押了郑苹如。丁默邨虽然恼恨郑苹如参与对自己的暗杀，但又确实迷恋郑，因此只想关她一段时间，杀杀她的气焰，然后收她为己所用。上海日伪当局也派人去威胁郑苹如的母亲郑华君夫人，要她劝说其丈夫郑英伯出任伪职，即可释放郑苹如，但为郑英伯夫妇断然拒绝。当时一批大汉奸的夫人们，如汪精卫的老婆陈璧君、周佛海的老婆杨淑慧、丁默邨的老婆赵慧敏、李士群的老婆叶吉卿等人，出于对重庆当局不择手段暗杀的恐惧与丈夫们外遇的憎恨，纷纷去看这个"狐狸精"，一致主张非杀郑不可。李士群对妻子一向唯命是从，又要讨好陈璧君并借机打击丁默邨，于是在1940年1月，李士群护卫汪精卫去参加"青岛会议"之前，下令瞒过丁默邨，将郑苹如杀害。

郑苹如被害时，年仅 23 岁。其父郑英伯闻爱女噩耗，一病不起，于 1941 年初抱恨而终。1944 年 1 月 19 日，他们的长子郑海澄亦在对日空战中壮烈捐躯。郑华君夫人后于 1966 年以 80 高龄在台湾病逝。[1]

郑苹如刺杀丁默邨一案，后来被汪伪宣传部次长胡兰成告之其妻——著名作家张爱玲，张因此写成了小说《色·戒》，并于 2007 年被台湾导演李安搬上了大银幕，同名电影在威尼斯电影节上获得大奖，风靡一时。郑苹如的事迹这才又被后人提及。[2]

郑苹如以一个单纯的爱国青年身份，投身抗日救国，并献出了生命，她虽是中统人员，但其所做的一切都是为了国家与民族，她的死是值得人们怀念的。

五面间谍袁殊传奇

在中国近现代情报斗争史上，袁殊是一位十分奇特的人物，他在抗战前后，周旋于国共两党及日伪势力之间，以多重身份做过三料间谍；在国民党中统、军统、日本与汪伪以及中共几方面的秘密关系中，纵横捭阖，游走自如。他加入过青帮，在表面上扮演过“汉奸”角色，暗中却又同时兼任国共两边的间谍；他先后坐过国民党、汪精卫的大牢，新中国成立后又曾被关押，历经生死磨难，但究其根底，他还是一名中共党员，曾为中共的情报工作做出了重大的贡献。

袁殊，1911 年出生于湖北圻春，又名学艺、军光，化名曾达斋；少年时代随母到上海谋生，在极为艰难困苦的逆境中，依靠半工半读，获得一定的文化知识。北伐战争时期，一度投身于北伐军并加入了国

[1] 经盛鸿：《民国暗杀要案》，江苏古籍出版社 1989 年版，第 353—363 页。

[2] 资料来源：香港凤凰卫视《潍柴大视野》特别节目：“《色·戒》原型——郑苹如”，2007 年 11 月 7 日。

五面间谍袁殊

民党。大革命失败后，沦落在“狂飚社”当伙计。1929年留学日本，专攻新闻学，后因经济拮据，于1930年冬回国。

在日本，袁殊接触了一些进步思想，回国后曾担任“中国左翼文化总同盟”常委，参加过上海左翼文艺活动。他创办《文艺新闻》，经常发表带有“左倾”观点的作品，还曾披露了国民党当局杀害“左联五烈士”等重大新闻。袁殊与当时上海左翼文化人冯雪峰、夏衍、楼适夷等都很熟悉，在上海文艺界具有一定的影响。

袁殊在左翼文化活动中表现出来的交际才能，很快引起了上海中共地下党组织的注意。1931年10月，经中共情报负责人潘汉年介绍，袁殊加入了中国共产党，并参加了中共情报系统——中央特科的工作，当时他年仅20岁。潘汉年对袁殊说：“你加入的是‘秘密’前卫组织，从事的是保卫组织的秘密工作，要在一切人面前保守组织的秘密，万一你因保卫组织而牺牲了，也能做一名无名英雄。”袁殊表示接受一切条件。从此，他与中共情报工作结下了不解之缘。

为了党的情报工作的需要，根据党组织的指示，袁殊停写了带有“左”的色彩的文章，封闭了《文艺新闻》，也不再与夏衍、楼适夷等激进文化友人来往。他渐渐有意从文坛淡出，并在社会上造成他已消极隐退的印象。

袁殊的父亲是老同盟会员，在国民党内与当时的上层社会有一定关系；但袁殊寻机向上层渗透时，并没有依靠他父亲的关系。1932年春，他经表兄贾伯涛牵线，利用与国民党上海特别市党部社会局局长吴醒亚的同乡关系，成为吴的门客。吴醒亚是中统特务头目，在中统组织内成立了以“湖北帮”为主的特工组织“干社”，袁殊被任命为情报股股长。这样，袁殊成功地进入了国民党中统特工组织。后又经吴的介绍，他成为“新声通信社”的记者，出入南京政府宣传部门，并结交了日本驻沪领事馆副领事岩井英一，成为朋友。

1931 年“九一八事变”后，为了加强对日情报工作，袁殊有意识地加强了与岩井英一的关系。岩井是日本外务省在中国从事情报工作的资深特务，他和袁殊接触后，把其看作“在华亲日势力”分子。袁殊伪装得宜，与他建立了情报关系，开始接受其每月 200 元的津贴，成为“日本间谍”。当然，这一安排得到了中共党组织的批准。1933 年，袁殊一度与中央特科失去联系，转而为共产国际远东情报局工作。在此期间，袁殊因“怪西人”事件而被国民党逮捕，并经叛徒指认暴露了身份。考虑到袁殊与吴醒亚的特殊关系，同时又怕开罪岩井英一，国民党特工机关以“思想文化罪”，判袁殊 2 年 9 个月的监禁；而实际上，袁殊在狱中只待了 8 个月就被释放了。出狱后，为转变角色，党组织同意他再度赴日本留学，成为早稻田大学历史系的研究生。

1937 年 4 月，袁殊从日本回国后又加入了青帮，拜在青帮“大”字辈人物曹幼珊的门下，成为可以和杜月笙、黄金荣平起平坐的“通”字辈师兄弟。这样一来，袁殊和中统吴醒亚、日本驻上海领事馆、帮会都有了联系，是集多种身份于一身的特殊情报人员。袁殊巧妙地利用这种多重身份，广开情报来源，为中共中央提供了许多有价值的情报。与此同时，他当然也在有选择地为中统和日方提供情报。1937 年 6 月，中共秘密组织负责人潘汉年以八路军上海办事处主任身份回到上海，袁殊在他的领导下开展了一系列工作，取得重大收获。

全面抗战爆发后，袁殊在从事情报工作方面表现出来的特殊才能，引起了国民党军统的注意。经青洪帮大佬杜月笙的介绍，戴笠亲自出马造访袁殊，希望他为军统工作。袁殊将这一情况向潘汉年做了汇报后，潘汉年认为“机会难得，不可错过”。于是，袁殊接受了戴笠的任命，再次变身成为军统上海区国际情报组的少将组长。此时，他一人具有中统、军统、日本、青帮和中共五重身份，是中国情报史上绝无仅有的特例。

“八一三淞沪战役”期间，袁殊化装成日本学生越过战线到日军阵地侦察，他所提供的重要情报使我方避免了重大的损失；上海沦陷后，袁殊奉中共与军统局之双重命令留沪工作，他以军统少将的名义，成立了秘密行动小组，专门惩办侵略者和汉奸，并得到了军统局的奖励。其中最为成功的是炸毁了日本在虹口的海军军火仓库。为此，军统给袁殊记了大功。

1937 年上海沦陷后，岩井英一又回到了上海，并成立了一个日本特务机关“特别调查组”，袁殊成为其中一员。当然，此事得到了军统与中共方面的同意。

为得到军统的信任，袁殊按照军统的部署，在上海积极开展了包括搜集情报、袭击日伪军散兵、刺杀汉奸等活动。1939 年初，袁殊参与制订了暗杀原中统特务、时已投靠日本并成为日伪特工总部“76 号”头目李士群的计划。正当他们准备将这一计划付诸实施时，因军统上海区负责人王天木的被捕叛变而败露，袁殊也因此被李士群的特工总部逮捕。李士群过去被军统逮捕时曾受过严刑拷打，因而对军统恨之入骨。若被捕的军统人员不投降归顺，李立即加以杀害，决不手软。袁殊被捕后处境十分危险。生死关头，他抱着一线希望，求救于已担任日本领事馆馆长的岩井英一。岩井英一果然以领事馆的名义，称袁殊是外务省系统情报人员，将袁殊保释出来，使其避免了一次杀身之祸。

岩井英一营救袁殊，并非不求回报。其实，从认识袁殊的第一天起，岩井英一就着力培养袁殊亲日，拉拢其为日效力。果然，当袁殊被安排往百老汇大厦后不久，岩井英一就向他提出要求，要他立即写一篇谈所谓中日关系的文章公开发表，实际上也就是要袁殊公开表态当汉奸。袁殊立即请示潘汉年。潘汉年早已料到岩井英一这一手，他指示袁殊将计就计，公开出面当“汉奸”，打入日本谍报机关。潘汉年说：“我看这是个机会，也许还是难得的好机会，向敌人营垒渗透，在敌垒中建立我们的内线，需要的就是这种机会，你若真能成为汪伪政府中代表一个派别的领袖人物，不但可以起掣肘汪伪政权的作用，获得情报的机会也更多，对革命的贡献更大。当然，这对你个人来说是很委屈的，需要付出巨大代价，要承受亲朋好友的误解和公众的唾弃，清白玷污，名誉扫地。”

袁殊确实没有想到过要背负“汉奸”的骂名，现在有了潘汉年的明确指示，他义无反顾地“按组织的意思去向水里跳”，甘愿“落水当汉奸”。他按照岩井英一的意见，经过一番思考斟酌，写了一篇《兴亚建国论》，在中日几家报纸上发表，成为由岩井英一扶植起来的“公开汉奸”。

事隔不久，岩井英一为了掣肘汪伪汉奸势力，让袁殊出面组织“兴亚建国同盟”，作为一个汉奸文化团体，加入到汪伪政府中去。1939 年 11 月，袁殊根据中共的安排，向岩井英一建议把该团体扩大成立为一个由岩井控制的伪组织——“兴亚建国运动本部”，得到了同意。于是，他在地处上海宝山路的“岩井公馆”挂起了“兴亚建国运动本部”的招牌，成立了“兴亚建国运动委员会”的机构，并筹备出版了《新中国报》和《兴亚》杂志。“兴亚建国运动本部”表面上是一个接受日本外务省津贴、支配的汉奸组织，实际是中共的一个新的情报据点。“兴亚会”的主任委员是原属改组派的陈孚木，经何香凝、廖承志做工作，他表示愿意为抗日而实行“特洛伊木马计”，机要员是从延安来的情报干部刘人寿，其所办的《新中国报》，经理是在桂林《救亡日报》工作的中共党员翁从六。在他们这里，不仅日本外务省每月拨给“兴亚会”的

20万军票中，有相当一部分成为中共上海地下党组织的活动经费，而且在袁殊的具体操作下，一份份重要的战略情报从敌人的心脏发送到了延安。据刘人寿等的回忆，他们从“岩井公馆”获得的重要情报有：（1）1939年英法企图牺牲中国对日进行妥协的“远东慕尼黑”活动。（2）1941年6月13日，潘汉年从香港签发的有关德国即将入侵苏联的报告（尽管苏方当时没有重视这份情报，但事后苏共中央曾为此向中共中央表示感谢）。（3）德苏战争爆发后，日本的动向是南进而非北进，以及日美谈判的情报。这是涉及苏联能否将远东红军西调的决策，对国内的抗日动向也很有影响。1942年初，由日本外务省安排，袁殊作为“兴建运动”的代表，应邀到日本访问。日本外务省头子野春吉三郎是组织这一访问的主角。吉三郎向袁殊透露，当前日本的国策是准备诱降蒋介石，建立一个以日本国为主体的大东亚共荣圈，日军已确定了南进的战略部署。这一消息让袁殊为之一震。他汇集和分析各方面的情报，认定南进已是日军确定不移的战略决策了。潘汉年立即将此情报报告延安。在欧战全面爆发之后，苏联始终担心腹背受敌，在有了确定日军南进的情报后，这才果断决定从远东调出了几十万兵力到西线增防。

“兴亚建国运动本部”除为中共地下党掩护了一个电台外，更重要的则是出于国际反法西斯战争大局的考虑。当时在日伪与顽固派的夹攻下，隐蔽战线工作的任务更为艰巨，必须以更灵活的方式深入敌人内部。袁殊进入日本人活动的圈子，对获取情报也就更加有利。因延安远离情报中心上海，又急需掌握日本大本营动向及日、汪、蒋三方的微妙关系与变化，于是袁殊这个机构便成为了中共的重要耳目，他将大量情报发往延安。

尽管袁殊是个“公开的汉奸”，但他毕竟是在上海滩活动，曾几度被国民党和日伪怀疑过。国民党曾几度密令在上海的情报系统调查袁殊的真实身份。1941年2月27日，孔祥熙在上海的情报员就在一份致重庆当局的密电中报告说：袁殊虽几度“在中央机关（指国民党的军统）服务，实则为共产党工作。前年袁被捕后在日方组织伪党（指汉奸组织‘兴亚会’），亦为共党指使。现袁为共党担任工作有四（方面）。共党在沪安全问题与共党在沦陷区之交通亦由袁负责”，“共产党利用日伪报纸攻击中央（指国民党中央）皆由袁办理”。

袁殊凭借“兴亚会”负责人的身份，担任过汪伪国民党中央委员、宣传部副部长、“宪政实施委员会”委员、江苏省教育厅厅长等职务。汪伪开始“清乡”后，袁殊先后被委任为“清乡政治工作团”团长、镇江地区清乡公署主任兼地区保安司令。

1945 年初，袁殊辞去了伪教育厅厅长等职，仅留下一个上海市参议的名分。抗日战争胜利后，袁殊被任命为忠救军新编别动队第五纵队指挥和军统直属第三站站长，被授予中将军衔。

抗日战争胜利后，国民党政府曾拟按汉奸罪对袁殊提出起诉，但在中共党组织的安排下，1945 年 10 月 7 日，袁殊由交通员秘密护送到苏北解放区，并于 1946 年重新履行入党手续，结束了长达 14 年的毁誉生活。

直到 1946 年初，国民党方面才知道袁殊去了解放区，于是，“抗战有功人员袁殊”立即变成了“共党汉奸”。军统对袁殊下了通缉令，并派人去苏州抄家。“双十协定”签订后，袁殊随中共军队北撤。

时任中共华东组织部部长的曾山同志亲自找袁殊谈话，考虑到各种关系，让袁殊暂时改名，跟他姓曾。从此，“曾达斋”的名字一直用了几十年。后来，他被任命为华东局联络部第一工作委员会主任，定为旅级干部。之后又调往大连，在李一氓的领导下从事解放区城市建设。

1949 年 2 月，袁殊调往北京，转到李克农领导的情报部门工作，专事日美动向的调研。1955 年 4 月，他因潘汉年案牵连而被捕入狱，1982 年又随潘汉年的平反而平反。因其早年被国民党逮捕时涉及与中共地下党有关的夏衍与王莹被捕案，组织上给他做了客观的结论。

1987 年 11 月 26 日，袁殊病逝，结束了他坎坷而传奇的一生，享年 76 岁。[1]

第五节 插手蒋介石家事 暗杀章亚若

抗战爆发后，中苏关系得到缓和，1937 年，经斯大林批准并安排，蒋介石之子蒋经国携其苏联妻子及儿女回到中国。蒋介石为了使儿子得到锻炼，不久后便安排他去江西任省保安处副处长，1939 年又派往第四区任行政督察专员、保安处长，赣县县长兼三青团江西支团部干事长。蒋经国在赣南厉行新政，做出了成绩，但也发生了一件使蒋介石极不满意的事情，这就是他在赣南主持青年工作期间，与其女秘书章亚若产生感情，并发展到同居，还生了一对双胞胎儿子。这件事使蒋介石颇伤脑筋，他为了维护“第一家庭”的形象和蒋经国今后的前途，不得不插手干预。

蒋经国与苏联妻子蒋方良系蒋在苏联留学期间自由恋爱而结合，并生育有一双儿女蒋孝文和蒋孝章。蒋方良热情大方，性格活泼，他们的结合使蒋经国在遥远的异国他乡受到了很好的照顾和安慰。蒋经国回国后，在老家奉化又补办了一个中式婚礼，而蒋方良和孝文、孝章的名字据说还是蒋介石所取，可见蒋介石对方良母子三人是很认可的。蒋经国的生母毛福梅对这个洋媳妇也很满意，他们在老家逗留期间，毛福梅经常变换着花样做可口的饭菜款待他们。

蒋经国和蒋方良的感情颇深，但在回国后，洋媳妇蒋方良一些先天不足的缺陷很快便显现出来。蒋方良生性善良，跟随蒋经国来到中国后，便老老实实、本本分分地做媳妇，深得传统思想比较浓厚的婆婆的

[1] 《情报战：袁殊与敌特的精彩战斗》，载《中国国防报》2006 年 3 月 21 日，并根据其他资料补充而成。

蒋经国与蒋方良

喜爱，也符合中国的文化。但她毕竟不是中国人，汉语讲得并不好，不能自如地与中国人进行沟通。更重要的是，她不懂中国的风土人情，很多事情上表现得不合拍。尤其在蒋经国调到江西后，因为要担当大任，各方面的工作都要做好，这同时也要求作为贤内助的夫人一定要发挥好应有的作用。而蒋方良因为自身条件的限制，在江西参加活动时，经常显得不合拍，给人感觉很不协调。这也是蒋经国的一大遗憾。于是在合适的时机，章亚若出现了，她正好弥补了蒋方良的所有缺陷，很快就取代蒋方良成了蒋经国的隐蔽“贤内助”。

章亚若是江西万安县人，生于 1913 年，其父为南昌城内颇有名气的职业律师。章亚若曾就读于外国教会所办的南昌女中，思想比较开放；加之生性活泼，善于交际，且多才多艺，能歌善舞，吹拉弹唱、写诗朗诵无所不能，成为当时学校里有名的校花。在她 15 岁时，由传统思想浓厚的母亲做主，嫁给了表兄唐英刚。但章那时非常年轻，加之思想新潮，受不得婚姻的束缚，婚后还经常出去交际应酬，跳舞、聚会、看电影，丈夫受不了她的做派，夫妻二人经常吵架，最后丈夫在极度痛苦中自杀。章亚若当时与唐已生育有两个孩子，在唐死后，她抛下孩子回了娘家。20 世纪 30 年代末，因日军进逼，章家搬迁到赣州，为缓解家里紧张的经济，章亚若便外出寻找工作补贴家用。

章亚若是个善于抓住机会的人。她的第一份工作就是自己争取来的，她给赣南的头面人物蒋经国写了一封信，由于她文采很好，蒋经国读后被打动，将她安排到赣南行政专员公署图书馆工作。当时蒋的秘书徐君虎担心章的性格过于外露，不适合这份工作，但岂料蒋经国是个惜美之人，章亚若如愿以偿。章在工作中表现非常出色，逐渐引起了蒋经国的注意，在蒋的关怀下，她参加了蒋经国主持的“三青团江西支部训练班”工作。章容貌姣好而有才气，深得蒋经国喜爱，训练班结束后，蒋经国便把章调到自己的行政公署做了专职私人秘书，二人朝夕相处，感情日深。此时，蒋方良远在重庆，蒋经国的感情生活出现空缺，漂亮能干的章亚若成功俘获了蒋经国的心，二人开始同居。1940 年年底，章亚若怀孕，这在当时传统思想浓厚的时代，是件不得了的大事；但思想开放的她丝毫没有觉得难堪，反而为了能成为蒋经国名正言顺的夫人而想方设法把孩子生下来。蒋经国对章亦是动了真情，极尽保护之能事，亲自把她送往桂林，委托友人照料，并为她找了当时赫赫有名的妇产科医生加以照拂。1941 年秋，章亚若在桂林为蒋经国生下了双胞胎儿子。消息很快传到了重庆。

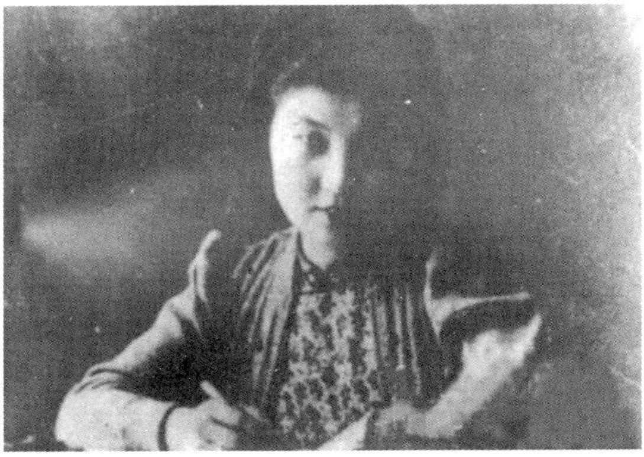

章亚若

对蒋经国的这件事情，蒋介石起先并未太重视。但作为国民党要员之一的陈立夫对此却有不同看法，原因是蒋经国去赣南是他提的建议，现在蒋经国出了问题，他觉得自己有责任和义务帮其改正。再者，陈立夫认为蒋经国系“国家元首”的儿子，蒋家人的言行对国家社会均有影响。如果这件事外泄，对蒋介石的形象也会有影响。陈立夫虽然在政治上主持特工工作不拘一格，但在两性关系方面却又相当保守，在国民党高官中享有操守之名。他认为自己应该帮助蒋介石解决蒋经国的问题。

章亚若生子后，为自己和孩子考虑，很想名正言顺地成为蒋家人，首先她必须使自己与蒋经国的关系明朗。她对蒋经国谈了自己的想法，蒋经国不敢答应。

为了使儿子免遭舆论谴责，蒋介石决定将蒋经国调回重庆。至于远在桂林的章亚若，蒋介石交给陈立夫去处理。

陈立夫领命后，立即招来中统特务大员顾建中，密谋了秘密处理章亚若的方案：计划派两名特务到桂林，用重金买通省立医院的医生或护士，利用给章打针的机会，将毒药倒入针剂中，将章毒死。

1941 年 11 月，两名特务到达桂林。他们首先侦察了章亚若的所有情况，包括住地、经常去的地方、接触的人等；然后，成功地收买了该院内科一王姓医生。

一日，章亚若的一个友人请客，请章出席。章本不愿参加，后来碍于情面，还是丢下两个小孩去了。宴请结束回家后，她忽然病倒，被连夜送往省立医院救治，不久即有所好转。当晚，王姓医生来为章打针，不一会儿，章亚若突感难受，随即不省人事，经全力抢救无效去世，医院对她诊断的结果是“血中毒”。至于其中内幕，谁也无法知道了。

事后，章家人都感到章亚若死得不正常，因怕再遭毒手，便带着章亚若的两个小孩匆忙逃走。

章亚若突然病故，蒋经国悲痛不已，眼睛都哭肿了，为了掩饰，他还特地叫人去买了一副墨镜戴着。陈立夫直接将此事内幕告诉了蒋经国，并且说是遵照其父的意思做的，旨在维护他的形象和前途。蒋经国得此消息，心中十分痛苦，但也无法挽回了。

后来，蒋经国与章亚若所生的双胞胎儿子章孝严和章孝慈，因无法得到蒋经国的直接养育，在童年和青年时代跟随其外祖母和姨妈章亚梅生活，历尽艰难。但他们发奋读书，学有所成，都成为台湾政坛名人，并在蒋经国死后，改名归籍，改章姓为蒋姓，名为蒋孝严、蒋孝慈，成为蒋家后代。而蒋方良在这个事件中却被隐瞒得很苦，她直到 20 世纪八九十年代，方才知道蒋经国背着她与别的女人育有一对双胞胎儿子。

关于章亚若之死，过去曾有多种说法。[1] 主要一说认为是戴笠派军统特务毒死的。但到 2004 年，台湾保密局退役少将谷正文在接受《华声》周刊记者访问时才公开向社会说明："蒋经国的情人章亚若，是蒋介石、陈立夫下令中统谋杀的。"他的话解开了一个封闭六十多年的历史之谜。这是一件事关蒋家和蒋经国的重大事件，按照一般的常理推论，如没有类似蒋介石、陈立夫的顶级人物下令，谁也不敢去干的。[2] 谷正文的话证实中统局奉命插手蒋介石家事，其作用非同一般。

第六节　坚持反共　陕北屡败

中统延安工作小组的终结

1937 年"七七事变"标志着抗战全面爆发，中共中央驻地延安成为中国的政治中心之一，也是中共领导军队武装的指挥中心。当时，南京国民党与国民政府当局仍在延安城里保留了"肤施（延安的旧称）县

[1] 2006 年 1 月 26 日，蒋孝严曾在台湾《中国时报》上撰文说，他母亲当年在桂林被害，是其父的部下为维护其声誉所为，而且连他们兄弟也想除掉，但他未提供可信资料的来源。

[2] 汪幸福：《政治杀手陈立夫》，湖北人民出版社 2012 年版。

党部”“肤施县政府”等机构，正值国共合作阶段，中共并没有取缔它们。国民党中统与军统特务组织，为了对延安开展情报与破坏工作，便利用这些公开机构作为掩护，在延安设立秘密据点，暗中刺探中共情报，开展反共活动。由于延安城的特殊地位与作用，其成为两统组织急欲打入的地区所在。

国民党中统组织派出特务孟知荃，化装成僧人，法号超尘，潜入延安，在宝塔山下的一座古寺内做了住持僧人，以佛教为职业掩护，开展特务工作。

孟知荃早年在南京读过佛学院，1930年加入中统，接受过射击、爆破等专业训练。几年后，他奉令潜回家乡延安，在清凉寺削发为僧。1936年间，经国民党肤施县县长马濯江介绍，超尘到宝塔山下的一间古寺中当起了住持。红军进入延安后，超尘没有逃跑，反而奉命成立了特务小组，指挥手下进行散布谣言、搜集情报等工作，他使用暗藏的电台不定期地向西安中统工作站拍发密码电报，报告中共及延安的消息。

超尘的异常活动，引起了中共边区保卫处的注意，他们向中共中央情报部门负责人李克农做了汇报，准备破获之。但超尘却过高地估计了自己的隐蔽能力。他一面搞特务活动，一面与山下的数名女子保持非常关系。一次在他下山过夜时，被边区保卫处抓获。

被捕后，超尘对自己的特务行为供认不讳，数月后被处决。他手下的几个特务也被处决和判刑。

至此，中统在延安潜伏的一处卧底就此终结。

炮制《限制异党活动办法》

抗战期间，国共两党在民族危机面前重新合作，共同抵制日军的侵略。共产党在抗战中广泛发动群众，积极参与抗战，发挥了巨大的作用，实力日益增长，蒋介石对此深为恐惧。为限制共产党和进步势力的进一步发展，控制人民的思想、言论和行动，蒋介石于1939年1月在国民党五届五中全会上做了题为《唤醒党魂　发扬党德　巩固党基》的报告，实则是要加强国民党的一党专制。会上还秘密通过了《限制异党活动办法》，随后又陆续出台《共党问题处置办法》《沦陷区防范共党活动办法》等一系列法令，意在排斥、打击与消灭异己。

国民党最初颁布的《限制异党活动办法》条文比较简单，与实际不太贴合，难以发挥效力。紧接着，1939年2月，蒋介石又令中统局将该办法予以修改。

徐恩曾奉旨立即行事，召集麾下王思诚、濮孟九、梁辅丞、牛道一等人开会，经过集体议决，将这一“光荣而艰巨”的任务交给了“党派工作专家”王思诚和牛道一具体操笔。王思诚因手中任务过于繁重，便将具体起草工作推给牛道一，自己来统稿，最后再交集体会议定稿。牛道一投入十二分的精力全力以赴操办此事，他持蒋介石的手令，四处寻找第一手资料，并在各机关、单位召开相关座谈会以寻访有价值的材料。为将反共策略制定得更加贴近实用，牛也费了不少的力气。他查阅大量共产党的书籍，同时亲自拜访陈独秀、高语罕、何畏、张国焘等人，可谓费尽心思。牛将收集到的材料梳理完毕后，即深入揣摩蒋介石的旨意，在短时间内炮制了一份新的《限制异党活动办法》，其主要内容如下：

该《办法》纲要共有十条，主要内容大体是：

（一）该《办法》的指导思想。

（二）针对异党在各方面的具体活动情况，制订各项具体办法。

（三）按以所谓异党妨碍三民主义的地位主次和作用为顺序，具体明确列序，即共产党、救国会（负责人为沈钧儒等）、青年党（负责人为曾琦等）、民社党（负责人君劢等）、帮会及各种会道门，以共产党组织为重点。

（四）加强与组织全国性及地区性之各种“防异”组织。具体办法以中央宣传部为重点，首先将外交部、三青团、文化运动委员会、新生活运动委员会、行政院、考试院、立法院、监察院、中央制片厂等所有工作人员之思想、档案的管理予以加强，并建立必要的制度，如定期考试制度等。要按系统分别领导全国各地各级组织，其中包括中央所辖各战区、兵团及各省保安部队与各地自卫团队等地方武装。同时加强各军种特别党部之组织，认真整顿各军队党部之机构、人事等。

（五）建立健全各级以“防异”为核心的会报制度。在中央组成最高会报，每一二周集会一次，由蒋介石亲自主持，成员有中央党部秘书长朱家骅、军委会副参谋总长白崇禧、军委会政治部部长陈诚、军政部部长何应钦、财政部部长孔祥熙、宣传部部长叶楚伧、教育部部长陈立夫、中统局副局长徐恩曾、军统局副局长戴笠等，由叶楚伧兼书记。各战区会报以该区司令长官为召集人，每月集会一次，成员有该区党部书记长、所辖省之省主席等。省级会报以各省省主席为召集人，成员有该省驻军长官、省党部书记长、省教育厅厅长、民政厅厅长、法院院长、警察局局长等。县级会报以各县县长为召集人，成员有驻各县军事长官、县党部书记长、教育局局长、法院院长、警察局局长等。省、县会报主要任务是秉承上级会报意旨，办理“防异”具体事宜，统一辖区“防异”步伐，与上级会报配合行动，完成上级会报之“防异”指示等。

（六）在建立各级会报的同时成立全国性的以“防异”为核心的“防奸小组”。其成员须是从中央到地方各级政府部门及民间团体中的忠诚干练之国民党员及三青团员，其中务有一名各级主要领导人。在异党活动最烈之地区，必须实行“联保连坐法”，自保甲起普遍建立通讯联络网，以利监视和限制。小组与各级会报一样，都是绝密组织，严禁向外界暴露，否则要追究责任，严予惩处。该小组交中统局负责组织、管理，并汇集情报，兼承蒋介石之指示处理各级各地小组事宜，且有生杀权力及处理临时紧急事件之权力。各地各级防奸小组之行动不受当地任何部门之干预，而各地任何部门则必须尊重当地防奸小组之工作，且无条件大力协助。

（七）各地“防异”（“剿共”）军事在具体计划与行动中都必须有各地防奸小组之参与，并取得当地向上一级会报之批准。

（八）各级会报及防奸小组均以在职人员为主。遇有工作或时间上之抵触，则以“防异”工作为主，一切为“防异”让路。各级会报及防奸小组成员均具有优先破格擢用之特权；反之，亦有因渎职较一般人员加倍处分之制约。各级会报及防奸小组成员必要时可越级向上级或最高级汇报，任何人只能大力协助，不得干预阻难；否则，视其情节予以惩处。

（九）各级会报及防奸小组成员须佩戴全国统一之证章，证章由中统局设计样式（由珐琅所制，实是国民党中央党部证章上青天白日一部分）。此证章仅作联系“防异”工作之用，不作其他任何用途。

（十）该《办法》随具体情况之发展变化可随时随地予以修正补充，并报请最高会报核准后实施。[1]

上述《办法》各节大概内容，由牛道一于多年后回忆所作，内容难免有所出入，但因当初编写此内容时十分用功，故大纲及梗概是不会有大的记忆差池的。

此文完毕后，交王思诚和徐恩曾查看，二人均未提出重大疑义，而在中统内部的高干会议上，仅对本文略作修改，即呈蒋介石审阅。蒋介石阅毕，“龙颜大悦”，认为已差不多达到了他的预想效果。为此，蒋介石专门召集了甲种会报，专门讨论由牛道一起草的《限制异党活动办法》，乃决定交中统局立即以蒋介石之手令名义限期付印成册。自 1939

---

[1] 牛道一：《受命起草〈限制异党活动办法〉》，载文闻编：《我所知道的中统》，中国文史出版社 2004 年版，第 133—135 页。

年10月下旬起,《限制异党活动办法》即在全国范围内实施。先颁发中央各部委、各战区及各省政府，再由各部委、各战区及各省政府复印发给所属各有关单位。国民党党部方面由中央秘书处用代电“绝密”文件颁发下去，行政系统方面由行政院下令颁发，军事系统方面则由军事委员会下令颁发。在重庆的国民党中央各单位由最高会报派各部委总干事以上人员亲送面交各单位领导人，各战区及各省政府则由蒋介石派侍从室之得力人员专程送交各地领导人。在国民党五届六中全会追认通过之前，各地只能秘密执行，不得泄露。

《限制异党适动办法》自1939年10月颁布实施之后，以蒋介石为首的国民党反共顽固派加紧了消极抗战、积极反共的活动，溶共、限共、防共、反共之活动遍施于全国，并由“政治限共”进入“军事限共”。因为有了明确的文件精神做指导，国民党一党专政在此期间得到了极大的强化，言论不自由、党禁不开放。自1939年底，全国范围内连续掀起了三次反共高潮，各地发生重大反共事件一百多起，各方面的大小“摩擦”上千件，惨案迭起。抗战以来，国民党所谓的民主政治已经走到了尽头。

中统在洛川的惨败

抗战进入相持阶段后，国民党对共产党的防范、攻击也愈演愈烈，随着《限制异党活动办法》出台，中统在各地的反共活动也开始了又一轮的高潮。为了保卫红色之都延安的安全，中共方面也加强了戒备，加派人手对付时刻觊觎的中统特务。

赵去非就是在这样的危急时刻被中共陕甘宁边区保安处派到洛川对付中统特务的。

赵去非是辽宁锦西人，早年在老家读书时就接受了抗日思想，对于国民党当局对日军占领东北的不抵抗态度很不满意。1936年他参加了中共的革命组织，1937年进入延安抗大学习，并于同年加入中国共产党。毕业后被派到西北保卫局，任第一任检查站站长；1939 年任边区保安处一科副科长，同时兼任延安驻洛川县外勤组长。洛川县位于延安南约 90 公里处，是从西安到延安途中的第一大城。按照国共达成的协议，此地为国民党管辖区，国民党在这里的特务系统组织成熟严密，中统专门派了经验丰富的老牌特务单不移任洛川调统室主任。

经验不足的赵去非面对老牌特务单不移，很多人为他捏了把汗。但赵去非初生牛犊不怕虎，充分发挥自己的聪明才智，显现了一名优秀特工人员的素质。

赵去非上任后，即着手组建扩大自己的情报网。经考察，他看上了洛川甘泉小学的校长石志文。石志文为国民党员，系国民政府所公派，但不是特务。此人为人正派，思想开明。经过一番劝说，石志文答应为共产党办事。赵去非通过故意透露无关紧要情报的方式，让石志文去报告，受到了中统的重视，并进入中统陕西省调统室任职，后任洛川县政府指导员，成为赵去非布置在洛川县政府的一枚重要棋子。同时，中统陕西调统室驻洛川专区中心情报组组长、特种教育督导团团长程永和也是中共中央社会部派出的潜伏情报员。这样一来，赵去非在国民党驻洛川的县政府和中统专署都有了自己的眼线，国民党的一举一动都被摸得一清二楚，在洛川中共与中统的较量中，共产党占了上风。

单不移是个善于施计的老特务，他让自己的手下王忠岐自发向共产党投诚。王忠岐是国民党洛川县党部干事，富县人。他通过居住在边区的兄嫂联系，说是想找共产党。赵去非通过自己在中统内部的关系网，得知王忠岐的实际身份是中统的专任特工、单不移的得力干将，还得知当时王忠岐身边并未发生能促使他转变的重大变故，且单不移又是个惯用反间计的老特务，综合分析，他认定这中间一定有诈。

赵去非识破他们的奸计后，心生一计，何不将计就计，以其人之道还施其人之身。于是他佯装不知内情，以八路军 385 旅赵参谋的身份欢迎王忠歧，对王的“投诚”摆出十分信任的样子，并在酒店设宴款待。席间，赵去非跟王忠歧热情攀谈，并趁机向王打听国民党的一些新动向，王为表示自己的忠心，自然交代了一些情况。临走时，赵去非郑重地向王忠歧提出要拜托他为自己做一件事情，王满口答应。赵说前几日边区有个自己人前去投奔单不移，不知道有没有引起单的怀疑，言语间透露出让王相机保护此人。王忠歧闻言大喜，心想这个人肯定是共产党的奸细，回去一定要上报邀功。而赵此言既是想试探一下王忠歧的真正底细，也是想借刀除叛，因为这个人的确是共产党的叛徒。

王忠歧回去后，便将此事向单不移做了汇报。单不移闻讯大喜，立马将那人枪决，同时也对自己的计谋洋洋得意，认为共产党上了自己的当，并决定继续利用王忠歧以取得共产党更多的情报。

没过几日，王忠歧又找到赵去非，说是有情报要汇报。赵去非照样是热情款待，对王没有任何不满和指责，并透露一些没有意义的消息给他。王回去后，对单不移讲共产党的这个赵参谋真是个糊涂蛋，好糊弄得很，二人很是得意，对赵也就掉以轻心了。一周后，王忠歧又找赵去非，赵这次在饭桌上就不是那么好糊弄了，要王讲他知道的情报，王为表忠心，说了一个不重要的人。赵脸一拉，说我们给了你那么多情报，让你在上司面前要够了脸面，对你够朋友的吧，你怎么能这么糊弄我们呢？王慌了神，言急之下又说出几个中统秘密培养的特务。赵还是不依不饶，最后王被逼得没法，流着冷汗把他知道的最机密的情报吐了出来：边区富县政府的秘书主任樊某的表弟孙世昌已秘密投降国民党特务机关，目前正在积极争取拉拢樊某一起反水。这个消息赵去非已经从石志文和程永和那里得知，此时又经王忠歧证实，看来已是无误。而王忠歧交代到这里，已基本是知无不言了。饭后，赵去非把王忠歧有意软禁起来。王忠歧发现自己被软禁后，又想起饭桌上自己失言讲了那么多秘密，不由越想越怕，于是瞅准机会跳楼逃跑了。

发现王忠歧逃跑后，赵去非的同事不由得担心起来，私自放走特务的罪名可担当不起。赵安慰同事说："不要怕，也不需要追，就当作什么事情都没有发生。他急着往回跑，说明他是忠于国民党的，但国民党特务还能不能相信他就是另外一码事了，边区政府是什么地方？能从边区逃回去而共产党又没有任何动静，这事本身就是值得怀疑的。我们把他交代的人都扣押起来，这样单不移发现自己的秘密关系被控制了，自然就会对王忠歧做出制裁，各位就等着看好戏吧。"言毕，立刻布置，设计把孙世昌和王忠歧供出的几个特务引诱出来加以控制。

话说王忠歧逃回去后，果然引起了单不移的怀疑。同赵去非预料的一样，单不移认定他能从边区不声不响地逃回来，一定是共产党有意为之，说不定王忠歧已经叛变投共了。于是，单不移对王忠歧进行了审问，王忠歧招架不住，说出自己透露了几个人。单不移马上派人前去保护，却发现共产党早就先他一步下手了，孙世昌已经被共产党控制。单不移恼羞成怒，自己耗费多年心血培养的特务全被王忠歧给葬送了，立即下令将王忠歧活埋。

王忠歧被活埋后，事情还没有完结。赵去非故意让同志们散布消息说王忠歧确实是自己逃回去的，不是共产党放回去的，他对国民党的确是忠心的。消息传到洛川各级政府内部，自然引起一片骚动，人们对单不移不审明情况就草菅人命的行径议论纷纷。加之王忠歧是本地人，且性格随和，又是中统老人，在系统内人缘颇好。相反，单不移是外地派来的，刚愎自用，本就不得人心，被这样一闹，自然在洛川待不下去了，只好灰溜溜地走人。赵去非和同志们一鼓作气，趁单不移出走的混乱空档，帮助石志文当上中统驻洛川调统室的主任，洛川中统从此完全为我边区保安处所掌握。此后，国民党在洛川及周边一带的兵力部署、战略意图、进攻方向等机密全部被我所掌握。这个案例是国共双方谍战的著名成功案例，较"蒋干盗书"还要精彩百倍。

“肤施县长”与“中外记者西北参观团”

抗战期间，蒋介石除派兵加强对陕甘宁边区的包围外，还设计派遣特务人员以公开身份长驻边区，从事阴谋活动。当时中统局在国民党陕西省政府和省党部的协助下，委派中统老牌特务马濯江为“肤施县长”，设县署于肤施县境内，1936 年后改名为延安县，为中共中央的所在地。

马濯江，中统骨干，中共叛徒出身，抗战前与翟一清、朱秋白等 10 人一起被徐恩曾推荐给国民政府财政部任税务督察。马濯江被派驻西安，督察陕西省税务，同时又是中统陕西省室主要干部之一，指挥特务活动。

按照中统局的指示，马濯江的任务一是窥探中共的内情动向，向重庆局本部报告；二是在当地散布谣言，制造混乱，破坏团结抗战；三是在当地人员，特别是中共组织中物色对象，发展成员。

1938 年 10 月，马濯江以县长身份率领十余随员到达延安，成立了国民政府下辖的“肤施县政府”。当时中共及边区政府以团结抗战为重，未予拒绝，马便得以在公开场合活动。

马濯江到肤施前，原以为可以大干一场，结果却大出意外。当地人对他们不予理睬，甚至找上门去也趋而避之。尽管他们千方百计地刺探共产党内部情况，到头来却一无所获，更谈不上发展特务、布置潜伏的问题了。

1939 年清明节，国民政府派出以中央大员张继为首的一批官员祭扫黄帝陵，马濯江参加了这一活动。张继任主祭，马与另一位县长为陪祭。祭扫后，在一次筵席中，马向张继表示愿意陪送张返回西安，得到张的允许。随后马便借故滞留西安数月，同年 10 月，陕西省政府将他的县长职务免去。

1944 年春，在重庆的不少中外记者为了了解陕甘宁边区的具体情况，向国民政府提出前往边区参观采访的要求。几经踌躇之后，国民党中央秘书长吴铁城允许成立一个“中外记者西北参观团”，前往边区。吴将组团任务交给了中统，经徐恩曾与国民党中央宣传部磋商后，决定派该部秘书邓友德与中统专员杨嘉勇共同负责筹备。

经过约一个月的筹备，参观团正式组成。团员共 21 人，其中有路透社、塔斯社、美联社等外国通讯社记者 7 个人，余均为重庆各报和中央通讯社的记者。该团以立法院编修谢保樵为团长，邓友德为副团长，中统特务杨嘉勇以中央通讯社特派员名义冒充记者参加了该团。当时军统曾要求派员参加，但遭到了徐恩曾的拒绝。

该团于 1944 年夏由重庆出发，先后到过宝鸡、西安、潼关及晋西南黄河边第三战区长官阎锡山驻地等；之后渡过黄河，到达陕甘宁边区，受到八路军第 359 旅旅长王震的迎接，并将他们护送到延安。该团在延安停留了约一个月，然后经西安返回重庆。在历时两个月的行程中，该团一切活动均由谢保樵、邓友德二人领导，杨嘉勇凭借他与邓的密切关系，经常帮助谋划。

该团在西安受到国民党陕西省政府主席祝绍周、国民党陕西省党部主委谷正鼎的接见；在潼关则见到了时在胡宗南部第一军第一师第一团第一连任连长的蒋纬国。在晋西南，阎锡山接见了该团全体成员，当谈到他的“新军”全部脱离他而投向八路军一事时，阎锡山竟泪流满面，发誓要“报仇雪恨”。

在延安，参观团全体成员先后受到中共领导人毛泽东、周恩来、朱德、林祖涵、吴玉章的接见，参观了抗大和鲁艺，还出席观看过一次盛大的文娱晚会，晚会上演出了颇具意味的《桃园结义》《打渔杀家》等节目。

在该团出发前，中统曾了解到重庆中央通讯社社长肖同兹与毛泽东是同乡、老友，徐恩曾便指示杨嘉勇，如见到毛泽东，可用肖的名义代为致意，并提出在延安设立中央社分社的要求。在一次观看文娱演出时，杨的座位距离毛泽东不远，杨便利用演出中的休息时间，向毛泽东转达肖的问候，毛泽东说："同兹是我的老朋友，多年不见了，他身体好吗？"杨旋即以肖的名义提出在延安建立中央社分社的要求。毛泽东回答说："可以的，不过先要告诉他，在此地建分社是要亏本的。"杨问为什么，毛泽东说："因为我们此地没有人要看他的《中央日报》。"

该团返回重庆后，杨嘉勇把在延安的见闻和感受写成一份详细报告送给了徐恩曾，报告中的内容除上述情况外，还讲了一些他对共产党的看法。其大意为：共产党人从上到下生活简朴，平易近人，无官僚架子，平日自己吃粗粮却以白面待客。尽管生活艰苦，但很团结，朝气蓬勃。但同时又诬蔑八路军在战场上并未真正打击日军，而是敌来我去、敌去我来地打游击，扩大自己的实力。徐恩曾将杨的报告摘要抄送蒋介石和吴铁城参阅，并对杨给予了嘉奖。[1]

除此而外，中统局还曾派出女特务梅芳，利用其与八路军总部警卫员王某自幼定亲的关系，想策反他暗杀彭德怀副总司令等八路军将领；但王某拒绝，最后被梅芳要挟而自尽，梅芳也被捕。

[1] 张文：《中统二十年》，载《中统内幕》，江苏古籍出版社 1987 年版，第 87 页。

[第八章]

短波传讯

——中统的电台

中统核心人物徐恩曾，在美国卡耐基工学院攻读硕士学位时，所修专业为无线电技术，算得上是无线电方面的专业技术人才。徐恩曾回国后，曾在陈立夫的举荐下，兼任过建设委员会无线电工程处营业科科长，他在任上充分发挥了自己所学的专业技术，也展现了自己的办事能力。在表兄陈果夫的举荐下，国民政府组建电台时，又被委任为国民党中央广播电台的第一任电台主任。可以说，徐恩曾是国民党发展电讯事业的创始人物。

徐恩曾的专长在当时得到了充分的发挥，国民党中央通讯社的创建及运转有徐恩曾的功劳，蒋介石建立在各地的临时行营电台离不开他，中统严密的电台情报网是在他的一手操持下完成的，甚至连中统的对头、军统的电台情报网也是在徐恩曾的大力帮助之下完成的。可见，徐恩曾不仅是个强悍的特务头子，还是个懂无线电技术的专业技术型的特务头子。在他的领导下，中统的电台网络发展很快。

第一节　中统电台的建立

中统电台网的架设

徐恩曾在担任国民党中央组织部调查科科长后，便结合特务工作的特点，利用自己的专长，着手创建中统的短波无线电电台，将特务通讯工作提升到了一个新档次。中统的电台在当时国内各个机关组织中，无论其规模还是技术实力，都是一流的；它不仅在局本部有电台，还在各省市地方创办通讯社，建立了比较完善的秘密情报电台网。

中统电台总台安置点的分布很有特色，它并不设在中统的办事机关内，而是租用民宅进行安置；另外，电台的安置点并非一直是固定的，而是每隔一段时间就要搬迁一次。建台之初，中统的电台总台的收报台设在南京大方巷的一处民宅内，1933 年又将之迁往香铺营，1935 年再次搬迁至中央路 435 号。发报台则一直设在鼓楼附近的斗鸡闸，也是租

国民党中央电台，最初设在南京湖南路丁家桥。

赁民房。[1] 这种策略正是中国古训“狡兔三窟”的体现。

中统电台总台主任由徐恩曾的同学范本中兼任，直接接受徐恩曾领导，与徐恩曾共事过的高仲芹兼总干事、陈玉堂任领班、各地设立的分台均受范本中领导。1938 年中统局成立后，在中央党部秘书处下成立了一个交通管理处，其前身就是中统电台总台。交通处下设电讯科、运输科、总务科、会计股。电讯科主要负责总台和各地区台、分台的联系，领导各台的工作。运输科主要负责将电讯器材与国民党中央机关及中统的文件运输到地方。交通处的活动一直由中统局控制，但经费是独立的，由中央秘书处开支，花费也是到中央秘书处报销。

为加强与地方特务机构的联系，中统在地方各省市基本都设立了分台，如北平、天津、西安、汉口、济南、杭州、香港、澳门、南昌、开封、青岛、张家口、兰州、长沙、成都、重庆等，均有中统的电台；边远省份，如吉林、辽宁、热河、海南、台湾、绥远等省，则是在抗日战争结束后逐步设立的。中统在新疆的电台成立于 1945 年初，中统局第三组组长谢永存任国民党新疆党部书记长，成立中统新疆省调统室，并先后设迪化（即今乌鲁木齐）区台、喀什分台。1948 年，中统还打算派人前往西藏建立特务机构，并随设电台，但最终因种种原因而流产。在中国版图内，中统未能设立电台的省份仅有偏远的西藏、青海及黑龙江三个省份。中统设在各地的电台，最初统一用地名称呼，如北平台、天津台等。中统局成立后，地方电台的称呼也有所变化，设在各省省会的、配合省调统室工作的电台称为区台，该省内除区台以外的电台则称为分台。中统设在香港的电台，曾被港英当局破坏，电台人员遭逮捕，但经罚款后释放，所以还能继续运行。抗战期间，香港台屡次被日本人破坏，后来索性不再重建，依靠相邻的澳门台继续与中统总台联系；直

[1] 毛兆椿：《中统电讯机构的方方面面》，载文闻编：《我所知道的中统》，中国文史出版社 2004 年版，第 41 页。

到抗战结束后，香港台才恢复重设。

中统除在中国境内各地设置电台外，还在海外设置了自己的电台，如印度台、越南河内台等。此外，为配合缅甸作战，中统还在云南下关设置了缅甸台，专门负责传递缅甸地区的情报。他们还曾计划到南朝鲜的汉城设立自己的电台，但最终因为南朝鲜李承晚当局和美国的反对而泡汤。

中统的电台，除以上这些外，还有专门的特殊电台。这些电台的特殊性在于，它们是专门为收发共产党情报而设立的。例如“UVH”电台，这个电台和总台通报联络一年多，南京沦陷后断绝联系。中统还在中国共产党的根据地延安设立过电台，但这是在 1947 年 3 月国民党军队临时占领延安后设置的，不久后解放军重新收复延安，延安分台台长米云涛化装逃出，这个电台随之消失。中统一直想把电台打入中共解放区，以窃取更多情报，但一直没有成功；只是在洛川设了一个电台，专门搜集边区情报。

此外，中统在抗战期间，还在沦陷区设立过一些潜伏电台，如北平潜伏电台、天津潜伏电台、张家口潜伏电台、武汉潜伏电台，这些潜伏电台在布置之初，与总台联系尚多；但后来多半都被日伪所破获，发挥的作用并不大。

人员训练

随着电台数量和规模的不断扩大，对专业的报务人员的需求也在不断增长。当时条件下，真正受过专业高等教育的特殊人才少之又少，远远不能满足需求。于是，在徐恩曾的带领和安排下，中统举办过几次无线电人员训练班，专门用以补充这方面人才的不足。

中统对无线电训练班的学员要求很高，尤其是对他们的身份要求很严格，必须是“身家清白”的，不能有政府认为“不合适”的思想倾向，没有参加过其他党派或组织。学员优先从国民党党员中进行选拔，如果不是国民党党员，则必须至少要有国民党科长以上的可靠党员作为担保人。到后期，中统所办的无线电训练班的学员基本都是特务们的亲戚、朋友、老乡、同学等，都与中统的特务们有着千丝万缕的裙带关系。如徐恩曾就带头把其堂妹徐昭颐介绍进培训班培训后安排到中统电台工作；中统大特务范本中把胞妹范辰英介绍进班；高仲芹把同学吴世昌、李惠馥等人介绍到中统电台工作，等等。

1931 年到 1945 年间，中统的无线电培训班共举办过五期。第一期电训班在南京丁家桥国民党中央党部内举办，成员全部为黄埔第六期毕业生，有数十人参训，最后有十来个人具备了收发无线电的技能，其中绝大多数人都参加了电台的专职工作。第二期培训班于 1932 年秋亦在丁家桥中央党部举办，主要是为日益增多的分台配备人员，同时也为戴笠的复兴社特务培训电报人员。这期培训班的成员基本都是特务们介绍来的，受训期间一切费用都由公家负担，此外每个学员每月发给 20 元的生活费用。学习的课程有：无线电报收发技术、无线电学、电讯、政治等。在结业前一个月，特工总部还派顾顺章每天到电训班讲授行动常识课一两小时。后来，第二期培训班的学员绝大多数都成为了中统电台的骨干。[1]

除中统自己举办的五期电训班之外，中统电台总台在抗战前还吸收过“广播收音员训练班”的毕业生。因为当时国民党中央广播电视事业管理处的负责人吴道一、吴保丰等人都是“CC 系”骨干分子，与中统关系密切，而该训练班的班主任为范本中，在中统电台总台用人紧张之时，范本中就直接利用职权将这个班中的优秀毕业生介绍到总台来工作。经实习后，业务能力强的，能发报的就担任报务员，不能发报的担任收发员。

---

[1] 毛兆椿：《中统电讯机构的方方面面》，载文闻编：《我所知道的中统》，中国文史出版社 2004 年版，第 44 页。

此外，在抗战期间，中统总台迁到重庆后，由于电台业务量加大，重新培训人员来不及，索性就公开招考报务员，以高薪为诱饵，只要技术熟练就录用，非国民党党员者，在录用后就给办理入党手续。

第二节　抗战期间对“电报战”的贡献

密码破译工作的“四国五方”

抗战期间的国民党对日密码破译工作，是其获取日本政治、外交、军事情报的一个主要来源，并且取得了相当的成绩。而这一工作，是在抗战爆发之后才白手起家的。其中，因为中统与军统在战前工作的重心全放在内战方面，对抗日缺乏必要的准备，事到临头才匆忙布置。而因对敌情了解的亟须，蒋介石在对日密码破译工作方面，一开始采取了多头并进的方法。

1937 年 8 月“淞沪战役”开始后，对军事情报的迫切需要，使国民党中央匆忙开始着手组建对日密码破译工作机关；同时两统也在急招有关人才，组织密码破译队伍。

当时因业务工作需要而涉足这一领域的，除了中统局、军统局，还有交通部电政司、军委会机要室以及后来加入的军政部无线电总台，真可称之为“四国五方”。正因如此，当时从事密码破译工作的人才便成为这“四国五方”都要争抢的对象，对日的密码破译工作，也在这“四国五方”的竞争中得到了可喜的进展，但各部门职能的重叠却使其中的人事与工作矛盾变得日趋激烈和错综复杂。当时五个相关部门及其密电情报工作的负责人是：

一、军统局：副局长戴笠，电讯处（第四处，对外称军令部第二厅第四处）魏大铭，重庆总台负责收听日本陆军，军统系空军监察总队收听日海空军电讯。

二、中统局：副局长徐恩曾，总务组机密二股（国际密电室）李直峰。

三、交通部电政司：司长温毓庆，密电检译所霍实子、杨肆。

四、军委会机要室：主任毛庆祥。

五、军政部无线电总台：部长何应钦，无线电总台长王景禄。

1938年夏，中国抗日战争进入相持阶段，蒋介石于汉口召开紧急会议，决定从各个侦译单位抽调一部分懂日文、日电讯符号的侦译人员，集中到汉口，组织日帝陆军密电研究组（简称密电研究组）。以毛庆祥为组长，其负总责；霍实子为主任，李直峰为副主任，负责研究破译技术；温毓庆、徐恩曾、郑介民、魏大铭为顾问，负责侦译设计。徐恩曾对此很支持，将中统局国际密电室连同经费和收报机完全合并到军委会密电研究组。密电研究组综合起来共有40—50人，中统人员约有20余人，而军统则只有3—4人。[1] 由此可见，虽然军技室，尤其是日帝陆军密电研究组不属于中统，也不属于军统，但它的班底还是以中统为主，这与徐恩曾这位无线电工程师的努力分不开，也是以中统无线电班前期工作为基础的。

为扬长避短解决矛盾，以收到集中统一管理之效，1940年4月，按照蒋介石的命令，开始抽调五部门相关人员，新建了统一的对日密码破译工作机构，在重庆成立了国民党中央军事委员会技术研究室。蒋介石亲定由交通部电政司司长温毓庆任技术研究室中将主任，其内侄、原军委会密电研究组毛庆祥任少将副主任兼主任秘书，军统局魏大铭任少将副主任。蒋介石选择温出面，而让毛以副主任兼主任秘书掌握实权，魏大铭则因业务实力不够，暂为陪衬。

在这个新的对日密码破译工作机构里，集中了以池步洲、霍实子、

---

[1] 池步洲：《一片丹心破日密——抗战回忆录之一》，载 www.hackchi.com/chi/people/mhyxzh004.htm。

杨肆等为代表的一批精干的业务人员，因此他们的工作屡建奇功。

池步洲与日本密电破译工作

池步洲，1908 年出生在福建农家，因家贫无力上学，童年开始便务农。但是他最喜欢读书写字，12 岁那年，二哥从保定军官学校毕业，全家迁到福州，这才有机会去上学。他凭着过人的才智，数次跳级，以优异的成绩高中毕业。之后家人卖掉田产，送他到日本东京大学深造，学习机电专业。毕业后，他在中国驻日大使馆武官署任职，并娶日本姑娘白滨英子为妻。

“七七事变”爆发后，池步洲从日本回国投身抗战，住在国民政府南京华侨招待所寻找工作。一日他与留日老友、陕西省政府社会处处长陈固亭不期而遇，陈听说他的情况，即介绍他参加国民党新筹办的对日密码情报破译机关的工作。陈说：“中央要找留日同学研译日本密电码，你意如何？”“委员长说过，谁能译出日本密电码，等于前方增加几十万大军。你回国不是为了抗日吗？你不懂密码学，但日语好，即是

池步洲夫妇

有利条件，还是试试吧。”[1] 据池步洲后来回忆，他随陈固亭“到了‘中央调查统计局’（即中统局，当时我根本不知道它是特务机关）会见徐恩曾，把我安排到总务组机密二股，等待侦收日寇密电码，以便进行研译。这是我在国家民族存亡绝续的重要关头和在国共合作抗日的大好形势下，受命于危难之际，从事于素非所习的艰巨任务，……中统局之所以找我，事后才知道当时蒋介石下令各机关（不限定特务机关）物色留日人才，以便送往军委会，从事日本密码破译工作，我就是由该局所奉命物色的唯一留日学生”[2]。

10 月间，池步洲被派到中统局总务组机密二股李直峰处工作。

李直峰是山西人，原为阎锡山晋系电务处电报员，后成为西北军领袖杨虎城的机要秘书、侍卫第一组长，负责破译中文密电的技术研究。1936 年“西安事变”期间，李直峰译出过蒋方许多密电报，并呈送中共代表周恩来参考，获得赏识，参加了中共。1937 年初，他奉命打入中统局，担任机密二股股长。

李直峰以池步洲是一个单纯的爱国青年，投身抗日，特意未让他填写加入中统特务组织表和宣誓书，于是池步洲始终没有加入过中统，其身份只是中统局的一个临时雇员而已。

当时总务组机密二股除股长李直峰外，还有研究人员卫杰民、周叔良、武子明等，他们每天忙于研译各方中文密电报，刺探搜集各类情报。电台方面有台长郎世杰，报务员柳彭龄、邓华封、舒源，机务员冯鼎新等。全部约十多人，都住在局本部的一栋大房子里。

李直峰向池步洲介绍说，二股是专门侦译晋系阎锡山方面中文密电报

[1] 池步洲：《一片丹心破日密——抗战回忆录之一》，载 www.hackchi.com/chi/people/mhyxzh004.htm。

[2] 池步洲：《一片丹心破日密——抗战回忆录之一》，载 www.hackchi.com/chi/people/mhyxzh004.htm。

的组织，但池的任务则是研译日本密电报。因他们还从来没有侦收过日本无线电报，经验不足，只好由该股电台今后设法侦收，再让他进行试译。

10 月下旬，中统局机密二股奉命搭乘英国泰古公司的货轮撤往湖南益阳县，到 1938 年 3—4 月又迁往长沙，改组为中统第一处国际密电室，以全力研译日本密电。因中统电台还侦收不到日本的密电，池步洲只能从事同盟社播发的明码无线新闻电报的翻译工作。

1938 年 6 月，池步洲奉命调到汉口，加入刚组建的军委会“日帝陆军密电研究组”，结束了他与中统局 8 个月的雇佣关系。

1938 年夏天，德国驻华大使陶德曼出面调停中日关系，日本通过他向中国提出了 6 项苛刻的停战条件，“蒋介石根据以往经验，认为日帝说话素来不算数，难以轻易相信。况且席卷华北，侵占京沪，正在调兵遣将，企图西上武汉。全国民众抗战情绪空前高涨，断无中途妥协之可能”。“于是，他特令军委会机要室主任毛庆祥，紧急召集蒋所属各领导侦译中外无线密码电报而取得成绩的如交通部电政司的温毓庆和霍实子、中统局的徐恩曾和李直峰以及没有成绩的军统局的郑介民、魏大铭、陈祖舜等，借汉口银行公会会议厅开会，讨论蒋介石交下要从侦译日帝侵华陆军无线日文密码电报中探知日军是否要攻武汉，继续西进侵华，以及是否北进侵苏或南进侵略英法属地，包围困死中国等，以供蒋介石选择决策，应付自如。会议决定先从各个侦译单位抽调一部分懂日文、日电讯符号侦译人员，集中汉口，组织日帝陆军密电研究组（简称密电研究组），以毛庆祥为组长，总负其责；霍实子为主任，李直峰为副主任，负责研究破译技术；温毓庆、徐恩曾、郑介民、魏大铭为顾问，负责侦译设计。这就是所谓一九三八年夏汉口紧急会议的内容，也就是我奉调汉口的原因。”[1]

[1] 池步洲：《一片丹心破日密——抗战回忆录之一》，载 www.hackchi.com/chi/people/mhyxzh004.htm。

据池步洲回忆："密电研究组大约在一九三八年七月份才人马到齐，开始工作。首先电台方面侦收到不少日军无线密电报，提供大家研究。但当时还谈不上真正的开始研究工作。一是研究人员来自四个不同的机关，彼此陌生，谁也摸不清谁的底，只是相互客客气气，和平共处；而且事属草创，有待摸索，谁也没有把握，谈不出什么见解来，只好在观望中混着日子。二是当时前方战事吃紧，敌机不时来袭，看来武汉未必保得住，人心浮动，也难以安定下来从事研究工作。总之，在密电研究组正式成立后的几个月里，我们是在松松垮垮甚至乱哄哄的状态中度过来的。

"果然，一到十月份，我们又奉命撤退了。由于逃难人多，难以搭上直达重庆的船只，只好先到宜昌暂避。在宜昌住了一个多月，大约是十一月下旬才乘船到了重庆。"[1]

但是，因为各方面的条件制约，破译工作还是没有大的进展。池步洲便另行应聘到中央广播电台国际台担任了对日广播宣传的撰稿播音工作。

1939 年 2 月，何应钦辖下的国民政府军政部也想开展日本密电的破译工作。军政部无线电总台长王景禄派科长周驾山突然前来访池，表示："久仰池先生对于日本密电码颇有研究，军政部也想组织从事研究，何部长叫我来请池先生帮忙，主持其事。"[2] 他甚至提出"晚上去指导二小时，并不妨碍池先生的白天正式工作"，并月送车马费二百元……"研究人员全凭先生去物色聘用，名额不加限制"。[3] 于是，在池步洲主持下，从 1939 年 3 月 1 日开始，在重庆两路口附近的几间民房内，由

[1] 池步洲：《一片丹心破日密——抗战回忆录之一》，载 www.hackchi.com/chi/people/mhyxzh004.htm。

[2] 池步洲：《一片丹心破日密——抗战回忆录之一》，载 www.hackchi.com/chi/people/mhyxzh004.htm。

[3] 池步洲：《一片丹心破日密——抗战回忆录之一》，载 www.hackchi.com/chi/people/mhyxzh004.htm。

军政部两名报务员架起天线和电台，日夜侦收日方密电报，多则一二百份，少亦几十份，并开展了破译工作。

虽然日本的军事和外交密电是日英文皆有，代码复杂多变，但池步洲等人发挥出精通中外文的聪明才智，经过通宵达旦的努力工作，取得了重要的突破。其中过程，复杂而又有趣，简单说来就是：

池步洲利用晚上的业余时间，在1938年3月初到3月尾，从建台到破译初成，不到一个月时间，就把日本外务省发到世界各地的几百封密电一一破译出来了。

3月下旬起，他们开始能够翻译出日方的密电，并积累了数百份的破译经验，成绩不断上升。

军政部为此给池步洲颁发了奖章，并扩充组织，成立了军用无线电总台第四十三台，任池为译述主任。不久，第四十三台改称军政部研译室，直属何应钦领导，总计有四五十名人员，以池步洲等5人专事破译工作。[1]

“日本外交密电码本每隔一段时间，就加以变换，我们随之一切从头做起。好在我们驾轻就熟，根据积累的经验，它的经常改头换面甚至脱胎换骨，也难不住我们。不过，一旦变码，那几天真是废寝忘餐，全力以赴，不分昼夜，期以必成，真够辛苦，也真够快乐。”[2]

1940年4月1日，军政部研译室奉命合并于军委会技术研究室。

池步洲破译日本偷袭珍珠港密电

发生在1941年12月8日的日本偷袭珍珠港事件，点燃了太平洋战

---

[1] 吴越：《书生笔下十万兵——记破译日军偷袭珍珠港密电的池步洲先生》，载www.hackchi.com/chi/people/mhyxzh004.htm。

[2] 池步洲：《一片丹心破日密——抗战回忆录之一》，载www.hackchi.com/chi/people/mhyxzh004.htm。

争的导火索，在二战史上具有特别重要的意义。这次事件表面上看似突如其来，实际上却是酝酿相当时日，其预兆脉络，隐约可寻。当时国民党政府军政各方，从几条秘密渠道得到了征兆情报，现在已知的就有军技室杨肆破译日本军用密码直接获悉说以及军统局机要室经济秘书邓葆光破译日本外交密电分析推断所出几种说法，而池步洲在其回忆录中也有由他破译说的第三种记载。实情如何，还要综合分析。看来由几路情报汇总而得出的结论才比较符合实际。

关于此事，池步洲在其回忆录中写道：

日本偷袭珍珠港情报的预知，与我们军技室的破译外交日密成就，密不可分。在事件爆发前大半年里，我们从破译的日密中即已发现其中异兆；在前五天里，我们又作了准确的判断；惜未为美国所重视。关于此事件的来龙去脉，……以下所写，主要一靠记忆，二则参考战后日本一些文献，拼凑而成。

当时形势下，我们军技室所侦收破译的日帝外交电文出现两方面非常奇特的内容：其一，大约在一九四一年十月份，日本外务省突然电令西南太平洋各地，包括菲律宾、安南（即现在的越南）、暹罗（泰国）、仰光、马莱西亚、印尼、新加坡以及其他群岛上所有日本使领馆，除留下最简单的 LA 密码本外，其余各级密码本全部予以烧毁；并颁布了许多隐语代号，例如："西风紧"表示"与美国关系紧张"，"北方晴"表示"与苏联关系缓和"，"东南有雨"表示"与中国战场吃紧"（以上各隐语，只凭记忆，与原文或有出入），尚有其他几十个隐语代号，实在无法追忆。惟有"女儿回娘家"表示"撤侨"和"东风、雨"表示"已与美国进入交战状态"等二者，因印象特别深，至今仍记得清晰无误。外务省电令中还明白规定这些隐语代号在必要时都将由无线电广播电台播放，要求各使领馆随时注意收听。

当时我们破译出这些密电报时，有两种理解。日本海陆军南进，迫在眉睫，这完全可以肯定。这样一来，日本必须抽调部分侵华兵力用于进攻南洋，中国战场可以缓和一些，此其一。“已与美国进入交战状态”一语，将信将疑，以为日本南进，占领南洋各地，美国可能由对日禁运转而宣布断绝国交，但直接交战还未必敢，此其二。殊不知据《太平洋战争》记载，日本统帅部与内阁曾于一九四一年九月六日召开御前会议，决定：“如在十月上旬之前，日美交涉不成功便决意开战。”这些内幕，我们当时自然无从了解。战后从日本有关文献中获悉，当一九四一年十二月八日偷袭珍珠港时，炮声一响，便同时由日本无线电广播电台播出“东风、雨”这一隐语，重复多次，旨在通知全世界各地日本使领馆日美已经开战。

其二，从一九四一年五月份起，日本外务省与驻夏威夷州首府檀香山（亦称火奴鲁鲁）总领事馆之间往来密电报突然比以前增多，而且内容也起了很大变化。过去系以日本侨民、商权、贸易等情况为主，作为一个总领事馆的职能，本应如此。对于这一类密电报，我们虽亦照译，但并不重视。五月份后竟有军事情报杂于其间，特别是完全关于珍珠港美国舰队的情报，立即引起我们的注意和兴趣。

一九四一年五月份，我们从许多日帝外交密电报中破译出两份由檀香山日本总领事馆发给外务省的密电报，内容完全属于珍珠港在泊的美舰情报。

……

当时我仍在军技室第一组当专员，组长霍实子先生对这两份密电报很重视，命我今后作记录，每月写出一份资料交给他，用意何在，我不清楚。我每月写出资料后，也择要记在一个小本子上。

……

一九四一年九月份，我们破译出一份由东京发给檀香山的绝密电报，据我幸存的那几页所载，大致与日本文献相似，特别是与吉川猛夫所著《珍珠港间谍的回忆》(以下简称《回忆》) 比较一致。

……

惜我珍藏的资料早被抄没，几页笔记断片只不过一鳞半爪，……我只能就自己记忆所及，概括其主要内容若干项，列记如下：

第一，停泊于珍珠港的美国舰艇的总数，同类舰种的舰数及舰名，要求详细列报。檀香山总领事馆先后多次电告日本外务省。

第二，关于战舰及航空母舰在珍珠港内停泊的位置及出港的时间等来往电报的重点内容，反复查询及汇报。

第三，日本外务省多次电询每周中是星期几有最多的美国舰艇停泊于珍珠港。檀香山总领事馆经过多次观察调查，回电答称：'是星期日。' 这一点很重要，成为后来日本选择十二月八日（星期日）偷袭珍珠港的依据。

第四，官兵上岸下海规律，特别是星期天官兵休假起讫时间，也是来往密电报的主要内容之一。

第五，夏威夷天气气象如何问题，竟亦出现于来往密电报。当时日本和美国都还没有今天所日日常见的天气预报措施，据说气象还是作为军事机密来对待，这就难住了檀香山总领事馆。后来经过向日本侨民中一个业余天文学家请教，他三十年来一直观测天空流星。他说三十年来夏威夷地区未曾一度发生过暴风雨，东西横断奥阿夫岛的山脉，其北面多阴，南面则常晴。亦即说，任何时候飞机都可航行。事后才恍然大悟，这是为着空袭珍珠港所做的气象调查。

以上五项只是我今天对当年所破译出的密电报内容的粗略概括，至于详情，自无法引用原文作证。日本外务省与檀香山总领事馆之间何以有上述各种涉及军事方面的电讯往来，当时我们不无怀疑。日本总领事馆内是谁担任此项谍报工作？战后国际报刊上有一些零星记载，风传系日本海军尉官伪装该总领事馆馆员所干的勾当，但在我们所破密的密电报中没有看到此人的形迹。因为密电文的抬头，多是檀香山与东京（偶尔出现外务大臣字样）两个地名，没有其他。这个谜直至《回忆》问世，才真相大白。

此人本名叫吉川猛夫，一九一二年生于日本爱媛县松山市，一九三三年毕业于日本海军兵学校。一九三四年分配到巡洋舰由良号任海军少尉，旋因病疗养二年而退役。一九三七年起以“嘱托”名义（所谓嘱托并非正式职员，类似我国之临时雇员或特约人员）在军令部第三部工作。一九四〇年五月，他奉军令部命令，上半天以“森村正”的假名在日本外务省工作，下半天仍以“吉川猛夫”的真名在军令部工作。目的在于日后派遣他到檀香山日本总领事馆，挂个“书记生”名义，实际上负责刺探夏威夷珍珠港美国海军基地的情报。

原来一九四〇年九月日、德、意三国同盟签订后，日本军令部为加强太平洋岸的情报网，于同年底分别在美国的西雅图和洛杉矶两地派驻海军军人，前者为某少校，后者为某中校，以现役军人负责情报搜集。但到第二年（一九四一年）春，他们均被美国情报当局监视并以种种借口驱逐回国。于是就派吉川猛夫（森村正）到檀香山总领事馆去接替该项工作。当然表面上他是由日本外务省派去的，主管总领事馆内有关日本侨民申请脱籍工作。据说日本外务省内知道他的使命的，不过一二人；而总领事馆内知道的，只有总领事喜多长雄一人。他是于一九四一年三月二十日从横滨乘新田丸出发，二十七日到达檀香山的。

他到任后，即经常乘出租汽车（驾驶员当然是日侨第二代会讲日语的）四处兜风，旨在观察珍珠港周围军事设施与海军舰只。《回忆》上说：“珍珠港前门警戒森严，而后门却是敞开的。”因为他发现后门有一家小茶馆，是一对日本老夫妻开的，出售可口可乐、糖果等，顾客多是舰艇上的水手。这里虽亦属于禁区，但外人前来小茶馆吃茶，却不加禁止。这是驾驶员无意中带他到这里来的，他喜出望外，如获至宝，后来也确实从这里获得许多有价值的军事情报。

另外一次，喜多总领事为森村正到任设宴接风，特地在一家日本菜饭馆定下筵席。席间他从宴会厅西南方向望见灯光点点，“噫，此非珍珠港耶？彼处乃希卡姆飞机场也。吾得之矣！”他表面不露声色，内心却欣喜若狂。此家饭馆名曰春潮楼，两层建筑，规模颇大，除承办筵席外，还可住宿，女侍全是日本女人。此后他便以种种借口来此饮宴，并带女侍出游，避人耳目，旨在刺探珍珠港动向。有一天他在春潮楼过夜，晨起，打开窗帘，眺望珍珠港，不免大吃一惊。原来“大舰队正在出港之中，港外则驱逐舰已展开，重巡洋舰与轻巡洋舰正在作成序列，而战舰五、六艘正从港口驶出。檀香山市街还在沉睡之中。大舰队从静寂无声的奥阿夫岛悄然远去，沉没于南方地平线下”（见《回忆》）。这偶然一瞥却给他带来宝贵的启示：原来美国舰队之出进珍珠港是在黎明和傍晚。于是，他意识到为着彻底掌握珍珠港美国舰队的活动情况以及舰型、编制、标志、只数等等，必须经常住进春潮楼，以便朝夕观测，作成精密记录。他果然这样做了，自然满载而归；同时美国情报机关也以为他沉溺酒色，不予注意，始终不加监视，从而没有暴露身份。同时美国也一直破译不出檀香山总领事馆与日本外务省之间来往密码电报，始终蒙在鼓里。

迨偷袭珍珠港事件发生后，从总领事馆内搜出密码本，当然译出全部密电报，始知总领事馆内潜伏日本特务。但终未查出是森村正所为，最后只得放他返日。日本无条件投降，盟军进驻日本，森村正（吉川猛夫）做贼心虚，怕被美军查出受审，于是改名换姓，到处流浪。他深知大城市美军多，日本警察亦多，易被追捕，乃遁入深山，寄身古刹，打扫山门、坐禅、托钵、割薪，自号“碧舟居士”，历访各地禅家，过着隐遁生活好几年。有一次他从京都偷着回松山市，半夜抵家，得知警察已来追查他的行踪数次，军令部以往同事多被判刑。他怕了，第二天半夜又复出走。直至一九五一年签订《旧金山条约》，宣布不再追究一切战犯，他才敢出头露面，回松山市居住。

以上所述，只是介绍“珍珠港事件”发生前的若干背景材料，还未涉及我们事前破译日本偷袭珍珠港密电报的正题上来。究竟这份密电报内容如何，是谁破译出来的？下面让我以亲与其事之身，就此二点加以说明。

首先要说明的是日本外交密电码本有多种多样，其中有的是通用于世界各地的日本使领馆，有的则专用于特定使领馆。前者如此前提到的最简单的LA码和另外一些密码本等是，后者如檀香山日本总领事馆潜伏特务森村正（吉川猛夫）与日本外务省（事实上是与军令部）之间所使用的密码本即是。至于日本驻美大使馆所用的密码本，自然也有通用与专用两种。我所破译出的日本偷袭珍珠港密电报的密码本则是该大使馆的专用本。

一九四一年春，日本政府任命野村吉三郎海军大将为特命全权大使前往美国，进行日美和平交涉。其所以特派野村大将出使，是因他过去在驻美大使馆当武官时，罗斯福任海军部副部长，利用彼此旧知关系，以期打开僵局。

一九四一年七月二十六日美国政府因看到日海陆军进驻安南（越南），南进必不可免，认为日本政府对日美交涉根本没有诚意，故决定全面对日禁运并冻结日本在美资产，以资报复。于是日本政府又于九月六日召开御前会议，决定在十月上旬之前如日美交涉达不成协议，则决心开战。其后日美交涉日益僵化，和平业已无望，日本进一步决定除外交官外，民间人士陆续开始撤退。但为掩盖日本开战企图，日美间定期客船依然按期由横滨开航，迎接最后一批撤退侨民的龙田丸亦于十月十五日开出。这些日本意图，美国还蒙在鼓里，珍珠港方面毫无戒备。

而日本早已根据森村正（吉川猛夫）所提供的珍珠港方面军事情报，决定于十二月七日早晨偷袭珍珠港，但却狡猾地派遣来栖特使匆匆赴华盛顿搞假谈判，用以迷惑美方。其实，这个烟幕早被我于事件发生前五天破译成功的由日本外务省致野村大使的一份密电报中予以揭破。该密电报主要内容，记得如下：

（一）立即烧毁各种密码电报本，只留普通密码本。同时烧毁一切机密文件。

（二）尽可能通知有关存款人转存于中立国家银行。

（三）帝国政府决定照御前会议采取断然措施。

……

我破译之后，深感该密电码的重要性，立即送交当时组长霍实子先生。我根据以前所译出的有关珍珠港的军事情报，对霍说日美之间也许要"东风、雨"了。霍实子先生点头称是，并提起笔加注意见："查八一三前夕，日本驻华大使川越曾向日本驻华各领事馆发出密电说，经我驻沪陆、海、外三方乘了出云旗舰到吴淞口开会，已经做出决定，饬令在华各领事馆立刻烧毁各种密码电报本子。这就说明日寇已经决定对我国快要发动全面战争。现在日本大东亚省（注：这是日本外务省之误）又同样密电饬令日本驻美使馆立刻烧毁各种密码本子，这就可以判明日本已经决定对美快要发动战争了（见《若干事》第二十七页）。"我在旁插话说："日期可能就是这个星期天。"霍先生点头同意，并说："我即当面报告毛庆祥代主任。"

当时"霍即亲拿这份刚译出的日帝密码情报飞跑送到主任办公室交给毛庆祥主任。毛阅后也马上亲自将这份密电情报送到蒋介石手里。事后毛庆祥对霍说，蒋也立刻把密电内容通知驻渝美方。可惜的是，美方低估了当时中国研究日本密码电报的技术，不相信国民党中国已破译日本密码电报。同时还因为日本政府事先设置的一个骗局，派来栖特使到华盛顿佯搞谈判。美国信以为真，把中国交给它的那份重要情报，不予理会，以致珍珠港遭到日寇突然袭击，美国海军舰队受到重大损失，从而揭开太平洋战争的序幕。当时日本偷袭珍珠港的消息，立刻传到华盛顿美国国会，正好来栖特使和日本驻美大使野村假痴假呆地在美国务院搞他们的骗子谈判。美国已知受骗，马上把来栖和野村赶出国务院。这两个骗子站在国会大门口，窘态毕露，狼狈不堪，面孔尴尬，被美国摄影记者摄入镜头，随即刊登于美国画报。毛庆祥曾向驻渝美方索取这份画报给霍看过。”（见《若干事》第二十七页和第二十八页）……

关于日本偷袭珍珠港事件的来龙去脉，就我们当年破译日本密电工作的角度出发，将所知的梗概综述如上。但是谁破译这份密电报，直至一九七九年才发生了混乱并见报，嗣于一九八三年三月又得更正。[1]

据池步洲在其回忆录中记载：

直到一九八三年三月十八日上海市高级人民法院特派书记员陈培娥女士到霍实子先生住处了解我的情况时，霍先生实事求是地证实珍珠港密电报是我破译的，并亲笔写信给我告知此事。信中写道：“……一九四〇年春军委会技术研究室成立。我任该室第一组少将组长，池任该组第四科科长，破译了许多日本的重要情报，如：日本偷袭珍珠港这一重要情报是池破译出来的。……从霍先生这封亲笔信，可以雄辩地证明：不是别人，正是我把日本偷袭珍珠港的密电报破译出来，这是千真万确的历史事实。实际上霍先生本人不擅长研究，宜于搞研译和翻译。他又是一组之长，自有不少行政事务要他去管，故极少做破译工作，一切都是由我们军政部过来的人员及一、二原检译所人员（如王瀛）去

[1] 池步洲：《一片丹心破日密——抗战回忆录之一》，载 www.hackchi.com/chi/people/mhyxzh004.htm。

做。而且在研究、研译、翻译三者分工中，他不宜于研究，可以做些研译，更无须他去做翻译，事实上他当组长不必做实际工作，总其成而已。所以，破译日本偷袭珍珠港的密电报，是我而不是霍先生，完全符合当时的实际情况。”[1]

至此，我们可以看出，所谓侦译得获日本偷袭珍珠港的密电情报，并不是某一人一次偶然的功劳，而是中方译电人员和派入敌后的情报员共同工作的结果，在中方最高当局处得出了综合研究后的结论，并及时通报给了美方。可惜美方并未重视这些重要情报，以致吃了日本人的大亏。

军技室情报使山本五十六命归黄泉

日本海军大将、联合舰队司令长官山本五十六是二战时期日海军的重要指挥者，他曾倡导和指挥了 1941 年 12 月偷袭珍珠港的行动，是发动太平洋战争的罪魁。袭击珍珠港成功后，他又指挥日本海军乘胜向南洋进军，侵略英、法、荷南亚属地，并企图打通欧、亚大陆海上线，与德、意两国会师。山本因此成为盟国的死敌，美国人一心要除掉他。

1942 年后，美军在西南太平洋上对日开始反攻，在密德威（Midway）、珊瑚海（Coral Sea）及迦答尔卡拿尔（Guadalcanl）等海域作战中，给予了日本海军重大打击。面对渐趋的败局，山本五十六欲亲自前往第一线督战，阻碍美军的反攻以巩固日军在南洋的第二线，改变眼前的态势。他计划在日本海军基地拉巴乌尔（Rabaul）建立前进根据地，以便在所罗门群岛的第一线上与美军展开海空决战，便命幕僚拟定

[1] 池步洲：《一片丹心破日密——抗战回忆录之一》，载 www.hackchi.com/chi/people/mhyxzh004.htm。

出巡计划。

日海军为最高指挥官的出巡做了周密的准备。他们确认美空军从未在此线上进行过正式轰炸，1943 年 4 月重新改订的密码本也不会立即被破译，能保证航行安全。于是确定 4 月 18 日山本五十六带幕僚乘专机出发，并向“各队预告巡视日程”。

殊不料这份预告山本五十六出巡日程的密电报竟被军技室轻而易举地破译出来，终于葬送了这个枭雄的性命。时间是 1943 年 4 月 18 日，他的座机是被由迦答尔卡拿尔岛美军基地起飞的美国空军所击落，消息很快传遍世界各国……据战后前述森村正（吉川猛夫）写的《回忆》，摘记其中一节如下：

四月十八日，拉巴乌尔山上的长官宿舍被南洋特有的早霞照得通红明亮，鸟声唧唧，天气极好。长官及其幕僚的大部分，分乘二机，由六架战斗机护航，上午六时起飞。飞机场前面的花笑山，和往常一样，雪白的喷烟高高地飞扬在清澄的太空里。高度保持一千五百公尺。从布耿菲尔西侧南下的长官座机，没有多久，最初的目的地巴拉勒飞机场刚刚进入视线的那一瞬间，突然受到十六架 P–38 战斗机的急袭。座机顺着原始森林急遽下降，要想逃出这个攻击，无奈追而不放的敌战斗机终将座机击落于原始森林之中，幕僚所乘之第二架飞机也被无情地击沉海底。翌日，搜索队好不容易到达现场，发现这位威望压倒全海军的山本长官的遗骸，手里握“月山”军刀，横倒在其原来的座位上面。

……

山本五十六的死讯，四月二十日传到（日本）军令部，万分震惊，深以有损日军威信，不敢立即发表。后来拖延若干时日才发表战死公报，并于六月五日举行国葬。

事后日本内部关于山本出巡日程的密电报何以被破译，推测纷纭，莫衷一是。

有的说是内部有间谍潜伏所致；有的说是因为马琴（译音）岛上以金光兵曹长率领的四十三名特别陆战队负责侦收通信谍报时，被分乘二艘潜水艇的二百二十名美海军兵全歼，掳去机密文书所致。有的说从一九四二年夏至一九四三年春这一期间内所罗门群岛上空被击落的日本飞机为数甚多，这些飞机都携带有作战密码本，被美军从飞机残骸中搜索而去。这些密码本虽经改订，但有经验的密码专家不难把四月一日的新本解读出来。总之，他们一致认为这一份密电报是由美方破译出来的。殊不知不是美国而是我们中国军委会技术研究室破译出来。但我们破译的并不是日本军令部拍发的那份密电报，而是用日本外务省最简单的，我们称之 LA 密码本拍发的另一份密电报。这话看似玄乎，而是事实。请看霍实子先生与李直峰先生合写的《若干事》第二十八页至第二十九页所载的一段，便知分晓。文中有不确之点，我另加括弧注明。文中说："一九四二年（注：应是一九四三年）日本联合舰队司令山本五十六，不得不亲赴南洋指挥海军作战。就用大东亚省（注：应是外务省）所留下未烧毁的普通密码电报本（即 LA 码电报本），打了一份无线日文密码电报，说定于某月某日乘飞机赴南洋指挥作战，当被重庆军技室侦译出来。由毛庆祥报告蒋介石，即刻转知驻渝美方。美即令航空母舰飞机队（注：应是迦答尔卡拿尔岛上美军基地的空军）准时在太平洋上空侦候，把山本五十六击落海中（注：应是原始森林）而死。但日本《军阀》那部电影上讲，是美国自己破译出这份密电的。这与当时事实不符。"

我也是当年躬与其事之人，完全同意霍实子先生所写的上引一段话，事实的确如此。我一再在前文提及终抗战间我们中国没有破译过日本陆军密电码当然也包括日本海军密电码在内，这是千真万确的事实。所以，那份军令部拍发的密电报，我们没有破译出来，说的是实话；而破译出那份用日本外务省最简单的LA密码本拍发的密电报，说的也是实话。现在看来，这两份同样内容（即预告山本五十六巡视日程）的密电报可能同时并存的。果真如此，则问题就转移到为什么日本外务省也拍发这种密电报上来。这是当时日本内部之间的秘密，我们无从说起。我们能说的是：当时山本五十六巡视日程的密电报是我们中国破译出来的，而该密电报是用日本外务省LA密码本拍发，是由中国通知美国而出动空军拦击，以致造成山本五十六在南太平洋所罗门海上巴拉勒机场附近上空的“天女散花”，如此而已。[1]

由此看来，美军击毙山本五十六是中国军委会军技室破译日密的又一重大成果。

军技室破译日本情报的重要成绩

在池步洲的回忆录中，还记载着军委会军技室破译日密的其他重大成绩，概括起来有以下十余项的内容：

第一，1941年4月13日，苏日两国出于各自的目的，签订了《苏日中立条约》。这件事对中国的抗战产生了严重的影响。而日本派特使松冈洋右到苏联签约的全过程，中方从破译的日本密电中均有了解。日本为了南进，必须确保解除北方压力，于是他们派特使去苏，希望以中立条约的方式得到苏联的保证。作为交换条件，日本特使向苏联许愿：“将来日苏共同开发满洲。”当时苏联正在希特勒德国的强大压力之下，为免除东西两面受敌，故而成交。苏联外长莫洛托夫在签约仪式上举杯致辞说：“日苏有共同的利害关系，中苏不会成为好友。”纳粹德国闻讯，派员赴日劝阻，日方则骗德国人说“待日本占领南洋后，实力更

[1] 池步洲：《一片丹心破日密——抗战回忆录之一》，载www.hackchi.com/chi/people/mhyxzh004.htm。

厚，再转以北进”。其后，日本曾探知苏联计划援助中国飞机若干，就通过日本驻苏大使佐藤，以中立条约为借口加以阻止。

这些情报的破译，使蒋介石深感苏联已不可恃，而更寄希望于美国。

第二,一日，军技室破译日密得悉消息：有两艘美国船只，挂着苏联国旗，满载军火，自西海岸航往苏联，但在公海被日本军舰扣留。苏联外长莫洛托夫召见日本大使佐藤，要他放行美国船。他说：“美国是苏联盟国，而且挂着苏联国旗，日苏订有中立条约，日本不得擅自扣留。”佐藤说：“美国是日本的敌国，日本有权扣留它的船只。”双方争执相持不下。佐藤威吓说，“日本南进已成功，兵力可以北调”，并要求晋见斯大林。莫洛托夫回答说：“他是最高统帅，不能见你。伏罗希洛夫是最高苏维埃主席，可以接见。”佐藤反唇相讥说：“那么日本的总理大臣从此就不再接见你们驻日大使。”事后，佐藤电外务省请示，电文说：“我刀已出鞘，不可能收回了，愿允许在二十四小时内下旗回国。”蒋介石看到这些译电，十分高兴，他认为日苏断交有希望了，因此焦急地等待日本外务省的回电，特命毛庆祥坐在军技室的办公室里等消息。可是两天时间过去了，还不见回电。到了第三天，军技室才侦破到日本外务省的密电，内容为：“经过内阁会议，现在对苏作战，还不是时候。两条美国船，这一次姑且放行，但不保证今后不再扣留美国船。”于是，蒋介石希望破灭。

第三，军技室破译日本密电码中有大量有关苏德战场的战况报告，几乎每天都有好几份乃至十多份，内容真实详细，与协约国报纸所报道者几乎完全不同，其中描述德军战地实况尤详，如报告德军在冰天雪地中缺衣少食，饥寒交迫；希特勒数次亲赴前线召开军事会议，当场拔枪击毙持反对意见的将领，等等。战争后期日本的电文中，也暴露出他们认为德军可能战败，因此日本不可轻易对苏开战。

第四，1942 年 10 月，军技室破译一份日本密电，成功地向英印空军情报部预报了日本飞机从缅甸的同古起飞，准备轰炸印度加尔各答的消息，英国空军遂在中途将其拦截围歼。英方驻华上校曾为此给军技室送来大量慰劳品。

第五，日本密电中有大量的谍报信息，如我方某战区司令部所在地被侦悉，日本准备派空军去轰炸，幸而侦译得悉，及时通知而转移；重庆、西安、贵阳、桂林以及其他内地军火库及兵工厂，藏有日本间谍，企图破坏；昆明军工厂内有汉奸潜伏，密电透露日方已令其进行破坏活动等，我方据此立即采取肃奸行动，扣押可疑分子多人，阻止日方破坏计划。特别是通过情报侦译，得知军技室内部派往某地的第八工作队李某已被日本收买，遂立即将其调离岗位，并加强了内部保卫工作。

第六，侦译的日本密电还挽救过国民政府要人的危机。日本谍报中曾透露孙科将于某日某时从重庆乘飞机出巡，日本方面令空军将其击落。破译电文时孙科已到机场，正要登机，获悉此情后便中止了行程。而上机的经济界人士徐新六、胡笔江却果真在空中被袭击而丧生。

第七，军技室通过破译日本密电，还及时了解了中方抗战阵营内部的异动情况，报告最高当局妥善处理。如战争爆发后，驻济南的日本总领事曾数度去见当时山东省主席韩复榘，询问他对南京中央军进入山东的态度，韩表示决不让中央军进山东。日本总领事将此事电告日本政府，被我方破译。这为蒋介石后来处决韩复榘提供了警戒和依据。又如1938年底汪精卫逃离重庆到河内后，云南军阀龙云及川康系军阀都有代表去河内同日本人秘密谈判，其内容以密电形式报告日本政府，一一被我方破译。后来龙云获悉此事被蒋介石从破译的日本密电中侦知，故而他始终不敢再去重庆见蒋介石。

第八，抗战期间美国援华空军陈纳德“飞虎队”抵抗日本进攻，颇著战功。其中他们所需的日本空军活动情报和气象情报，大量来自我方侦译的日本军用密电，这为飞虎队准确掌握日本空军活动情况，及时打击日本空军及交通线提供了保障。其成功因素，由一次军统俘虏了日本空军通讯员大石信三而大有收获，当时毛庆祥命霍实子到重庆军统局参加审讯日俘，得知日空军的密码比较简单，很快破译而得掌握全局。

第九，情报破译工作为战时中国外交也提供过重要帮助。战争爆发前，国民政府进行币制改革时收回的大量白银，存于天津英租界内有几千万两。中日开战后日方一再胁迫要英国交出。其中日英双方为此事交涉的情况，我方均从日本密电中获悉，中方据此几经与英方交涉，终于使得英方拒绝日本的要求，保全了中国的财产。另外，太平洋开战后，日本方面侦察到有美航空母舰数次向东京湾附近航行，旋又他去。日方对此大为紧张，密电南洋日本各基地注意，但其通讯所用密码多是外务省最简单的 LA 密码本，亦被我方破译。后来才知道这是美国意图轰炸东京，曾预先通知中、苏两国，为保全航空母舰避遭日方袭击计，他们计划轰炸东京后飞机不再返回航空母舰，而是迳向西飞，分别降落在中苏两国基地。其中部分战机飞到我国衢州机场降落。但有一次国民党方面机场主官竟然因嫖妓未归，没有及时译出重庆的指示电报，所以反致以高射炮不断发射，美机不得降落，终至缺油坠毁数架，只有两架在苏联境内安全着陆。日本要求苏方引渡，苏联拒绝。这些消息因日本驻苏大使致国内的密电，被我方译出而一一得悉。

第十，有关汪伪政权的情报也在侦译工作中得悉不少。如有资料称，1943 年 3 月，南京伪府主席汪精卫因 1935 年 11 月在南京中央党部被刺后枪弹留在背部未能取出，旧疾发炎阵痛，不得不飞往日本治疗。经日本名医小黑手术，安全地取出子弹，医生要其静养三月再行回国，但汪以自己精神甚好，决定匆忙飞回上海。适其妻陈璧君不在，汪用中文密码电报拍至广州德政北路陈璧君住所告知，陈复汪电嘱其千万不要宣布回国，必须改名换姓，秘密住入上海虹桥医院，听候陈返沪护理再行商议。这两份密电均被重庆军技室破译并呈送蒋介石。蒋即命军统戴笠，派特务买通虹桥医院女护士，每于送药时秘密掺入少量无色无味的慢性毒药，延至同年 10 月，汪即死在上海虹桥医院。俟日本选定陈公博继任南京伪国民政府主席后始于 11 月发出讣告，宣布汪精卫在日本病逝，后称迎汪柩于上海，运到南京，葬在明孝陵前梅花山上。抗战胜利蒋介石由重庆还都南京时，秘密派兵炸毁汪墓。[1]

又如 1945 年 8 月 10 日，日本天皇宣布无条件投降后，南京伪府行政院长周佛海因早与重庆戴笠有联系，就和伪军头目任援道密谋，欲擒拿伪府主席陈公博一伙向蒋介石赎罪。事被陈等察觉，乃请日本顾问影佐帧昭出面保护，愿出巨款秘密飞往日本乡间隐藏。影佐则于 8 月 24 日晚令日本驻沪总领事馆用 LA 密码本给日本大东亚省发出一份无线密电，电文大意是：南京"国民政府主席"陈公博、"国防部最高会议秘书长"岑德广、"经济部长"陈君慧、"中央军校教育长"何炳贤、"侍从室主任"周隆庠、"安徽省长"林柏生、陈公博妻李丽壮、陈公博的女秘书莫国康等由军事顾问带领，从上海乘军用飞机到日本米子机场着陆，请派人妥为照料，并将陈等秘密隐藏乡间等语，这份日文密电当即被重庆军技室截获破译送给蒋介石。日本投降后，蒋介石即通过驻东京盟军总部，勒令日本政府照这份密电内容，将诸奸一一点名引渡回国法办。[2]

这两件事，第一件涉及汪精卫病死过程真相，特别是军统局有无居功活动，占有除奸功劳之事。目前因缺乏可靠的史料佐证，正史并无记载，仅靠台湾地区有关机构单方面的撰述、个人回忆录和其衍生出的野史文章是不充分的，只是存有此一说而已。第二件则是有事实佐证的，

[1] 吴越：《书生笔下十万兵——记破译日军偷袭珍珠港密电的池步洲先生》，资料来源：www.hackchi.com/chi/people/mhyxzh004.htm。又见：《一代奸雄汪精卫"病逝"内幕》，载《扬子晚报》第 11 版，1996 年 9 月 24 日。

[2] 吴越：《书生笔下十万兵——记破译日军偷袭珍珠港密电的池步洲先生》，资料来源：www.hackchi.com/chi/people/mhyxzh004.htm，并参考了霍实子、李直峰：《国民党密电研究组与军技室的若干事》（未刊稿）一文。

似可相信。

另外，据1941年7月11日主管军技室工作的军事委员会委员长侍从室秘书毛庆祥向蒋介石呈报说：

奉谕全力侦收东京与罗马通讯等因，自遵办。惟日意双方无线电声音微弱，侦收至为困难，又兼每日空袭时间停止工作，遗漏甚多，除加紧努力，并在技术方面改进外，谨将本月1日至10日侦译情形汇呈之。

一：1日至10日共侦获68份。

二：其中已攻破者计8份，以后如有重要情报当由职亲自送呈也。

谨呈委员长钧鉴。职毛庆祥呈。7.11附呈情报8份，统计表13张。[1]

同日又呈报7月2日长春站获得发往莫斯科的情报一份，内容是：

据满方之情报，二日驻长春苏联领事向满方称：居住长春之馆员及其他汉从员等约七、八十，因须回国，拟请发给出国护照等语，此一行预定于二日自从出发之一行偕返。[2]

8月1日，呈报截获日本方面的两份情报：

一为7月13日北平日本占领军当局发出致南京、烟台、济南、青岛及东京各地驻军电，通报"帝国与苏联之关系，极为机微，随军势之发展如何，有殆致重大场面之虞（当地方面军亦作同样之窥测），华北及蒙疆方面各部应注意对侨民之保护，以期万全之策（……以下电报错误不明）"。

[1] 见台湾"国史馆"藏档：特种情报039（军事），《技术研究室呈蒋介石文》第3号，1941年7月11日。

[2] 《技外又Ⅱ 0011号》（1941年7月11日），（台湾）"国史馆"藏档：特种情报039（军事）。

二为东京日本外务省向驻美国、加拿大及南美各重要都市使领馆发出战争准备的命令："鉴于目下国际情势之紧迫，贵馆保管之文书，应照下列办法处理。（1）普通文件应于平时最短时间内处理之，其他文件应特别将其搜集保管。（2）为平时之整理兼顾非常之应变起见，应参酌日常之工作任务情形办理。文件中如有贵重者，即寄回本省，其他转手不需用者，逐渐焚毁之。（3）焚毁之际，应由负责保管文书者监督执行，注意其绝对不得泄露机密。（焚毁文件之目录，寄还本省）（4）如因避难而实行移动文件时，应始终严密监视，不得稍疏虞。"[1]

很明显，这两封被破译的日方电文是极重要的，特别是第二封电文的内容，从一个侧面暴露了日本准备发动太平洋战争的计划，具有较高的战略价值，这证明军技室的破译工作还是卓有成效的。

1942 年 1 月 28 日，毛庆祥向蒋介石呈报：调查统计局人员陈祖舜等 79 人已脱离军技室，奉调回局工作，少将副主任魏大铭、第四组少将组长方砚农等所内现任干部亦申请免职。蒋介石批复同意，但指示所有机器设备暂时继续留在军技室。[2]

以上几方面的事例说明，重庆军委会军技室的密电破译工作对中国抗战有着重要的贡献。他们的工作虽与中统局不在统一机构范围内，却有着千丝万缕的密切关系，如果不弄清这段鲜为人知的历史，我们也无法对中统的密电通讯和破译工作有一个明确的了解。

[1] 《技二甲（三）号译文》（1941 年 7 月 13 日）；《技二甲（二）号译文》（1941 年 7 月 10 日），见台湾"国史馆"藏档：特种情报 039（军事）。

[2] 《毛庆祥呈蒋介石文》（1942 年 1 月 28 日），见台湾"国史馆"藏档：特种情报 039（军事）。

[第九章]
洋为中用
——中统与英国情报组织的合作

第一节　中统与英国情报组织合作的开始

提起国民党特务组织的对外关系，人们自然首先想到的是戴笠的军统组织与美国的特务合作，很少有人想到或根本就不知道国民党中统特务与英国情报特务机构之间在抗战时期也有许多的合作关系。这段隐秘的历史在半个多世纪以后才随着时间的流逝慢慢浮出水面，但迄至今日，因台湾有关主管单位档案资料的继续封闭，人们仍不能得其全貌，只能从英方和其他外围资料中获取其中的一鳞半爪。[1]

1939 到 1944 年间，国民党中统局与英国情报机构在共同抗日的前提下进行了范围广泛的合作。这一合作是由英方首先提出来的，其目的是为了保卫英国在远东的殖民地利益。

当时的英国已经显示出一个衰落帝国的迹象，因忙于应付欧洲与纳粹德国的战争，国力不及，无法顾及远东地区。当对日本的步步进逼一

[1] 所幸的是，英国国家档案馆（PRO）按照 50 年的期限规定，从 1996 年起开放了对华特工合作的有关档案资料，并提供查阅，使这段历史中的许多内容能够大白于天下；但因缺少中方的资料印证，这便使研究国民党特工组织的对英合作仍缺乏有力的史料基础与保障。

再妥协而仍不得求安之后，最终走上了开战之路。然而，英军在远东兵力不足，即使是在香港和新加坡这样的要害地区，也没有什么整建制的陆军，只能依靠少量的海军与来自马来、印度等地的殖民地雇佣军。这样的军队，士兵素质不高，即使有英国的将领指挥，战斗力也上不去；何况英国的将领们一般都存有本领不大脾气不小的毛病，面对亚洲人充满种族优越感，看不起中日等国及印缅等所属殖民地。故开战后，首先对日本军轻视，对中国傲慢。一旦打了败仗，又惊慌失措，急忙向中国求助，想利用中国的力量来保卫其殖民地。这样，才有了中英的军事战略合作。

在情报特工方面，英国的动机也很简单，企图通过与国民党特务组织的合作，运用中方的人力资源，加以培训和武装，训练出一支可供英方用以保卫香港、缅甸、马来等英属殖民地的别动队，以弥补英军在远东的不足。

早在太平洋战争爆发前，英国鉴于日本有可能向南洋攻击，出于保卫香港安全的直接目的，就准备借用中国的力量来帮助其保卫香港。这个任务交给了英国特工部门，成立了一个专门的机构特别行动部（Special Operation Executive，SOE），负责与中方的特工组织合作，并在重庆派驻了代表，任务是由英国出资并配给装备，训练出一支中国别动队，用于对日开展骚扰、牵制作战，并在敌后开展破坏、游击和情报战。

太平洋战争爆发后，日本陆海军在太平洋和东南亚地区，一路势如破竹，在很短的时间里占领了这一地区大部，英国为抵御日军，急需有关日军在各占领地区的兵力、装备、部署等情报，遂命令其驻重庆大使卡尔同国民党中央党部秘书长吴铁城进行密商。

蒋介石接到英国的请求后，思考再三，把这个任务交给了中统，成为 SOE 与中方调查统计局（RII）的合作项目。徐恩曾一度企图把中统的势力发展到南洋各地，见英国情报机关主动找上门来，自然喜出望外，立刻委任顾建中就合作具体事项同英方进行谈判。

这一项目后来因日本发动太平洋战争，英国连续丢掉香港、新加坡等军事要地而失去了价值。此后，中英特工情报合作转为在华南及马来亚、印度地区训练中国海员与侨民的联合抗日行动，中英的情报合作则转向更广泛的对日情报作战。

1942 年夏，在重庆川东师范中统局本部，中统代表顾建中同英国情报机关的代表就两国情报机关合作事宜进行了几轮谈判。

双方商定：由英方负责经费，中统负责征募和培训东南亚地区的华侨，让他们潜入马来亚、缅甸等地区进行情报活动，并将情报提供给英国情报机关。由于双方互有所求，谈判很快便达成协议。

1942 年底，中统局为进一步扩大在南洋地区的组织活动，又举办了一期海外工作人员训练班，地址在位于重庆复兴关不远的歇台子，班主任为陈宗周。1942 年 12 月 14 日，国民党中执会秘书长吴铁城应邀前往“训话”，17 日开始正式上课。[1] 该班“参加受训学员共 34 名……均系列本党优秀党员，经考察忠实可靠者。训练期间暂定三个月，结业后考核成绩，分别派赴马来亚、缅甸、印度等地工作”[2]。

中统局为该班制订了一份训练大纲，其主要内容是：

训练目的：培养本局海外工作干部人才，充实本局海外业务力量以促进本局海外业务之发展。

训练要旨：

（甲）加强受训人员对本党主义、总裁言论及有关政治问题之认识，以提高其政治觉悟之水平，与确立其坚定之政治信仰。

（乙）培养受训人员之组织精神，及提高其对特工之认识，以确立

[1] 《张步云致吴铁城函》（1944 年 1 月 6 日），（台湾）党史馆特档 009-13。

[2] 《张步云致吴铁城函》（1944 年 1 月 6 日），（台湾）党史馆特档 009-13。

其坚定之组织观念与效忠特工之热忱。

（丙）教练受训人员以特工之必需理论与技能，并养成其秘密严肃之习惯，以确立其基本之特工修养与应具之基本态度。

训练方法：

（甲）究之方式，故除课程之讲授外，并侧重集体讨论与业务演习，以养成学员自动研究注重实际之精神。

（乙）政治训练工作、训练与精神教育、生活教育并重，故于训练期中施以军事管理，以养成学员重秩序、守纪律、守秘密及简单朴素迅速确实之习惯。

（丙）实施小组责任制，于训练期中凡问题之研究、生活之管理，业务之演习等，均以小组为实施之单位，务期符合“小组决定一切问题、一切问题通过小组”之原则，而培养受训学员之设计创造自动自治服从负责之精神。

组织：本班之组织，以能适当执行本班之任务，所需职员以调用本局现任人员兼任为原则。……

学员：名额：暂定五十名。

成分：选拔华侨之优秀青年并具备左列诸条件者：（一）曾受本党之政治的或工作的教育，其信仰正确；（二）身体强健品格纯洁，无不良嗜好；（三）熟悉海外情形，对于海外工作具有高度热情与坚决意志；（四）愿意并可能参加本局战时海外工作；（五）愿以特工为终身事业并服从调遣。

来源：由本局同志负责介绍并经本班正副主任谈话考核后，呈请本局副局长批准（选拔学员采取绝对秘密方式）。

训练期限：每期暂定为三个月，遇必要时可缩短或延长之。

训练时间之支配：分集中训练与分组实习两期：（甲）集训期间两个月；（乙）实习期间一个月。

训练项目：（一）讲授课程；（二）讨论问题；（三）业务实习；（四）小组讨论；（五）读书指导；（六）精神讲话；（七）个别谈话。

考核：（略）

结业后之工作：训练期满后经考试完毕，由本局按照其成绩及能力并视工作需要派遣工作。但成绩不佳者不予派遣工作，得留班继续训练。

经费：本班所需经费由本局核发，其预算另造呈核。[1]

据“海外工作人员训练班学员简历”所提供的资料显示，在收录的叶水源等34人中，有女学员7名，平均年龄为26岁，以广东与福建省籍人员为主，他们来自军委会战干团、中训团、中央军校和交通、电讯等特殊部门，绝大多数有在南洋各地居留的经历，对南洋各国情况熟悉。其中，原为中统局职员2人、“本局调查员”4人，这说明大多数的“海外工作者”原来并不是中统特工。[2]这批受训学员后来便成为中统局在南洋活动的骨干力量。

第二节　中统助英训练中国留印海员

太平洋战争爆发后，日军占领了香港及南洋的新加坡、马来亚、缅甸等地，英国轮船公司经营的远东南洋航线先后停航，华籍海员五六千人被迫滞留在加尔各答，生活极为困难，而英方又无力负责安排，提出由中方来帮助其训练或遣散，并在需要时为英美提供海上服务，英方同意为此支付部分经费。

[1]《中国国民党中央调查统计局海外工作人员训练班计划大纲》，（台湾）党史馆特档009—13。

[2]《中国国民党中央调查统计局海外工作人员训练班计划大纲》，（台湾）党史馆特档009—13。

面对这样庞大的一支力量，中统认为应当很好地加以利用，在组训的同时，可为中统培训出一支较强的海外部队，以实现其向外拓展势力的计划。因此决定派员前往印度，组建“中国留印海员战时工作队”。

1942 年 6 月 9 日，国民党中执会秘书长、中统的后台“大老板”吴铁城对局内派赴印度工作的人员训话时，强调了此次任务的目的与要求。

他说：“各位同志此次奉派前往印度，对于我国滞留在印度的海员，加以组织与训练，这在党是极重要的工作……这一次组训海员的目的，在使其协助英国、印度抗战。……目前我国与英国及印度，痛痒相关，利害相共……中英印三大民族，亦彼此均负有协同努力之重大任务。……诸位同志于工作之余，应同时从事国民外交工作……除自己努力外，尚可策动当地我国侨胞去作。

各位之工作任务，本人昨晚已面陈总裁，为其目的有三：一、严格实施党的组训，使各海员能确实担任与同盟国并肩作战之使命。……故诸位当倾全力以赴，务求各海员今后于服役英印政府时，能表现出极优异与英勇之劳绩……二、着重技术训练与纪律习惯，使各海员能于战后能担任接管轴心国船舶之工作……三、此次组训为将来普遍组训海员之基础，而为今后发展我国航业之张本……抗战发生后，党部与政府对海员工作亦未能充分加以运用。战后我国必须发展航业，航业发展端赖海员，故诸位之组训工作如有成效，使此二千余海员能成为中国海军干部，在本党领导下，有严密组织，良好纪律，则将来谋我国航业之发展，自能收事半功倍之效。”[1]

吴的这番话，道出了这次海员组训的远近目的，原来中统对未来中国海军之重建也抱有染指的野心。

1942 年 10 月 22 日，“中国留印海员战时工作队”在印度加尔各答

---

[1] 吴铁城：《对赴印工作同志训辞》，（台湾）国民党中央党史会藏档：特 030—38。

托力根营地举行了正式成立典礼，蒋介石与吴铁城均发来了贺电。中统局派出的工作队总队长王天雄主持了典礼，中英双方的代表及千余队员参加，会后发表了《中国留印海员战时工作队成立宣言》，当晚还举行了餐会。[1]

工作队成立后，即对海员们进行了党训化的“教育管理”，为期半年，而后进入正式的工作阶段。为加强内部控制，经国民党中央海外部批准，中统在工作队里建立了党的直属分部，后扩大为总支部，下辖五个分部，最多时有国民党员五百余人。党部的工作目的是“在组训过程中能使海员同志们的生活方面，得以改造，思想方面能受本党主义之熏陶涵育”[2]。

根据资料显示，工作队平时的主要活动内容是思想教育、航海训练、提供英美盟国的航海服务、联络服务中国驻印远征军、驻地社会救济、自给生产、体育娱乐等。如 1943 年 12 月上半月的工作统计即包括以下 10 项内容：

1. 举办干部年终考绩（是为“为襄助管训特挑选优秀队员予以特别训练，用为干部”）；

2. 举办征文竞赛；

3. 提倡踢毽运动；

4. 垦辟菜地；

5. 培植营房风景；

6. 制纪念章（“本队为资永久纪念特制，离队队员及队员购佩者甚多”）；

7. 结束对驻地印度灾民施饭（据称“施饭共计 3 月，据印人估计共

[1] 《海员工作队成立盛况》，(台湾) 国民党中央党史会藏档：特 030—38。

[2] 陌生：《本队党部筹备概况》，载《海风》第 43 期，(台湾) 国民党中央党史会藏档：特 013—1。

值 1 万 5 千盾，故活人命当在 600 以上，甚得一般印人好感”）；

8. 慰劳中国远征军战车队（邀请驻巴力克浦部队“聚餐并举行同乐会”）；

9. 出版壁报周刊（“《海风》壁报出至 60 期、《海风》周刊已出 44、45 两期”）；

10. 统计人数（“全队人数截至本月上半月止为 477 名，较上月底减少 13 人”）。[1]

工作队出版《海风》壁报周刊，用于宣传与鼓动，介绍世界反法西斯战争状况，起到了较好的效果。[2]

此外，工作队还派出了部分人员赴英参加海上战时运输服务，主要内容是“担任船坞的消防、军需的运输，参加前方机器工厂、飞机工厂、军需工厂等工作”，“依过去一年多的表现，成绩斐然，使友邦各界人士获有深刻的认识和一致的赞赏”[3]。

实际上，中统局揽下这一桩工作的结果是帮助英国人解决华籍海员的处理安置问题，至于这个工作队是否培养出了适合中统需要的特务人员，其效果倒也不是太明显。最后，中统方面通过对这批留印华籍海员实行军事管制训练及分化瓦解，让海员们或另谋出路，或回归祖国，使聚集在加尔各答的数千名华籍海员逐渐解散。

工作队结束以后，中统向英方申请经费补偿，英方十分吝啬，双方为薪水、办公费、服装费补助等事发生了多次争执。临回国时，海员队中又有人私购印度禁止出口的黄金，在飞机上被英方查获，双方又进行了不愉快的交涉。无论如何，查考中国留印海员战时工作队的历史，其

[1] 《中国留印海员战时工作队工作报告（12 月上半月）》，（台湾）国民党中央党史会藏档：特 13—13、1—4。

[2] 《海风》周刊第 42、43、55 等期，（台湾）国民党中央党史会藏档：特 013—1。

[3] 李文祺：《留印海员战时工作队透视》，载《海风》第 42 期，（台湾）国民党中央党史会藏档：特 013—1。

积极作用还是大于其弊端的。

第三节 中英合作建立缅甸情报网

在 1942 年夏的中英谈判中，双方同意组成中统缅甸情报区，其主要任务有两项：

1. 搜集有关日军的一切军事、政治和经济情报等，协助盟军在缅抗日作战。

2. 调查旅缅华侨和当地人民反英、反日的活动。

所有这些情报，均须抄送英方一份，情报区的活动也随时向英方通报。作为交换条件，英方每月向情报区提供 7 万卢比的活动经费，并一次性地为情报区装备所需通讯器材和部分轻武器。

中统与英国 SOE 一经达成协议，便立刻投入了紧张的筹备工作。具体承办筹建缅甸情报区工作的是中统局本部的侨务小组。

1942 年底，组建工作在重庆正式完成，为掩人耳目，所组成的缅甸情报区，其公开掩护机关的对外称呼是“中国国民党驻缅甸总支部”。

缅甸情报区的主要成员，主要来自侨务小组在重庆和昆明等地招募的东南亚地区华侨青年，最初额数未招满，后来又不得不扩招一些闽、粤籍的青年加入。这些人被招来以后，中统在重庆开设了一个专门的特训班，对他们进行了短时间的特务技能训练。12 月，该班结业后，除少数学员被派往马来亚等地工作外，其余人员连同电台人员一起，组成了中统缅甸情报区。

由于招募和培训工作比较急促简单，这些被派去缅甸工作的情报人员一般素质较低，他们缺乏熟练的特工技术和应有的保密习惯，工作成绩不佳。

中统缅甸情报区由李竹瞻担任区长，陈蔚如任副区长。

李竹瞻，是广东梅县人，曾在缅甸首都仰光的中华基督教会中从事教职多年，是一名牧师，过去从未搞过特务工作。20 世纪 30 年代，吴铁城在任国民党中央海外部部长时，曾到仰光等地视察党务，李竹瞻当时为吴组织过盛大欢迎会，吴对他颇有好感。中统筹建缅甸区时，李竹瞻居留重庆，并表示过要在政治上谋求发展的意向；吴铁城便将其介绍给徐恩曾，并称李能力强，又熟悉缅甸情况，还具有一定的社会基础，极力保举他担任区长。

对吴铁城推荐的人，徐恩曾当然不敢抗拒。但在他看来，派一个外行去领导缅甸区肯定不合适，这样会使缅甸区先天不足。于是，他派出陈蔚如任副职，并向他面授机宜，让他把情报区的主要工作实际全抓起来。

徐恩曾又同李竹瞻谈话，鼓励李把情报区的对外联络工作做好，暗示李其他工作不用多管。李竹瞻当即口是心非地表示同意。

1943 年初，中统缅甸情报区全部人员携电讯器材，乘一架运输专机，由重庆出发抵达昆明。

在昆明，李竹瞻与驻昆明的英国领事馆取得联系，按协议领取了经费和有关器材。

与此同时，为了充实潜入人员，陈蔚如找到中统云南调统室主任查宗藩，向他提出，要求他代选人员充实缅甸情报区，条件是：入选人员必须是中统人员，必须是曾去过缅甸的云南华侨，或者是懂得缅语、熟悉缅甸情况的人。查宗藩于是把李品伟介绍给了陈蔚如。

李品伟，云南保山县人，参加中统已有年余，早先曾在缅甸腊戌开设照相馆，经营多年，日军占领缅甸时才回到云南，对缅甸情况极为熟悉。

陈蔚如了解了李品伟的情况后，十分满意，当即向局本部汇报，将李品伟留下，命他以“中央党部战时边地视察员”的公开身份去缅甸景栋分区开展工作，以利于情报区的日后活动。

情报区人员在昆明停留了一个多星期，等经费、器材和人员问题基本解决后，开始潜入缅甸。路线是预先定好的，全体人员决定编成两队，从昆明分道出发，大致安排为：第一队先行，由陈蔚如带队，从下关方向经滇缅公路进入缅甸的澎弄；另一队随后，由李竹瞻领队，从昆明经滇越铁路进入缅甸的景栋地区。

双方商定，陈蔚如带人先到下关后，应着手布置好办公地点并筹办好潜入缅甸境内的一切准备工作，等待李竹瞻率队前来下关会合。

1943 年 1 月中旬，陈蔚如率情报区部分人员包乘两辆大卡车到达下关，在文言昌宫设立了办公处和宿舍；同时，还在迤小井巷 18 号架起了无线电台，对外通讯地址为“云南下关邮政信箱 48 号”，名称代号为“灵光”。

电台人员的工作比较紧张，他们一方面架设总台，争取尽早同重庆、昆明通报；另外，还要对从昆明英领事馆领来的两只手摇收发报机进行改装。因为这是英国人的处理品，使用时会发出很大的噪音，极易暴露。

根据事先的商定，缅甸情报区下设六个分区，分别为：

1. 仰光分区。主任蔡英，电台台长李发柱。

2. 曼德勒分区。主任初光荣。

3. 景栋分区。主任王一定，电台台长张润。

4. 腊戍分区。主任张云，电台台长杨耀辉。

5. 八莫分区。主任杨安，电台台长程志安。

6. 密支那分区。主任未定，电台台长留总台工作。

陈蔚如这时发现，由于事前没做好细致的调查研究工作，情报区人员配备存在很大问题，因为整个缅甸区的各分区，除仰光、曼德勒两个分区讲缅语或英语外，其他四个分区都讲泰语，而入缅人员基本都是讲缅语的，在泰语地区毫无立足之地。

由于经费掌握在李竹瞻手中，陈蔚如处理完这些工作后，便只有等李竹瞻率队赶来。可是，这一等居然就是大半年，李竹瞻还在昆明没有动身。

情急之下，陈蔚如多次催促其速来，谁知这位李牧师总是推说派往景栋方面的人员尚未出发，须等他们到齐才能去下关。实际上，李竹瞻之所以滞留昆明不肯动身，是因为他把活动经费挪用去搞投机买卖了。

这样，在下关的人员对李产生了严重的抱怨情绪。陈蔚如把情况向中统局本部做了汇报，徐恩曾也非常不满，电令李竹瞻率队速往，可李对此置若罔闻，一直在昆明踯躅不前。

由于李竹瞻迟迟不来，陈蔚如等也无法筹办潜入缅境所需的物资；所以，在下关的半年多时间里，所谓的情报区实际上根本无事可做。

英国方面对此非常不满，认为情报区徒有其名，拿了钱和物却不干实事。为了对内对外有个交代，陈蔚如煞费了一番苦心。

李品伟对滇南地区和缅甸境内的情况比较熟悉，从他那里，陈蔚如了解到：当时日军在缅甸地区的军事力量十分薄弱，侵入缅甸的日军除在沿海重要港口和滇缅公路设有重要据点外，其他地区不过是利用一些缅奸来维持秩序，漏洞很多。另外，在滇缅边境腾冲和龙陵间的山区，有一些静僻的山间小路，在这条线路上常有一些做马帮生意的汉人往来，他们熟悉当地的地理人情。陈蔚如认为，如能得到这些马帮的帮助，对缅甸区的潜伏和侦察都将大有好处。于是，他决定利用这段时间，在马帮里发展关系。通过云南调统室的关系，陈蔚如结识了一位姓杨的腾冲籍地主，这位杨某同马帮在生意上往来颇多。他经常从马帮手中购进棉纱、五金、药品等紧俏商品，转手倒卖给昆明来的商贩，从中牟利，因此他和马帮的关系很密切。

通过杨的介绍，陈蔚如同马帮中的一些人套上了关系，常常邀他们在一起闲谈，从中了解一些缅甸境内的情况；然后，再经一番加工后，除发送中统局本部一份外，另给昆明英领事馆一份，聊以塞责而已。

1943 年 8 月间，李竹瞻终于到达了下关。

对李竹瞻滞留昆明，陈蔚如等人都非常不满，特别是听说李用活动经费经商，更是气愤。李竹瞻到了下关后，闭口不谈工作之事，反给每个人都发了一本《新约全书》，要求他们按时到教堂听讲。陈蔚如为此同他大吵一场，两人矛盾趋于尖锐。正、副区长无法合作，情报区的工作也就可想而知了。

同年 10 月，为挤走陈蔚如，李竹瞻向吴铁城密报了陈的几大罪状，包括有：吸食鸦片烟；动用公款做生意；常聚众赌博；不抓工作；目无上级；调戏少数民族女子，等等。吴铁城把信交给徐恩曾，让他查办。陈蔚如是徐的心腹，他当然不肯查办。而且，徐恩曾也认为这些所谓的罪状，实际是李竹瞻恶人先告状。但吴铁城毕竟是他的靠山，他可不愿为了一个手下去开罪吴。于是，便派中统侨务小组的负责人朱凌云由重庆去下关，名曰调查，实则是做陈蔚如的工作，把他调离缅甸区。

陈蔚如得知李竹瞻密告自己的事情后，恼羞成怒，他一面据理驳斥，为自己申辩，一面又向朱凌云揭发李竹瞻以活动经费经商的事实。在朱凌云的开导下，陈蔚如同意回重庆，并于当月离开了下关。

陈蔚如走后，朱凌云接替了陈的位子，担任副区长。时隔不久，李、朱之间冲突又起。李竹瞻用同样的手法又告了他黑状。

对李竹瞻这样再三胡闹，徐恩曾此刻也看不下去了。他把李竹瞻由下关招来，狠狠地批了一通。因为不想让吴铁城太过不去，训斥之后，并未撤李的职。[1]

除了筹建缅甸区的工作以外，中统组织还和英方先后进行了两次较

[1] 徐飞编著：《狼与狈——中统军统行动档案》，河北人民出版社 1998 版，第 264—271 页。

大规模的合作行动。

第四节　SOE 在中国

当然，中国与英方的情报特工合作远不止限于上述几件事情，所谓 SOE 在华的工作包括多方面和几次较大的行动在内。关于这一点，我们可以参考由英人路易斯·阿瑟顿所写的下面这份报告，探知其中的部分内容。

SOE在远东的行动[1]

路易斯·阿瑟顿

SOE 在中国的角色仅限在情报搜集工作，它的发展基地立足在重庆与昆明，使之不便在中国的日占区从事有组织的破坏活动。SOE 的最大成绩是多种来源的情报资料和在有关地区的行动指导，其中既有涉及有关中国日占区和日本本土经济的、军事的和政治的情况，也有被邮检人员截获的部分通信情报。

这里是有关 SOE 与中国秘密情报组织 IIR 与 IIS 合作的几个文件，这两个组织都曾向在伦敦的 SIS 提供过一些情报，同时提供一些早期抗日组织的新报告，其中包括 1942 年中国方面请求遣散中英合作别动队的报告。[2]

SOE 直接策划了在 1944 年对日本香港海军工厂发起的一场令人鼓舞的攻击行动，代号为 NON CHALANT，这次行动暗中破坏了日本人

[1]　英国国家档案馆藏档：HS 1/164，由马振犊翻译。

[2]　英国国家档案馆藏档：HS 1/164。

的造船能力，而后他们为香港船坞工人提供了撤离路线，通过贵州由陆路去印度。不幸的是，SOE 没有充分意识到在一个已成为战区的地方人员行动之困难。在贵州，他们在集结一批掉队工人时遭到了失败，最后这场行动在 1945 年 3 月被迫中止了。[1]

有关 SOE 代号为“忘却”的行动的第一个计划是在 1943 年提出的，在这一计划中，英方反对在香港地区的军事行动中对华南中国共产党抗日武装人员渗透，但这一立场却遭到美国人出于包庇国民党利益的坚决反对，这是来自英国殖民地的一项缺少保密措施的计划，直到 1944 年，魏德曼将军和其在华的指挥官都从根本上反对这项行动，但 SOE 相信在这场美国人演出的反派戏中，真实的原因是出自政治方面的异议。

SOE 大多数的记录来自中国传教团搜集的情报资料和其他重要事件发生地情报员及印度和 Ceylon（锡兰）司令部搜集的通讯、消息与书面计划。这些档案包括不同版本的各种报告、在英国及其他国家被邮电检查人员窃取的有价值的信件复本、来自商人与专业人员的信件、叛逃者的日记及来自其他情报代理组织的正式报告——包括军事情报、军事和经济战资料等，许多情报来源于 BAAG 人员——在澳门与香港的代理人以及在此区域内的外交代表与官员为了掩护在中国海岸进行军事行动而开展的活动；也包括中国官员与美国在华外交人员的会谈记录，既有 OSS 内容，也有伦敦外交部对中方一般的政府通信。另外，SOE 也搜集有关共产党在华力量与组织的情报。SOE 的在华工作与中国的情报机构紧密相关，主要通过两个合作者 IIS 和 RII，对 RII，我们知道它是一个研究调查机构和资源调查团体，原本是一个国际关系协会，但在事实上是一个向蒋介石直接负责的秘密组织，与其代理人工作在日本、上海和其他日本占领地区。

[1] 英国国家档案馆藏档：HS 1/134。

新加坡失守以后，SOE人员被派往中国研究从事破坏工作的可能，他们与两个中方组织达成了合作协议，希望在指导中国秘密军事行动方面能有一份发言权。1943年1月，两个佚名的SOE官员之间曾有一份备忘录，说明："我们在中国没有军事行动，但我们通过RII和SOE关系之线索来寻求对中国人的行动施加影响。"[1]

中国人的指挥官是一名MOI的官员王芃生（Wong Ping Shen）将军，作为他的副手，一名SOE的代表Finalay Andrew以顾问的身份出现。在开展了代号为"自责"的行动后，英方财政等部门恢复了对SOE的技术帮助与经费供应的支持。SOE收到了详细的情况报告，在整个战争期间中英合作得以继续，但这一组织最终于1945年6月结束了活动。

SOE也与IIS国际情报组织合作，这就是中国的情报组织在日本、朝鲜与满洲的内线。一名SOE的顾问兼任了军事情报机关的指挥，其机关设在重庆英国大使馆，在恢复技术与财务供应之后，SOE通过中国伙伴得到新的材料并通过外交渠道送给了SIS及在伦敦的总部。[2]

一些来自IIR的类似报告，主要是有关日本的军事行动和发展计划。双方努力的成果是在战争结束前夕维持与发展了这种合作。IIS也要求SOE向他们通报从事破坏颠覆行动的情况。[3]无论如何，中英双方在采取破坏性行为之前基本化解了矛盾，这应归功于这项合作的实现。

中国也是在"自责"行动中起作用的国家，"自责"是一名橡胶商人Walter Fletcher在Mickleham组织的一项较大的行动，利用一项橡胶走私作掩护开展的一次新行动，它包括在货币交易方面的投机、日用奢侈品走私（如手表、珍珠与钻石）在黑市上销售等。此项行动的文件包括说明和"自责"行动资金（1944—1945年期间）的支付，受惠者包

[1] 英国国家档案馆藏档：HS 1/159。

[2] 英国国家档案馆藏档：HS 1/159。

[3] 英国国家档案馆藏档：HS 1/159。

括 SOE、SIS、BAAG、SEAC，英国大使馆、MOI、Reuters Center、红十字会与帮助法国抵抗力量从印支中部地区撤向中国。[1] 这项行动并未造成有利于英国利益的中国黑市暴涨。资金是在这一地区开展上述几项行动的目的与保证，实际上，“自责”行动募集资金的使用也是英国作为一项战后在华恢复商业基础的设计，它是一项由于美国的竞争给英国过去在华优势造成损失的补偿。[2]

SOE 也搜集从多种渠道得来的有关中国历史和经济类的情报，把它作为一种“工具书”来参考。调查涉及所有的方面：中国的政治、经济、社会和历史发展，同时提供一些实际的指导，其中一些是东方礼节指导，其余的是有关中国社会人物的传记参考。[3]

1942 年，SOE 也曾与 BAAG 合作，安排其合作者从日占区出逃。根据 SOE 代表 Uajor Teesdale 的报告，各类请求发动军事攻击的报告也是 SOE 在华文件的重要内容。[4]1944 年，SOE 曾试图加强其在华军事行动以拓展中英抵抗运动的新局面，但正如 SOE 的许多扩张游击队的计划一样，它因美国的反对而被阻止了。[5]

说明：

IIS：国际情报服务——中国情报组织、SOE 的合作者，所获情报发送给在伦敦的 SIS。

IIR：（RII）调查统计局（或中国资源委员会）——从事从中国日占区搜集情报、SOE 提供技术与经费的中国合作者。

有关 SOE 与中统的合作以及他们在远东抗日活动的历史，远不止上

[1] 英国国家档案馆藏档：HS 1/135。

[2] 英国国家档案馆藏档：HS 1/154。

[3] 英国国家档案馆藏档：HS 1/149。

[4] 英国国家档案馆藏档：HS 1/134、HS 1/138。

[5] 英国国家档案馆藏档：HS 1/180。

述所及，在共同抗日的事业中，起到了一定的作用。但这些活动具有两大特征：一是凸显为英方自己利益服务的特色，二是活动规模相对较小，这是与英国当时的国力相适应的。因此，它远没有后来美国与军统合作的规模与影响大，正因如此，这段历史也就没有受到后人的重视与探究。

在同英方的这些合作中，因客观条件的限制，成绩有限。中统方面虽尽了努力，徐恩曾也花费了不少心血，但最后却落了个吃力不讨好。英方吝啬之余还对中统颇有怨言，这些怨言通过不同途径传到蒋介石耳里，使徐恩曾在蒋心目中的地位不升反降。

[第十章]

反共血债

——中统对中共南方地下党的大破坏

1941年到1942年间，国民党中统局依靠叛徒对中共南方地下党组织进行了大破坏，这一过程发生在国共两党第二次合作期间，给中共方面及国共关系造成了极大损害，影响恶劣，在中共历史和国民党特务活动史上都留下了深刻的印记。从其发生的过程情形来看，它并不是国民党老牌特务们的成绩，而完全是中共叛徒所为，这说明中统组织重用中共叛徒的策略取得了实效。

在这一事件过程中，中共南方工作委员会、江西省委[1]和粤北省委、广西省工委等地下党组织几乎都遭受了彻底的破坏，损失巨大。

中共南方工作委员会是1940年10月经中共中央决定成立的，作为南方局的派出机构，下辖江西、粤北、粤南省委，广西省工委，闽南、闽西、潮海、琼崖、湘南特委等组织机关。1942年5月，南委组织部部长郭潜被捕叛变，南委及其下属各地组织因此被顺藤摸瓜，在中统江西调统室几个中共叛徒的主持下，中统特务对南方几省的中共地下党组织进行了极有针对性的破坏，致使大批干部被捕，最后导致在从香港撤退

[1] 这里说的中共江西省委是于1938年8月在南昌正式成立的。1941年12月，省委机关被破坏，省委成员全部被捕。1942年6月，江西党组织解散。

回内地途中的中共高级干部、国民党元老廖仲恺之子廖承志亦意外暴露而被捕，酿成了国共关系中的重大事件。同年 12 月，鉴于其工作已陷于瘫痪状态，中共南方局被迫做出了“南委领导取消，工作停止”的决定。

“一九四一年七月间，中共江西省委遭受国民党特务破坏，省委书记谢育才等被捕，种下一年后南委大破坏的根子。”“一九四二年夏天，南委由于遭受叛徒出卖，被严重破坏”，“后又破坏了粤北省委机关和中共广西省工委”[1]。在这场大灾难之中，主持、参与破坏中共江西省委及其南委、粤北省委以及广西省工委的主要中共叛徒特务有四人，分别是冯琦、庄祖方、郭潜、颜福华。

冯琦，即徐锡根，早年曾任中共全国总工会党团书记，在 1932 年春“顾顺章事件”中被出卖，被捕后叛党，参加了中统。1934 至 1938 年间曾任中统江西特务室、调统室主任，国民党江西省党部委员。1940 年任江西省特办处主任，在此期间主持破坏了中共南委与赣、粤、桂省委。1945 年 8 月至新中国成立前，任国民党江西省党部委员兼书记长。1949 年逃往台湾。

庄祖方，又名庄尚之，1933 年 2 月在任共青团中央交通组组长时，被中统上海行动区逮捕，叛变后参加中统，历任国民党江西省、浙江省党部特务室股股长。1933 年曾参与逮捕中共镇江县委书记张英、如泰中心县委书记夏荣、共青团邳县委书记谭福志，1935 年筹划组织“浙东肃反办公室”，赴萧山县办理中共党员登记，参与屠杀永康县共产党员和革命群众多人。抗日战争期间，庄祖方充任江西省特办处总干事，中统江西调查统计室主任，驻赣视察员、专员等职，他在特办处总干事任内，是破坏赣、粤、桂省委和南委的主要凶手之一。因破坏有功，他受到中统局的记功嘉奖，并被提升为中统江西省调统室主任，抗战胜利后获国民党中央颁发的抗日“胜利勋章”，升职为中统局设计委员和国

[1] 中央文献研究室编：《周恩来传》，中央文献出版社 2008 年版，第 509、511、512 页。

民党江西省党部委员，新中国成立后被抓获，判刑改造。

郭潜，中共南委组织部部长。1942 年 5 月被捕叛变，随即引领特务抓捕中共粤北省委书记李大林夫妇、南方局委员廖承志、南委副书记张文彬及宣传部部长涂振农、广西省工委副书记苏曼等多人。1942 年冬，郭潜参加中统局工作，后升任专员，新中国成立前任中统局华北区区长，1949 年逃往台湾。

颜福华，时任中共江西省委武装部部长，1941 年叛变后参加中统，化名谭德，1949 年逃往台湾。

第一节　江西省国民党特务组织的整合

1940 年 3 月，江西省主席熊式辉将中统组织“江西情报总站”、军统组织“江西省调查统计室”和本省特务组织“江西省保安处第四科”合三为一，组成了“江西省特种工作委员会”，下设“江西省特种工作办事处”（简称“特办处”）。在他的统一管辖之下，集中力量开展对付共产党的行动。这一举措，在当时中统与军统斗争加剧、两者与国民党内各实力派矛盾重重的情况下，是不容易做到的，也只有在江西才能做到。

熊式辉，江西安义县人，毕业于日本陆军大学，后投效广东革命政府，北伐战争中任独一师党代表等职，其后得到蒋介石的信任，出任淞沪警备司令。在他主政上海期间，曾捕杀过中共的重要干部恽代英、杨殷、彭湃、罗亦农、陈乔年以及龙华二十四烈士。1931 年 12 月，熊式辉被蒋介石委派为江西省主席，任职十年。在江西期间，他倚仗蒋介石的信任，尝试整合使用国民党特务组织，增加其作用，并收到了效果。

熊式辉任命中统特务冯琦、庄祖方二人为“江西省特种工作办事

抗战时期国民党江西省党政首脑常设会议地点马家洲武溪村华门下民房

处”负责人，确定了中统组织在江西的领头地位。冯琦、庄祖方原为中共地下党员，被捕后叛党，并加入了国民党中统组织，他们因过去在中共内部的工作经验，对地下党的工作方法、习惯等十分熟悉，因此具有较多的反共经验。这些中共叛徒一旦死心投靠国民党，其对中共地下组织的破坏作用比国民党特务要高出许多倍。1940 年 5 月，国民党特务先后在赣县、吉安、泰和等地秘密逮捕了积极从事抗日宣传活动的共产党员和进步青年七十多人，制造了轰动一时的“左倾文化人案”。为了关押这些“政治犯”，经熊式辉批准，特办处在距江西省政府所在地泰和县城 15 公里处的马家松山村，设立了一所秘密监狱，即马家洲集中营，成为专门关押迫害中共人士的地方。

马家洲集中营真相

马家洲集中营的场所为一栋祠堂和三栋民房：祠堂作大禁闭室，关押一般犯人；隔两间民房是小禁闭室和女禁闭室，分别关押重要犯人与所谓的“顽固分子”。这里戒备森严，四周筑有一丈多高的围墙，内层围有竹篱笆，外层由省警察总队派了一个分队警卫，各个禁闭室还设有看守日夜监视。集中营由特办处直接管辖，所长和工作人员都由特务担任，分设训育、管理、事务三个股，另外有医疗室和一个更生农场。集中营对外严格保密，行文使用“江力行”代号（后改用“汪书行”），通讯使用“马家洲第六号信箱”。

从1940年6月至1944年12月，马家洲集中营先后囚禁五百多人，主要是江西各地中共党组织遭破坏后被捕的共产党员、抗日爱国人士和进步青年，其中包括中共南方工委廖承志、张文彬，丰城中心县委书记吴建业，江西省委书记谢育才，以及民主人士漆裕元、杨锡类等其他政治犯。1945年初，日寇侵占泰和，集中营迁至吉安县富田山区，6月又搬至永丰潭头，1946年随国民党江西省级机关迁至南昌潮王洲，1949年5月南昌解放，这所集中营才被消灭。

马家洲集中营对外公开的名称是“江西省青年留训所”，其如“忠斋”“大学”“中学”“服务大队”等特务机构一样，都是些掩人耳目的称呼。这些监狱对待犯人不同于普通的监狱，而有其独特的管训方式，即从精神上对关押人员进行麻痹欺骗，肉体上进行折磨摧残，使其“自首自新”。马家洲集中营对留训人员的管训又有其独特之处，分为四个步骤：

第一，拘押管制。留训人员进入这座“新型的思想病院”时，要填写入所登记表、自白书和线索表。“绝对服从本所一切命令”，“严禁秘密结合与谈话”，“绝对禁止与外界人士接触”[1]，即使是一般家信也不允许写。第二，政治训练。规定政治训练“以阐扬三民主义、总裁言论、本党政策政纲及驳斥谬论、研究时事为本所训育中心”[2]。内容都是攻击共产党、八路军、新四军和马列主义的“理论”。第三，

[1] 见《江西青年留训所监视》《江西省青年留训所训育计划纲要》，江西省档案馆馆藏档案。

[2] 见《江西青年留训所监视》《江西省青年留训所训育计划纲要》，江西省档案馆馆藏档案。

马家洲集中营原址模拟图

案情侦审。其主要目的是索取留训人员的进一步交代。特务们常以公开谈话、秘密策动和现身说法等伪善面目来启示、诱导被捕人员交代问题[1],常用“到国民党来有前途”来解除革命志士的思想武装。利用留训人员中的变节分子现身说法，特别是把臭名昭著的中共叛徒叶青找来，给留训人员“洗脑”[2]，诱导被关押人士变节自首，做国民党的鹰犬。第四，结案。被关押人员一旦坦白自首后，经过特务们较长时间的考察，认为合格的就报特办处核准，取保释放，到指定的国民党地方党部报到服务，还要接受两年的监视考察。

冯琦、庄祖方等老叛徒特务精心炮制出来的这一套办法，十分阴险毒辣，他们对被捕人员进行思想欺骗、政治诱降，确实拉拢了一些意志薄弱者；但对于坚定的共产党人来说，欺骗和诱降的效果毕竟有限。于是特务们就对被关押者进行心灵和肉体上的迫害，其方式和手段主要有：

[1] 《王勖 1984 年回忆材料》，江西省泰和县党史办所藏档案。

[2] 《周君实 1984 年回忆材料》，江西省泰和县党史办所藏档案。

第一，人格污辱。被捕的人一进监狱就要受到种种凌辱，如搜身、剥衣、没收财物等，许多人都是被蒙着眼睛走进牢房的。例如，特务们为了使被捕的中共南委副书记张文彬变节，就对他说“外界都认为你已经屈服了”[1]，企图使其在绝望中放弃立场。张文彬对此极度愤慨，曾以绝食表示抗议。

第二，高压手段。当欺骗宣传失败后，特务们便撕下“说服教育”的假面具，代之以关重禁闭，戴手铐脚镣，或者重刑拷打。集中营里的刑罚种类繁多，如踩杠子、灌辣椒水、吊坐飞机、夹手指头、坐老虎凳、“打雷公”、泼冷水等，如同监狱刑讯一样残暴。

第三，生活上的迫害。集中营生活条件非常恶劣，囚室又暗又窄又潮湿。夏无蚊帐，蚊虫叮咬；冬无棉被，寒气袭人。囚徒们穿的是国民党部队报废的破烂棉衣裤，不分冬夏，夏天抽去棉花作单衣，冬天填上点棉花来御寒。每人每天吃的只有几两霉烂变质的糙米饭，菜是没油没盐的黄烂菜叶，许多人被折磨得面黄肌瘦，羸弱不堪，身染疾病也得不到治疗。张文彬患有严重的肺病，不但得不到医治，就连病号饭也吃不上，由于长期的折磨和摧残，于 1944 年 8 月 26 日惨死狱中。

第四，秘密杀害。这是特务们最后的手段。例如，中共江西汀瑞县委书记、游击队负责人刘国兴被俘后先被关押在集中营，后来被秘密押往南昌枪决。

马家洲集中营是在全国抗日的大氛围下，江西国民党当局制造的一个毒瘤，它记录了国民党顽固派血腥镇压人民抗日救亡运动、残酷迫害共产党人及进步人士的历史事实，说明了蒋介石、熊式辉用特工蹂躏人民，不断变换手法迫害共产党和革命者，其反共本质并没有因抗战而有根本的改变。

---

[1] 《泰和县志》，第 925—926 页。

第二节　破坏中共江西省委

1940年冬，赣西莲花县的中统特工在江西与湖南交界处的界化陇汽车站检查旅客，偶然发现张绍祖（又名张健行，中共南昌市委书记）行李内有革命书籍数册，随即将张及其妻许樾（中共党员）扣留，报省请示。省主席交特办处处理。特办处派人去调统室查阅登记册，发现其中有中共南昌市委张绍祖的记载，这在抗日初期国共合作的情况下，张等身份是半公开的，但仍签准将张、许解省办理。

二人被解到泰和县后，张绍祖被关押在调统室主任马鲲住处。中统江西省特办处主任冯琦和省特办处总干事庄祖方均出身于中共叛徒，急于为中统"建功立业"，二人决定采取狡猾的"心战"手段，三番五次地向张劝说，只要履行"自首"手续，就可以恢复自由。庄祖方更是关怀备至，除生活上给予优待外，还亲自出马多方劝慰。张绍祖想以伪供骗取释放，三日后表示依从，并写了所谓的"自白书"；但只承认是共产党，没有供出实质性情报。后来，张绍祖被押解到马家洲集中营，与"左倾文化人案"众多被捕文人关押在一起。

张绍祖到留训所后，只想自己过关，竟向熟识者以履行手续骗取出狱为由进行诱劝。不久，便有文某、雷某、汤某某等一批人向留训所当局履行所谓自首手续，书写"脱党宣言"等。张绍祖为敌人立了大功，便于1941年1月得到了开释。在这段时间里，中统特务对于许樾的中共党员问题一直搁置着，以后也就不再过问了。

1941年3—4月间，许樾积极帮助张绍祖寻找中共组织关系，以期恢复联系，立功赎罪。5月初，她联系上中共吉安县妇女支部书记万国英，约定到泰和去张家谈话。万与张原不相识，略作问答之后，即给张一个吉安的通讯处地址，嘱咐张随时把所得敌方的情况传达给党组织。

万出门后，张忽感到可疑，便出门远远跟随，望见万走进国民党省党部大门，在调统室门口和人讲话。张绍祖便以为万是化装的调统室特务，不敢再瞻望究竟，想到庄祖方对他夫妇的“交情”，便托庄转求调统室原谅。哪知道万国英并不是中统的人，张的举动为中统打开了又一扇方便之门。第二天，省调统室即日密令吉安工作组组长李刚逮捕万国英，在刑讯逼供下，万供出了党组织线索，大破坏由此开端。

此次，万国英供出了清江县属中共樟树镇妇女中心支部书记黄某的地址。黄某被捕后叛变，又供出特委在吉安的关系。接着，中共赣西南特委组织部部长李昭贤、秘书李贡珊同时遭捕，二人先后叛变，从而不仅使中共赣江河流工作委员会和中共前方工作委员会遭到重大破坏，还使省委留在吉安的两名交通员和省委电台报务员助手肖薇遭逮捕。省委书记谢育才的爱人、拟任省委妇女部部长的王勖和林沅母女、两名交通员也被捕了。林沅母女按照特务示意，暗里监视着王勖。

中共江西省委机关设在吉安邻县安福的南山上，山势险峻，目标隐蔽，山间居民都是中共的基本群众。当时，省委机关与驻吉安的国民党第三行政区专员李林曾有过共存的默契。1941 年 7 月，新任中共江西省委书记谢育才到赣，他同意把省委迁到吉安。叛徒李贡珊就凭这一情节向冯琦献计：以中共江西省委机关房屋已找好为由，诱骗谢育才等下山落网。果然，省委书记谢育才、报务员林云生携带收发报机先后随“交通”下山，他们都被一直带到道署坪十三号落入敌网。谢、王二人解到泰和时，先被监视在调统室，庄祖方向谢进行诱说，谢不予置理，傍晚，二人便被押送至距城二十余里的马家洲集中营监禁。

此后，特办处和调统室即派叛徒李昭贤等作引线，去遂川县良碧洲山上破坏中共赣西南特委机关。特委书记黄洛平遭捕后，在叛徒们的包围下屈从叛变。冯琦便把他安置在特办处编审组充当助理干事，以示对叛变者的“优待”，欲图使叛变人员继续为之卖力。9 月，中统局人事室主任章志模准备派刚大学毕业的弟弟章志纯去江西任省调统室主任，调原省调统室主任张启白去重庆为中统局专员。冯琦则借口大破坏的需要，把张启白留下，担任所谓“高干会”的秘书。这期间，中统特务最关切的是如何促使谢育才尽快叛变。冯琦、庄祖方除指示马家洲集中营特务随时作诱叛活动外，还多次亲自去找谢、王谈话，但一无所获。谢育才被捕之初，冯琦曾向江西省主席熊式辉夸言，不难使谢育才投降以破坏中共南方工作委员会，但需要大笔活动经费和汽车。1941 年 9 月间，国民党中央秘书长吴铁城、中统局局长朱家骅一次性批给冯琦法币 5 万元（价值两辆汽车），作为破坏中共南委的专门费用，并致电说：“熊前主委转来冯琦同志所拟伪赣省委破获后扑灭东南各省奸伪实力刍见，甚属切要。盼兄全力主持，慎密处理。兹先汇国币伍万元以为必要费用，希即查收，如何运用，请与冯同志随时商办。关于牵涉各省之处，因时地制宜，由兄与各省迳洽，事属重大，再报请中央转饬办理。统希并力以赴，以速事功为盼。特达。弟吴铁城朱家骅。秘。”[1]

在重重压力之下，狱中的谢育才、王勖备受特务的折磨摆布。谢、王不从，庄便凶厉作色，命人夺去王勖怀中的婴儿。婴儿离开母亲怀抱后整天啼哭不食，引起了全监妇女的同声号哭，四邻都为之震惊。狱中这一示威行动，使得特务们不得不将婴儿送还其母亲。在集中营内的一次严密搜查中，谢育才藏在鞋内的一件秘密报告被特务搜去。没过几天，他们又诱逼谢育才写信骗中共江西省委军事部长颜福华下山，谢先推拒，后即爽快答应，简单写下字条，可是字迹别致，签名特异。该字条交到特办处后，谢的用意被冯、庄识破。庄祖方由此心生一计，凭搜获的谢育才亲笔信，另外模仿谢的笔迹伪造了一封信，由“交通”持伪造信件上山交给颜福华。曾任红军独立团团长的颜福华，出身农民，文化水平不高，没有看出破绽，第二天即率领武装人员数名到吉安；结果

[1] （台湾）国民党中央党史馆藏档：特 9，第 4382 号。

落入敌网，随即投敌，其他随员亦一起投敌。颜福华从敌之后，特务们告诉他谢、王的真实情况，让他前往马家洲集中营作诱叛活动。颜一见谢育才的面，即照特务的恶毒授意说："你写信叫我下山，怎么你自己还在这里？"谢见了颜，愕然失色，但对颜的一番鬼话，却置若罔闻。

自颜福华及大部分武装人员被诱下山落网后，山上还有省委青年部部长唐敬斋、秘书周国钧和少数武装人员。颜与唐、周一向有意见，特务不便叫颜出信相诱；且唐、周都是大学生，特务也不敢再用伪造谢育才亲笔函的伎俩。中共老叛徒、调统室指导组长施竹三献计，由他伪装成中共南委巡视员上山诱取唐、周二人。施竹三随"交通"上山之后，邀请二人一同下山"参加会议"。这样，唐、周二人第二天便随同所谓"南委巡视员"下山了。走到半山腰时，唐敬斋突然发现有特务埋伏，随即独自逃跑，才行数步，便遭枪击倒地。两人被押解到吉安特务机关之后，当天转解泰和。唐被秘密监管在省立医院治疗，周国钧当天"自首"。唐敬斋伤愈之后，亦被特务诱逼叛变，只因所供和周国钧一样，被解去马家洲集中营"受训"，半年后获释，被派往调统室的泰和工作组专搞所谓青年学生工作，准其在泰和境内当了中学的数理教员。

唐敬斋、周国钧下山之后，中共江西省委仅剩一名中队长和数名武装人员，不久，他们都被颜福华诱下山被捕了。

1941 年夏初，中共江西省委遭破坏后，省委所属各级组织的线索亦完全落入特务手中，但由于冯琦等想要进一步破坏中共南委，为防"打草惊蛇"，江西中统调统室仅把各特委和必须速破的县委组织秘密予以破坏，其余暂置不动。到了 1942 年 5 月底，在粤南委遭到袭击后，江西中统便对中共各县委进行了大诱捕。迄 1942 年秋季止，江西几乎所有县委、区委、支部被一扫而空，只有少数干部未落敌手，但全省组织系统已陷入瘫痪状态。据江西省调统室统计，中共江西省委以下，先后被破坏的有赣西南、赣西北、赣南 3 个特委，1 个前方工作委员会，

1个赣江河流工作委员会，44个县委、区委、支部，共200余，被捕总人数在2000人以上，其中被捕后投敌参加特务工作的约有百人左右。

除了破获地下党，中统还以特务手段来诱骗、瓦解和消灭人民武装力量。按照他们的计划，一是派中共江西河流特别工会叛徒诱捕、瓦解刘国兴部游击队武装；二是派李刚率人去赣东光邵、资贵“进剿”中共福建省委武装曾镜水部；三是派罗文华率队前往鄱阳、乐平、婺源瓦解中共武装杨文翰部。[1] 其中因叛徒与特务的有效合作，两度有所得逞。

刘国兴原系中共瑞金县委书记兼闽赣边区游击大队大队长，“聚众千余，窃据老巢”，在敌后开展游击。1942年5月间，冯琦唆使叛徒万钧安、陶乐找到刘，诡说江西省委要与刘联系，取得信任。冯琦接着派叛徒曾志伪装成中共江西省委巡视员，深入刘部营地探察。7月8日，又假称江西省委令刘去安福山上受训，并嘱其武装接受“省委派人”的领导。“迭经运用技术”，将刘带到泰和逮捕。在软硬兼施之下，刘按照特务之意，亲笔书写字条，命所属武装人员听从曾志调遣，从而使全部人枪都落入敌特手中。9月8日，特务们与国民党瑞金县长、“本局同志”马鲲所率便衣队武装“内外夹击”，将游击大队击溃，“生擒匪徒20余人，匪眷8人”，“至是为害闽赣边境多年积匪，遂告溃灭”[2]。

与此同时，7月间，冯琦受国民党吉安区专员李林的请求，派行动队长李刚率领特务分子数名前往吉水县，剿灭当地农民叶章本所率领的自发武装组织“逃生队”。叶部所属有二十余人，先被李刚诱骗“收编”，后又以“听候训话”为由，命全体人员列队，特务们从背后用机枪扫射，全部杀害。

---

[1] 《梁栋致吴铁城、朱家骅、徐恩曾密电》(1942年4月8日)，(台湾) 国民党中央党史馆藏档：特9—21号。

[2] 《剿灭闽赣边境奸伪武装刘国兴匪部续报》，(台湾) 国民党中央党史馆藏档：特9—21号。

这样，中共江西省委与其所属各级组织及其武装，遭到了彻底的破坏。为此，中统局朱家骅、徐恩曾等欣喜异常，来电特予冯琦嘉奖，另发奖金 600 元，庄祖方亦受提拔奖励。在中统的历史上，这样的所谓成绩还是不多见的。

第三节 破坏中共南方工作委员会

1941 年 12 月，中共江西省委遭彻底破坏以前，特务们就利用已叛变的省委电台报务员林云生与中共南委电台恢复了联络；但又害怕中共南委询问谢育才的近况，因而两次故意装作电台失灵中断联系。

1942 年 2 月春节过后，南委电台接到南方局电台指示："江西台找你们，请与联系。"同时，南委电台在与其他电台通电时，江西电台突然用同样的波长插了进来，诡称由于机器损坏中断联系，现已修好，要求恢复联系。起初，南委负责同志认为江西电台中断联系半年多，对之应有所警惕，于是决定：(1) 考查一下是否是江西台，要它说明中断原因；(2) 要江西省委将中断后的情况做详细报告；(3) 南委暂不向江西省委做任何指示和通知。此后，江西叛徒即以江西省委名义，通过电台陆续发来一些"报告"。至于南委曾询问谢育才本人情况，江西台则诡称"谢育才在日寇轰炸泰和时受伤住院"和"情况不明"等。南委曾将此情况报告给宣传部部长涂振农、组织部部长郭潜等研究，他们都认为没有问题。于是，4 月 1 日，南委决定派郭潜到广东曲江传达一年工作总结和检查江西的工作，并给谢育才发了一封明文隐语的信，要他于 5 月中旬到曲江某接头地点与"二叔"(即郭潜) 见面。郭潜随后即离开南委去曲江。

到 1941 年底，冯琦等对谢育才夫妇拒不屈服备感焦急，对二人进行了拷打。

谢育才、王勖于1942年1月间被提到泰和城区，关在调统室电台的一个后房里，与庄祖方家只一墙之隔；特务们安排谢、王在庄祖方家搭伙，白天派叛徒罗卓明借照顾事务为由，对谢的活动进行监视，阻止其与他人接触。在这期间，特务们不断向谢育才发起攻势。

新任调统室主任章志纯，想以制服谢育才立一大功，特在高干会上雄心勃勃地提出：要亲自进行争取工作，不希望别人随便插手，免得把事情搅乱。原来这里涉及了中统特务的内部矛盾。当时，主管中统局日常工作的副局长徐恩曾嫌冯琦和熊式辉关系太密，而局长朱家骅则是熊式辉的好友，因此徐恩曾派章志纯到江西，意图使章牵掣和监视冯琦的行动。因此对于章志纯的态度骄横，冯琦也就采取忍让态度。事实上，章志纯对于所谓说服工作毫无经验，他与谢育才交谈数次，最终失望而归，只好让冯琦去谈；但谢育才还是沉着应付，总推说没有什么可以贡献。冯、章二人为此极为焦急，彼此猜疑，埋怨对方，甚至在谢育才面前就相互争吵起来。

1942年4月初，特务从唐敬斋处获悉中共南委通过邮局寄信给谢育才，要谢五月中旬到曲江找“二叔”（即郭潜）洽谈。章志纯把南委来信交给颜福华看，要他去诱逼谢育才去曲江，颜只能答应。颜福华要谢速做去曲江的准备，好好为“国民党立功”。1942年4月30日，当夜月明如昼，谢育才、王勖趁特务不觉，狠心丢弃了自己的幼子，悄悄越室逃跑。次日一早，特务们发现后不免打乱阵脚。不久，中统局斥责庄祖方的电报也来了。电文中命令特务着力追寻谢、王二人，设法挽救这一“损失”。这使得特工们更加烦恼，特别是冯琦，他已向熊式辉夸下了包破南委的海口，并骗到5万元巨款，他认为谢育才跑掉事小，可转眼5月15日到期，谁去曲江“应约”诱破南委则是最大的问题。

谢育才为什么会下定决心弃子逃脱呢？据现存的中共南方局史料中其自述所载：当敌人询问他有关南委驻地和“全福处”是人名还是地名等情况时，他想到如能出去找到中共福建平和县长乐地区的区委书记张全福，就可以找到南委报告情况。于是一面搪塞敌人说“全福处”是地名，在龙岩白土区；一面开始积极准备出逃。1942 年 5 月 22 日，谢育才与王勖历经艰险，逃到福建平和县长乐地区的下洋村，找到了区委书记兼南委电台安全保卫负责人张全福和南委机关保卫负责人刘永生，向他们汇报了江西省委遭破坏的情况，刘永生要他连夜写个书面报告，次日送交南委。

江西的中统特务对于破坏中共南委之事已是箭在弦上不得不发，他们决定赶赴曲江做冒险之旅，希望有意外的收获。庄祖方从泰和选调了 6 名特务连同颜福华一起，于 5 月 8 日出发，12 日到达曲江。他随即去了广东省调统室，调用叛徒冯达协助侦查，开始对位于风渡北路一纸铺的中共南委通讯处布置侦查守候，想从该通讯处发现破坏南委的线索。

5 月 14 日，由颜福华出面向南委通讯处投“报到信”，之后隔日去催问一次，顺便试探情况，直到 20 日下午还无人搭理，而特务们也没有在通讯处找到线索。于是，李刚、颜福华等人认为可能中共南委已有发觉，应当把该通讯处破了再说。但庄祖方则坚持不可，认为超过约期或另有原因，随嘱颜福华迁移到一家旅社住下，另派两名特务住在颜的邻室，同时再发信催促，并着力说服李刚耐心等待。果然，坚持守候到 5 月 25 日，有两名中共交通员去旅社找颜福华了。当晚，庄、李、颜及冯达等人秘密商议，决定待交通员再来时，即下手逮捕。

5 月 27 日一早，两交通员又去旅社，颜福华等便随同步行约四里，在两岸无人烟处登上一小艇，驶入江心停下，随后庄祖方派几个特务分雇两只小艇追随而来，照预约的暗号打了招呼。

也许是特务们的运气，当天下午4时左右，叛徒孔昭新、罗卓明在曲江马路上，偶然瞥见了他们原来的上级、曾任江西省委书记的郭潜、张绍祖（又名张健行，中共南昌市委书记）。庄祖方随即命孔昭新拘捕郭潜，并把郭等二人押上汽车解到国民党七战区长官部联秘处的一间空屋内看管。与此同时，庄通知李刚会同颜福华等将艇上两名交通员也捕押到这里。

接着，特务们向郭潜进行诱降，郭起初不理。颜福华对他说："谢育才被捕叛变在先，江西省委和所属组织整个都完了，整个都'自首'了，谢育才也来到了曲江。"并为国民党中统组织做宣传，说："早先不知道国民党内部真情，其中确有'进步的真正为三民主义奋斗'的力量在起着核心作用，所以也就促成了抗日之举。"又说，"他们很重用我们这班转变分子，徐锡根（即冯琦）有权，我们这班人都在冯手下，你还是到国民党来继续领导我们'抗日反帝'好了，从'民主主义'也可以走向共产主义。"这些都是中统特务们对被捕者"心战"的一套"理论"。庄祖方还一度介入插言，要郭不用迟疑，应该当机立断效法张国焘等走三民主义道路。叛徒孔昭新长于口才，又熟悉国民党的一套歪论，这时更在郭前大鼓如簧之舌，似乎为郭设想，叛变竟是一条"新生的康庄大道"。郭潜身为中共南委组织部部长，听了这番谬论，革命立场居然为之动摇，乃要求见其特务负责人，说若能答应他几个条件，便愿相从。庄祖方自承可代表中统方面与郭谈话，郭潜即向庄提出："（1）准我立即回家一走，因深夜不归，我妻会惊慌；（2）家里有共党的经费9万元，要求留给万元作家用；（3）准许我永远不公开露面；（4）保障我的安全和维持家庭生活。"庄祖方听了这些自私的条件，乐得满口答允，立即准备伴随郭潜返家一行。当时有联秘处秘书丁某前来阻止，认为决不能轻率地相信依从他。庄祖方坚持可以，保证有利无患，随派李刚和颜福华、孔昭新跟随郭潜同行。

郭潜回家后即逼其妻李某从叛，李初拒绝，但经不住郭的威胁利诱，转而要求留下党的经费 3 万元私用，李刚做主应允了。郭更加兴奋，对特务感恩戴德，并马上向李刚献计立即行动，扩大“战果”。李找了汽车，郭指引李刚等首先破坏了中共南委在曲江的总交通机关，逮捕了总交通等三人；转而又引路驰往五里亭破坏粤北省委总机关，逮捕了省委书记林某（即李大林）和女交通员阿李。回程途中，郭在汽车上先后发现中共江西省委组织部部长和宣传部部长在路旁行走，便立即指引李刚将其一一逮捕，全部关押在联秘处的空屋里。

郭潜主张赶快审讯女交通员阿李，说阿李是跑始兴县电台的交通，逼她自首，便可以利用电台蒙骗南委书记。庄祖方、颜福华连夜向阿李进行诱逼，可是这位未满 20 岁的年轻女子，始终装作不懂话而摇头不理；如此约经一小时，特务便下毒手将她酷刑鞭打，而她还是坚不吐实，直到午夜过后，特务也倦极不支，只好暂时收场。

1942 年 5 月 22 日，谢育才逃抵福建平和县向党报警后，南委曾于 5 月 24 日给曲江郭潜发了密码电报，要他取消与江西的联系，迅速撤退。

5 月 29 日晨，已被特务允许独身回家的郭潜从家里出来，向庄祖方报告说，在他被捕前一天曾接到南委一份电报，因电码不明，没有译出来，前夜再仔细翻查，原来是要他立即离开曲江、免遭危险等语。庄听后马上断定南委已得到了谢育才的通知，担心去大埔破坏南委机关会落空。但郭潜仍坚持，只要赶快去还有希望，于是庄祖方、李刚等忙着做去大埔的准备，定于 5 月 31 日出发。他们遂把所捕获的多人移交粤省中统特务机关接管。

第四节 偶然中捕获廖承志

1942年5月30日早晨，郭潜忽向庄祖方报告说，中共南方局委员、八路军驻香港办事处主任廖承志现正住在乐昌，他是因太平洋战争爆发撤回内地途中暂在乐昌小住的，应先把他逮捕，迟了恐要走脱。庄祖方一听，喜出望外，立即将此情告知了广东省联秘处秘书丁某。丁说："余长官早就向总裁（蒋介石）请求过，总裁指示，发现他（廖）格杀了事，如今先捕来也好。"庄祖方听了不免失望，这与他更恶毒的诱叛立功企图完全抵触，于是便不再和丁谈下去；转而复和郭潜商定，由郭潜写一字条，通知廖承志即日去桂林，谎称其任务是"疏散聚集在桂林的进步文化人"，并送给"旅费"1万元，由一个伪装的交通送给他，企图诱使他当天下午乘火车去桂林。因为廖住所在一条狭窄的街道，汽车开不进去，只能诱出后在火车站附近绑捕，然后在曲江另换车辆秘密将其押送江西，以免为七战区司令长官部知悉抢了"头功"。至于伪装交通人，庄祖方让郭潜选择，郭潜对几个特务都不中意，最后庄祖方决定亲自出马充当。

当日下午，庄祖方率李刚、行动员黄鹤林、陈文卿，借乘省政府的一部小汽车，悄悄前往百里外的乐昌县。车到乐昌已是下午4时，庄祖方命黄鹤林遥随其后，注意他所去的户宅。庄祖方进入廖的住所，给廖承志送上郭潜的亲笔函，又特别提出希望他最好当天就去桂林，廖却说须过一天去。庄祖方一时无计可想，只好暂时退出。黄昏时，庄祖方又去找廖承志，隔着大门诡说钱掉了，求廖借助旅费。趁廖开门时，突由李刚、陈文卿闯入，挟之急走，并向廖说是"奉蒋委员长命来请你的"；庄祖方还和黄鹤林入其卧室，代取行囊略施搜索，然后掩门而去。

廖承志在被押解回曲江途中，方明白郭潜已投敌，面对庄祖方的巧言游说，廖报以笑声和回击，使庄未敢再饶舌。车到距城五里处停下，庄和李刚步行入城，打算雇长途汽车将廖押往江西，而不把廖押去城里，以免七战区长官部拦截。然而当庄雇车回来时，廖已不在车中。黄鹤林诉说刚才来了一群宪兵，把廖承志抢去押入江心游艇里了。庄祖方无奈，即电报中统局，要求立即取得蒋介石命令，将廖转押江西。果然，没几天余汉谋接到蒋介石电令，将廖交还江西。于是，中统把廖解到赣县，由赶到赣县的冯琦押解廖去泰和，被禁闭于马家洲集中营的独间暗室。

江西调统室向中统局报告了他们的上述“成绩”。

破获奸伪南方局暨粤省委组织简报

江西省党部调查统计室报，据去年六月至十一月对该省奸伪省委组织之大破获案线索，经过数月来之多方布置，侦悉奸伪南方局负责人与机关

廖承志在马家洲集中营所作漫画

所在地，为扩大破获起见，乃派干员庄尚之等九人，于五月十日前往广东曲江，会同该省省党部调查统计室工作人员，于同月二十六日下午五时，将奸伪南方局委员郭潜及党员曾平诱捕于曲江花园饭店，均经说服自首。当夜复带同该郭潜将其妻捕获，并抄获伪南方局经费九万元，复根据所供线索，于二十七日捕获奸伪广东省委书记林大、组织部长饶富君（益克）及内外交通人员等共十余人。嗣于三十日晚去乐昌，将伪南方局负责人廖承志捕获（廖为先烈仲恺先生之子，抗战前曾一度捕获释放，近来担负奸伪使命，常往香港活动甚烈，广东东江之曾省叛部即属其指挥），此次尚有伪省委组织部长严重、宣传部长马春白及伪电台等散在大埔等地，刻正分别派人扩大破获中。廖承志一干人犯已电饬移解江西省党部调查统计室并案研究办理矣（注：此案尚在继续进行，希守秘密）。

三十一年六月四日[1]

廖承志被捕后，惊动了国共两党高层，中共驻重庆代表团立即与国民党方面进行交涉，要其放人。周恩来、董必武还写信给与廖家有世交且当时比较同情中共方面的立法院长孙科，希望他利用自己的影响出面干涉此事。信中说：

哲生院长勋鉴：

久未承教，仰企为劳。比闻勋名福履与日俱增，慰符私颂。敬启者：廖仲恺先生之嗣君承志自港难后返国，道经曲江，本拟来渝，因妻分娩，故奉母暂留曲江小住。不意日前与同伴十余一同被捕，初羁押于余幄奇司令长官部，后又他移。闻讯之余，莫名骇异。承志虽隶籍中共，其平日拥护政府，拥护抗战，拥护三民主义，与我辈毫无二致。犯何嫌疑竟罹不测之祸？窃所未解。伏念公与仲恺先生旧交素笃，对其遗

[1] 见（台湾）国民党中央党史馆藏档：特9—21，8号。

族爱护逾恒，今承志及其同伴在缧绁之中，谅邀格外关切。恩来等彷徨不知所措，用是不揣冒昧，特恳鼎力救援。倘蒙俯允设法营救，俾忠烈之裔重获自由，无辜之人得天日，则殁存均感大德于无暨矣。专泐。敬启 崇安。

周恩来　董必武 [印] 谨启

六月二十七日 [1]

孙科接信后，于 6 月 30 日致电蒋介石，转呈周、董的来电，并未提出自己的意见，而是请蒋介石处理，但迄无回音。

廖母何香凝女士，当时亦正在香港撤退内地途中，惊闻噩耗，又急又气，思前想后，只能再求助于孙科，她当即致电，以党国元老的资格要孙出面，把廖承志从特务手中救出。电文如后：

立法院孙院长哲生先生勋鉴：

香港陷敌，香凝逃命间关抵韶，征尘甫卸，忽闻小儿廖承志在乐昌县境被我江西广东两省党部委员邀同赴赣，经分电询之曹主席浩森、蒋专员经国，承志小儿尚留在泰和江西省党部。窃念小儿意志稍歧，叠经告诫，今之被羁谅亦政见问题，初非触犯国宪。香凝随先夫廖仲恺先生参加国民革命，数十年如一日，今虽一存一亡，而香凝效命党国之志节，当为我公及世人所共见。仅此一儿，香凝虽有愧于滂，而小儿亦深惧无以慰龙舒君于九泉。况大敌当前，我政府正以团结为号召，对于小儿当必能宽其既往也。除先电蒋委员长，请饬粤赣党部将小儿送粤桂两省当局察看，俾就近指导，香凝亦便于探问外，我公高瞻遐思，特此陈

[1] 《周恩来、董必武致孙科函》(1942 年 6 月 27 日),(台湾) 国民党中央党史馆藏档：特 9—21，8 号。

乞，并祈察鉴。示复曲江互励社。何香凝。午元。[1]

7月23日，孙科致电中统的后台吴铁城，转达何香凝的来电，仍未提出处理意见。

铁城吾兄勋鉴：

顷接廖夫人何香凝女士代电，以其子承志在乐昌县境被我江西广东两省党部委员邀同赴赣，现尚羁于泰和，恳宽其既往，饬粤赣党部将其送回粤桂两省当局察看，俾得就近指导云云，用将原代电送上，即希查核为荷。顺颂 勋祺。

孙科敬启。

七月二十三日[2]

只因原先有了蒋介石“发现他格杀了事”的表态，孙科、吴铁城明知蒋介石对廖承志的态度，并不愿或不能过问。就这样，廖承志被中统特务关押了三年多，直到抗战胜利后的1946年1月，国共两党举行和平谈判时，在中共的一再要求与坚持下，蒋介石才无可奈何地同意释放了决不低头的廖承志。此乃后话。

第五节　破坏中共南委及广西工委

1942年5月31日早晨，江西中统特办处总干事庄祖方马不停蹄地带着中共叛徒郭潜、颜福华和特务李刚等一行9人，乘中国银行的大卡车由

[1] 《何香凝致孙科函》(1942年7月13日),(台湾) 国民党中央党史馆藏档:特9—21,8号。

[2] 《孙科致吴铁城密电》(1942年7月23日),(台湾) 国民党中央党史馆藏档:特9—21,8号。

曲江前往大埔。他们先找了国民党闽、粤、赣三省边区绥靖司令香翰屏，请求协助，香派其政治部主任林鸿翥（即林雁峰）随带武装6名同往。

6月6日早晨，庄、郭等特务各自搭乘小汽轮去大埔县高陂镇，傍晚到达。正将上岸的时候，郭潜又一次意外“走运”，看到中共南委宣传部部长涂振农和交通阿香正登上去揭阳的拖船，乃即通知庄祖方，命李刚率两名行动员赶上该拖船将涂和阿香逮捕。随即郭潜又带李、颜等人奔往一照相馆楼上破坏南委总交通机关，逮捕了总交通林某和同在该楼上的高陂中学的几个学生。

庄祖方已和林鸿翥、冯达等在木船上向涂振农、阿香一度施行诱逼，涂振农默然不理；十二三岁的阿香遭到了林鸿翥的痛打，诱骗要她吐露情况。

郭潜等在照相馆楼上守株待兔，看见一老妇人前来，便迎上前去，在其所携篮内搜得一信，是中共南委书记张文彬笔迹，问她从何处来，老人不应，郭潜即猛击其颊，继以凶殴，终究发现了交信人地点。于是郭直奔一旅馆找到了张文彬，他上前抓住张臂拖拉到旅社门口。张文彬大声呼救，大喊“我们要抗日，这些人是汉奸”，庄祖方立即指挥特务们拉张直上三楼，将其监禁在一大房间内。抓到张文彬后，庄祖方又转去木船看涂振农，得知涂振农曾趁冯达不备，跳入江中逃跑，被陈文卿追回。庄祖方把涂振农和张文彬押在一室。阿香则被郭潜带入别室。

当夜9时，庄、林随带的2名武装，以及郭潜、阿香连同所借6名武装共17人分为两路化装出发。一路由郭潜任向导，李刚负责率颜福华等共12人去乡村住家搜捕中共南委书记方方；另一路由庄祖方和林鸿翥负责，胁迫阿香充当向导，连同杨元筱、罗卓明共5人，去大埔角大街南委所设的商店搜索。

天色微明时，庄等先到达目的地，强逼阿香敲门叫唤，一店员刚把门打开，便被逮捕。随后，罗卓明等登楼又搜获一店员，即把他反绑监押在一角。这时忽闻远处枪声（方方住家相距该店约一里），庄祖方即着杨、罗前往接应。顷刻间，见李刚赤脚向街上奔来，其他人后随，大批群众追着他们大喊“捉土匪”跟随而来。庄祖方吓得独自逃往街后一厕所里伪装大便；林鸿翥立即上楼，用粤语大声叫喊：“我们是香总司令派来的，乡长！保长！叫大家不要惊慌。”群众乃渐渐散去。

林鸿翥想用电话调队伍，但当地和附近都没有电话，找乡长、保长又都不见面，庄祖方惊慌失措，坚决主张放弃一切，立即返回高陂。庄在国民党乡公所找到一个职员，把已捕的两名店员交其看管，限乡公所即日解往国民党高陂区署。又强令一个乡公所干事充当向导，伴随庄祖方等十余人，于6月7日下午5时，气喘吁吁地循着原路赶回高陂，经过三天三夜提心吊胆的赶路到达松口镇。庄祖方等登上了岸，惊魂始定。经过一宿，回到兴宁的时候，庄祖方引着郭潜去拜见国民党闽、粤、赣三省边区绥靖总司令香翰屏，同时把总交通林某和阿香移交该绥靖总司令部接收。南委总交通林某被交出以前，庄祖方等特务曾恶施刑讯，林某坚如金石，遭庄毒打，并被残酷地用针刺指甲。林虽遍体鳞伤，但始终不稍屈服，特务们终无可奈何。当时日军已开始窜犯赣江，泰和布置疏散，冯琦电催庄祖方速返。6月16日，他们押着张文彬、涂振农二人离开曲江，18日返抵江西泰和。当夜，张、涂二人被关入马家洲集中营。[1]

江西省调统室再次向中统局报告了他们的业绩：

破获奸伪南方局暨粤省委组织续报

本局赣粤两调查统计室上月破获奸伪南方局及粤省委组织，逮捕要犯廖承志、郭潜、林大杰等情，已于本月四日简报在案。谨将此案进展

[1] 涂振农后叛变，致使中共广东省委遭受很大的损失，妇女部长贺怡等一批干部被捕。新中国成立后，涂到江西省公安厅自首，因罪恶极大，1951年4月在北京被公审枪决。摘自《中国档案报》“档案大观”2003年8月15日，第2版。

情形续报如下：

自伪南方局及粤省委各犯就捕后，就口供所得，悉南方局及其电台，系在闽粤交界之大埔县境。当仍由庄尚之同志带同伪南委郭潜及工作人员十余人，于本月四日赶赴大埔，扩大破获。行抵兴宁县境，捕得伪方交通，据谓伪方对赣省委叛变及韶关大破获事，已得有报告，故兴宁、梅县奸伪机关人员均已他迁，乃赶往大埔。于六日午刻到达县属高陂，在轮埠遇南委宣传部长涂振农，当即逮捕。□破获县交通机关□人□候，又捕伪南委书记张文彬及男女奸犯二十七人，连夜赶入深山方思敏（即方方，系南委书记）家，在其□店获交通三名。讵至方之住宅时，匪民多人，竟有抗拒行动，且以形势估计，乡保长亦有问题。对已获各犯，并有截夺准备，情势相当严重。时以我方势单力孤不能再深入行动，为防意外，乃于七日夜间，押解已捕各犯，返回韶关，于十二日到达。

此案现已告一段落，被捕各犯有关南方局部分，如廖承志等已遵谕解送赣省，并案研究办理。广东省委部分，交由该省调统室继续问讯，再谋控制其下级组织。再，伪南委等犯就捕后，又获广西奸伪线索甚多，现正分别布置，以谋相机行动。进行情形容再另报。

民国卅一年六月二十日[1]

随即，国民党江西省党部主任委员梁栋也向重庆报告了特务们的“成绩”：“吴秘书长铁城、朱部长骝先鉴：关于破获奸伪南委事，迭经先后电陈在案。兹据调统室续报，本室派赴粤方工作人员庄尚之同志等十余人，押同伪南委副书记张文彬、宣传部长涂振农，既业已自首之伪组织部长郭潜夫妇，于巧晚抵泰，正在进行说服工作中，特电察核。江

[1]（台湾）国民党中央党史馆藏档：特 9—21，8 号。

西省党部主任委员梁栋（六月廿三日）。”[1]

1942 年 6 月底，冯琦接到中统局电报，要他带郭潜去桂林帮助破坏中共广西省工委，并在桂林与中统局副局长徐恩曾会见。冯琦不愿去，指定庄祖方前去并代会徐恩曾。庄祖方带颜福华和特务陈文卿、刘群以及郭潜共五人离开泰和，于 7 月初到达桂林。他们根据中统局交来的中共广西省工委的线索，首先去排查在逸仙中学当教员的广西省工委副书记苏曼。探明苏正在学校后，庄祖方等决定先密捕苏曼及省工委妇女部长等人。当天下午，牛伯勇带领四名特务，直入逸仙中学苏的家中，将苏曼夫妇和串门的一男子及省工委妇女部长一起逮捕，关押到公共食堂楼上，分别进行诱逼；苏等三人置之不理，特务便以乱棍殴打，仍无结果。第二天晚间，他们又密捕了工委的女交通，庄祖方和陈文卿二人把她监押在一山洞里，整夜诱逼，得到了广西省工委书记钱兴的住址。梁马上带人前往密捕，但钱兴夫妇已闻警逃走。

这天，徐恩曾到达桂林，下午 6 时庄祖方应约往晤，接受其指示。

7 月上旬一天，郭潜和陈文卿在街上忽见广西省工委彭某匆匆行走。郭即派陈跟踪上去，少顷，见彭进入一大宅院未出，陈归来告郭、庄。当晚，庄祖方令陈文卿将彭捕获。在郭潜的诱说下，彭供出钱兴夫妻越墙逃出后，在他的住处躲了一夜，于早晨已送他两人乘火车去曲江。

与此同时，特务对苏曼等三人苦刑逼迫，并用狡猾手段加以离间，使三人彼此猜疑；最后，三人都勉强填写了“共党分子自首登记表”，来换取暂时出狱。三人回校后，一起做了自我反省。为了保护党的秘密，并向组织上表示清白，三人在派人向党组织报讯后，当夜均悬梁自尽于一室。第二日校方发现这一惨情，公开报验，随即轰动全城。

至此，中统特务对中共南委及赣、粤、桂、闽等省地下组织的大破

---

[1] 《梁栋致吴铁城、朱家骅密电》（1942 年 6 月 23 日），（台湾）国民党中央党史馆藏档：特 9—21，7 号。

坏活动慢慢平息下来，但已给中共在南方的组织活动造成了十分严重的后果，其中尤以江西省的损失为大。而国民党方面，却视之为一空前的胜利，中统特务们弹冠相庆，蒋介石还接见了徐恩曾，给予高度表扬和巨额奖金。“关于江西省党部破获奸伪南方工作委员会一案，奉批发给奖金伍千元，汇由该部酌给破奸出力人员，等因，自应遵办。惟此项费用应由机密费项下拨付，拟请移送财委会签发。”[1]

第六节 历史的教训

回顾这段历史，我们可以发现，江西中统组织在中共叛徒冯琦、庄祖方的主持下最罪恶的作为，莫过于对被捕革命者种种诱叛的诈骗手段。据新中国成立后庄祖方在监狱里交代称，其间阴谋诡计不胜尽述。他将中统对付被捕者的阴毒手段归为六点：（1）绝灭其营救希望；（2）打乱其坚拒意念；（3）摇惑其是非观念；（4）促动其自私欲望；（5）诱逼其罪恶作为；（6）进而使其彻底叛变。他们的作为就是先诱叛，不成则把水搅浑，设套让被捕者钻，等给组织造成了损失后，使被捕者说不清而不得不就范。然后按上面的六原则，一个个地顺藤摸瓜，逐个击破。而其中更重要的一点是这些诡计的策划与执行者，都是中共的叛徒，他们有的原来还是中共的高干，对中共的组织、理论与行动都很熟悉，有知己知彼之利，懂得许多国民党的特工书本上学不到的东西，比之出身国民党的特务要“高明”数倍。另外还有一点就是，纵观事件经过，偶然性的因素也占很大比例，即特务们所谓的“好运气”，如一开始抓到中共南昌市委书记张绍祖，以及后来捕获中共南委组织部

[1] 《中统局会计处签呈》(1942 年 12 月 2 日)，(台湾) 国民党中央党史馆藏档：特 9—21，第 5211 号。

部长郭潜、宣传部部长涂振农和交通阿香、中共粤北省委组织部部长和宣传部部长等，都是叛徒特务们在路上搜索时偶然发现的，虽说叛徒们认识他们是先决条件，但无论如何，这里存在有机遇和偶然性的因素。

从另一方面来看，在这一系列的事件中，中共叛徒助纣为虐的影响非常大。虽然照前面的统计，在2000人以上的被捕总数中，投敌参加特务工作的只有100人左右，但这5%的叛徒所起的破坏作用是巨大的，其中如郭潜等身居要职的叛徒则具备了左右整个局势的力量，因为他的投敌，使中统特务的破坏性大大扩张和深入了。这些人为什么会叛变呢？究其原因，庄祖方认为，除了中统的阴谋诡计，还有被捕者本身与其他方面的若干缘由。例如，第一，有些出自被捕者本身的“缺点”，缺乏气节修养；对革命认识不够，信心不坚。第二，当革命处于低潮的时候，中共党内存在分歧现象，下层群众情绪低落，组织流动频繁，某些领导有官僚习气，不顾下级困难乱指挥，随便歧视异己，对被捕人员漠然不问，对出狱的人借口“慎重”，轻置不理或轻疑不贞等。第三，有些人原来就存在极大的品质问题，如郭潜等人，一经被捕即自告奋勇地要做反革命的急先锋。再加之他们身居党内高位，叛变后既助特务行动又担任诱劝角色。叛徒日渐增多，造成“已成潮流”的假象。这些观点，出自当事人的总结，自然会有一定的道理。

针对抗战期间国民党特务对中共组织和党员的迫害，延安《共产党人》期刊在此前后连续发表了由刘少奇、陈云等中共领导人撰写的有关文章和一些社论，对国民党制造反共摩擦、迫害共产党人的倒行逆施进行了尖锐抨击；同时具体分析和研究了对付国民党特务的方法，并对国统区的中共地下组织的斗争原则，需要改进的工作方法、注意事项等，做出了具体指示。

在1940年5月出版的《共产党人》第九卷上，发表了德生所写《略谈对付敌人的逮捕和审讯》一文，该文写道：

在我们党还没有取得完全公开合法地位并且巩固了这种地位的地区，一般地说，共产党员遭受逮捕、监禁、绑架和杀害的可能性，是随时存在着的。尤其在目前日本帝国主义与反共投降分子所统治的区域，这种可能性更大。因此研究和学习对付敌人逮捕审讯的经验、教训和方法，应当看作每个秘密工作者的经常任务之一……就最近一、二年一个省党员被逮的教训来说，被逮的数十个党员中，除极少数被奸细出卖外，大多为各原因造成政治面目暴露而受逮捕的。

对付逮捕破坏的方法，除肃清内奸外，最主要而且最有效的方法还是在事前多做些预防工作。基本内容是：严格地遵守秘密工作原则：（1）不要在身边及卧室放文件、宣传品；（2）不要与公开的共产党员及边区、共产党军队、边区任何人公开通信；（3）不在日记、笔记及党的文件、宣传品上写自己及同志的名址；（4）不要让非工作必须的同志认识自己，习悉自己的一切情况；（5）不开人多的秘密会议；（6）一切日常生活习惯、衣、住、言行须社会化、群众化；（7）一切接头、开会、找人、走路、住房，随时须准备口供、准备盘查；（8）遇有和自己发生关系之党员被捕或机关破坏时，应立即上报，采取对策；（9）不要在生人、特务面前听了左的话句，就表示自己真实情感，暴露政治面目；（10）常去机关地方规定好“报警”的方法。

被捕时要注意：（1）一瞬间要争取或造成适当机会脱逃（证据要销毁，不要直接回机关，注意敌人“故纵”）；（2）不能逃时要让周围邻居知道自己已被逮，以便组织上营救，同时抱定牺牲决心，接受考验。

被捕后中心问题是对付审讯，对“威吓、利诱和欺骗”方法是“沉着、机智和坚决”。要反对张皇失措、恐惧与动摇。

（1）要准备口供

一般不承认自己是共产党员，不承认参加团体与活动，在有了人证物证无法隐蔽时，才可承认。不要以为“统一战线”承认即可释放。口供承认简单为好，秘密审讯时拒绝其他一切口供，要争辩，在公审时要揭发敌人罪恶，学季米特洛夫，声明本党主张宣传，以不泄密、暴露组织，不表悔过为原则，“暂时”屈服以减少对方“敌意”是实际错误的、可耻的背叛。

（2）要承受严刑拷打

过去许多经验证明，愈能忍受和经得起拷打则愈容易使敌拷打政策失败；反之，愈害怕拷打，则敌人抓住弱点拷打得越厉害，还要问出你委实不知道的东西：即“不怕打则可能不挨打或少挨打，愈怕打则愈会挨打，打得可能更厉害”。共产党员只要真正忠实于党的事业，真正抱定为共产主义牺牲的决心，那么任何拷打都是可以经得起“吃得消”的。

（3）要能不怕软化利诱

敌人利用父母、爱人和子女的关系，利用金钱、地位和美人的方法，利用被捕者各种各样虚荣心，及一切可利用的弱点，进行各种方式之转化，要经得起。

（4）要会不中欺诈诡计

如“咱们不谈党的事，只交换点政治问题的意见”，“我们早已知道了”，“某人已供出你……”，“你只要证明一下某人供出的是事实，不是要你供什么……”，“你不承认共产党员就当汉奸办，你看要哪个名字？”“只要你承认加入共产党是错就可释放你……”，“只要你在悔过书上签个字，我们绝不发表，一定为你守秘密”，“填表是为了应付上级，你办这手续并无损失，出去还不是可以继续革命”，“领导你的人已经自首了，你何必作痴子……”，“反正已经对外宣布你自首了，共产党绝不会信任你了”，等等，以及用奸细伪装犯人，伪装探监等套口供；必须坚持原则，不做任何证明、口供、自首（不论任何形式与名义）。[1]

[1] 德生：《略谈对付敌人的逮捕和审讯》，载《共产党人》（第九卷）1940 年版。

这篇文章最后写道："在监牢如同在战场……经历被捕与审讯是共产党员的试金石。"[1] 这说明对付国民党特务的反共活动问题已经引起中共高层的重视，成为当时国内政治中的一个大问题。

1941—1942 年间，在中统特务的肆虐下，中共江西党组织受到前所未有的严重挫伤，南委机关、粤北省委和广西省工委都受到了不同程度的破坏，其后果是非常严重的。

首先，它严重破坏了共产党的组织。据统计，从 1940 年春至 1942 年夏，中共组织被破坏的有一个南委，三个省委（江西、广东、广西），两个市委，四个特委，三个中心县委，三四十个县委，近百个区委，三四百个支部；其中数江西省委被破坏得最为厉害。国民党顽固派把江西作为打击共产党的重点，因为江西的党组织在红军长征后遭到严重摧残，抗日初期才慢慢恢复和发展，党的组织比较薄弱和混乱，加上江西又远离共产党领导的抗日根据地，因此在熊式辉、冯琦等反共头目的统领下，江西特务统治的罪恶行径达到最高峰，江西及其周边的地下党组织、共产党员和进步人士遭到严重摧残，江西党的组织到 1948 年才得以重建。

其次，它严重损害了江西的国共合作，削弱了抗日力量，影响了抗日事业的发展。在抗日战争中后期，国民党顽固派不断掀起反共高潮，制造摩擦事件，损害抗日民族统一战线。在国统区的江西，特工活动非常猖獗。经熊式辉的整合，国特机关形成了以中共叛徒为中心的一股破坏力量，大肆逮捕共产党员和进步人士，使江西国共合作的局面遭到彻底破坏。在江西中期的抗战中，除上高会战得到中共地下党组织的大力帮助获得胜利外，其余战役都打得不好，这与江西中共和民主力量的削弱有很大关系。

最后，马家洲集中营里大多数被关押的中共党员，都进行了大义凛

[1] 德生：《略谈对付敌人的逮捕和审讯》，载《共产党人》（第九卷）1940 年版。

然的斗争，精神可嘉。但是作为党的领导来说，不能不说留下了惨痛的教训。1940 年至 1943 年左右，江西地下党组织之所以惨遭国民党的破坏，主要原因在于：（1）党的上层领导对新的形势缺乏深刻的认识，以致国民党特务得遂其谋。如南方工委组织部部长郭潜，对当时全省党组织的情况心中无数，且革命意志薄弱；被捕后，还没进集中营就叛变了，并出卖了廖承志、张文彬，犯下了罪恶。（2）国共合作后，江西各地在建党时，就混入了少数思想不纯的人，这些人投革命之机，在国共合作之初，两党相安无事时，他们还能混下去，遇到挫折就经不起考验，成为叛徒。如省委驻吉安交通站负责人李盘森、黄耀亮，省委军事部部长颜福华，南方工委宣传部部长涂振农等就是这样的败类。由于他们的出卖，使许多共产党人遭受不幸，说明了用人问题的重要性。

由于中共中央和南方局及时制定了正确的应变方针和善后措施，这些地方幸存的党组织与共产党员，顶着腥风血雨转入更加隐蔽、更加顽强的斗争，避免了再遭破坏，稳妥地渡过了难关，保存并逐步发展了党的力量。

虽然有一些不坚定分子发生了背叛，更有郭潜、颜福华等极少数败类变节投敌，但大多数被捕的共产党人在狡猾凶残的特务叛徒面前，坚持斗争，百折不挠。廖承志在被捕后一身正气，威武不屈；南委副书记张文彬铁骨铮铮，大义凛然，在狱中长期坚持对敌斗争，受尽折磨，为党的事业献出了宝贵生命。江西省委书记谢育才及其妻王勖，有勇有谋，关键时刻舍弃亲生儿子，双双越狱向党报警；广西省工委副书记苏曼等三人，面对刑讯，坚贞不屈，为了保守党的秘密，集体自缢牺牲；粤北省委女交通阿李、南委总交通林某等，都为维护革命利益，保守组织机密，受尽酷刑，以致英勇献身。吴建业烈士在马家洲集中营里遭受酷刑后，写下了激昂的诗篇："皮肉给他吧，骨头是我的！就是骨头碎了，也会有强烈的一声爆响！""上前去啊，同志们，跨过我们的死尸，请不要忘记，当明天你们凯旋归来，在我的坟上，你可以采摘一朵鲜花，请插在你的枪口上，把它带给世界劳动的人们，因为这是我的唯一的遗嘱。”[1] 还有许许多多无名英烈，他们所表现出的革命气概、牺牲精神和可歌可泣的英雄事迹，是中国共产党人的典型代表。在他们面前，那些叛徒特务们的种种嘴脸劣迹是多么的龌龊与渺小。

国民党特务组织在江西等地的反共成绩并未能影响国共斗争的大局，更没能阻止中国革命的进程。

[1]《江西英烈》第一辑，江西人民出版社 1989 年版，第 283、276 页。

[第十一章]

穷途末路

——中统组织的衰落

抗日战争期间，国民党的特务组织发展到了历史上的巅峰状态，虽然他们在对日伪作战中做了一些事情，但更多的是随着两大特务组织的膨胀，国民党特务政治也达到了前所未有的程度。国统区内政治黑暗，特务肆行，引来了社会各阶层的极端不满。就连在国民党内，反对特务组织活动的呼声也日益高涨。蒋介石原本是要利用特务来加强其统治，而且他也日益离不开他的特务组织；但是他却不能允许特务们随意妄为来搞乱其统治，特别对于戴笠与徐恩曾等人野心膨胀的夺权妄为之举，便更不能容忍。于是，在中统与军统行为过分不端而引发党内斗争时，蒋介石采取了一些压制措施，徐恩曾在内斗中失宠于蒋，被免职，中统逐步开始走向衰落。随着国民党政权在大陆的统治逐渐瓦解，中统也最终走向了穷途末路。

第一节　中统的没落

蒋介石下令不准中统抓人

1943 年 10 月，蒋介石给中统局局长徐恩曾下过一条手令，大意是：捕人之事，应由有权机关办理，中统局是党务机关，不得捕人。乍看起来，蒋介石这条手令像是要遏制特务们的活动，但其中的缘由却是国民党政权内部斗争的产物。

1942 年后，中统局局长徐恩曾出于扩大权力的欲望，积极谋求攫取翁文灏的国民党政府经济部部长职位，其所用手段之一是找寻经济部内的“软处”，如贪污案件以及进步人士的活动等。一旦发现即采取行动，以削弱蒋介石对翁文灏的信任，而遂其一箭双雕的企图。

1943 年秋，徐闻密报，经济部某职员有共产党嫌疑，认为是一个机会，即下令其所属的重庆区区长陈庆斋逮捕此人，陈又交给该区行动科科长张文农去执行。张奉令后，随即率领行动员二人到经济部，以友人来访为名诱骗此人来到会客室，强迫其随往中统重庆区区部受审。

该职员发觉势头不对，立即逃回办公室，张等尾随追捕，引起大多数人员的愤怒，阻止了特务的行径。张见众怒难犯，无奈回区报告，准备另用其他方法执行。徐恩曾得知后，大骂陈、张无能，不会办事。

事件发生后，翁文灏十分恼怒，认为徐恩曾不应该未通过他便来捕人，作为经济部部长，他有责任保障部内人员的安全；加上当时徐露骨地进行夺取经济部部长职位的活动，翁文灏便乘机向蒋介石告了中统一状。

由于翁文灏拥有经济专家的地位，蒋介石还要利用他来为自己工作，为了安慰翁文灏，再加上蒋也认为中统用这种公开蛮干的手段抓人，对国民党的统治不利，于是便对徐恩曾下了“不得捕人”的手令。接着又召见了徐，将其大骂一顿，并命令将重庆区区长及执行人员撤职扣押查办。

后来，中统局另派局秘书张国栋兼任重庆区区长。张赴任时，徐恩曾一再吩咐，他的主要任务是整饬内部，提高工作效率和行动技术，不要打击下属的工作积极性。徐非常能体会蒋介石的“苦心”，当时还特别关照张："总裁这一手令，是责备教育我们的行动技术太差，过于鲁莽，要求我们提高技术，用更巧妙的隐蔽方法进行活动，而不是根本不许我们再干捕人的事。"[1]

此后，直至全国大陆解放，中统特务在南京、上海、重庆、武汉等地，无时不在对共产党、进步人士进行监视、逮捕、迫害。有些重大行动案，如 1947 年逮捕上海中共地下党人卢志英，在狱中将其酷刑折磨致死；破坏上海富通印刷公司案，逮捕共产党员和进步人士将近 300 人等，中统局都曾向蒋介石请示报告过。蒋介石也从未提起过那一手令的事，可见蒋介石那"不得捕人"的手令，实际上只是掩人耳目的表面文章。[2]

徐恩曾下台

1945 年 1 月 30 日，蒋介石突然颁发手谕："撤去徐恩曾本兼各职，永不录用。"紧接着，2 月 1 日上午 9 时，中统内部即召开大会举行交接仪式，掌握中统 15 年之久的徐恩曾丢掉了中统局副局长之位。半个月后，其兼任的交通部次长也被免职，随后，在 5 月份的国民党中央委员选举中，徐四处奔走活动，试图重新当选中央委员，但亦未成功。至此，徐恩曾的政治生涯已告完结，速度之快令人咋舌。

徐恩曾的失宠下马，曾让中统内部人心惶惶，所有人都胆战心惊，曾经显赫一时的徐老板，说倒就倒。其实，徐恩曾的下台是注定的事，因为他在太多方面犯了蒋介石的忌讳，触怒"龙颜"，其后果可想而知。

前文提到，徐恩曾与费侠的结合首先引来老蒋的不快，令蒋介石在内心对其多添一份戒备；而费侠及徐的二房太太王氏打着徐的旗号所做的一系列不法行为，也令蒋极其不爽。另外，徐恩曾本人的贪赃枉法亦

[1] 潘家钊等：《蒋介石特工密档及其他》，群众出版社 1993 年版，第 240—241 页。

[2] 潘家钊等：《蒋介石特工密档及其他》，群众出版社 1993 年版，第 240—241 页。

为蒋介石所深恶痛绝，徐妄图侵吞财政部缴销的巨额财产一事，经戴笠告发后，在蒋的心中造成了极坏的影响。

除此，徐恩曾下马还有一个很重要的原因，即徐的官欲难平。徐在内心对于从事上不得台面的特务工作总有些不甘，他曾在日后向朋友吐露心声："中国历史上最著名的大特务莫过于武则天时的来俊臣、周兴，声名赫赫，但最后都被武则天设计所杀。武则天之所以要杀二人，是因为他们知道的隐私太多了。""自古大特务都是不得好死的。"在 1941 年经吴铁城大力举荐兼任交通部次长后，徐恩曾用尽手中的所有权力和关系，打算以交通部次长为跳板，往更高的职位发展。他想掌握真正的实权，并看中了经济部部长的位置，于是想尽办法去钻营；殊不知，这正是催他政治生涯完结的一个重要原因。

蒋介石本来就对特工不满足于本职工作十分不满，他最容不下的就是特务人员向政界的钻营。对于在抗战中坐大的徐恩曾与戴笠，蒋介石都以各种手段进行牵制。这从蒋 1935 年 1 月 1 日在杭州对调查统计局特务人员公开发表的一篇训词《特务人员之基本修养》中就能看出。在这篇讲话中，他毫不客气地说："你们特务工作就是领袖的耳目，换句话讲，就是领袖所用的革命工具。做工具的人，只有死心塌地地绝对服从主管的命令，随时准备为领袖牺牲自己的一切，主官要你们死就死、要你们活就活，丝毫没有你们抉择的余地。第二，不许自作主张：你们特务工作人员既然是领袖的耳目与工具，只以绝对服从为天职，自己的生命身体，都已经完全贡献于领袖，那么，个人的意志，当然更不待说是没有丝毫的自由了。尤其是对于政治方面，不能在领袖主张之外，自己做一点主张。……你们务必要以领袖或团体的主张为主张，以领袖或团体的意志为意志，才是忠实的革命者，唯能如此，才能推动革命事业以底于成功。"[1]

[1] 转引自汪荣祖、李敖：《蒋介石评传》（上），青海人民出版社 1999 年版，第 228 页。

但怎奈徐恩曾就是不会揣测领袖的这种“圣意”，不知吸取教训，反而变本加厉。原本蒋介石让徐恩曾兼任交通部次长的目的是为了让徐利用全国的公路、铁路、航空等一切交通便利，设置一个严密的情报交通网，以便更好地搜集情报，为其服务。蒋让徐担任交通部次长，实际也是加强中统实权的一个重要措施，他希望徐恩曾能好好利用这个机会，更好地为他服务。照常理说，徐应该满足了，交通部次长虽不是正部级，但好歹也是个掌握实权的政务官，跟自己的特务小道不同。但徐非但没有真正利用好这个职位优势，为蒋介石搜集到令他满意的情报，做出成绩来；反而这个无意间得来的职位大大刺激了徐的政治野心，他想以此为跳板，向更高的职位过渡，且其做法根本就不知避讳，明目张胆，遭人嫉恨。他与翁文灏斗法已令蒋非常不满，并为此被剥夺中统随便抓人的权力。但徐仍不知收敛，他费尽心血，不断炮制各种经济计划，更是写了一份完整的战后重建经济计划，其中内容不乏可圈可点之处，试图进一步向蒋表明自己能够胜任经济部部长的职位。在他眼中，翁文灏根本就是一学者书生，不适合做官，要搞倒他应该很容易。但是，他这一招真是聪明反被聪明误。蒋介石岂是他能掌玩的，翁文灏的势力亦不像徐恩曾想象的那样脆弱。在徐大闹一场之后，翁文灏的官职不降反升，不久又兼任了战时生产局局长，主持战时军需生产；后又当选为中央执委，并出任国民政府行政院副院长兼经济部部长。相较而言，徐的一系列努力在蒋看来全部是为了“猎官”而进行的表演。对徐的这些小丑一般的表演，蒋介石心里厌恶至极，只是苦于尚未找到合适的爆发点。

徐恩曾挖空心思坐大，亦引起了他的庇护神陈果夫、陈立夫兄弟的反感。失去后台，对于徐恩曾这种在政府内没有更深背景的人来说是很可怕的。但徐被权力冲昏了头脑，认为自己已经足够强大，二陈对自己的庇护已经不那么紧要；况且陈氏兄弟要扶植的人有好多，比自己资历深厚的人多得是，“CC 系”之前做到部长级的几个人物，如张厉生、朱家骅等人，在做部长的关键时刻，都不是二陈给使劲的，都是因为投靠了他人门下。徐恩曾担任交通部次长职务，固然有陈氏兄弟的帮忙，但在这件事中起关键作用的却是吴铁城。徐恩曾在此事上对吴倚仗颇多，二陈已有所不满，但念及此职位对中统发展有益，于是隐忍不发。徐恩曾在这之后，更认为单纯依靠陈家表兄是不行的，还得多找靠山。吴铁城自然是他要倚仗的对象。

吴铁城是政学系老政客，时任中央秘书长，他长于官场漂浮，麾下缺少干事的能臣，徐恩曾的务实肯干，可充吴难得的助手。而徐也乐得向吴献忠心，无论做事还是送礼，规格都超越了对二陈的标准。此外，徐恩曾也明白靠山多多益善的道理，对当时国民党上层的实力派，他都竭尽巴结靠拢之能事。

吴铁城

徐恩曾千方百计向经济部部长钻营，并且开始不以陈氏兄弟马首是瞻，这令陈氏二人十分不满；更重要的是“政学系”是“CC 系”的死对头，作为“CC 系”领袖的陈氏兄弟，最反感徐恩曾向政学系靠拢。且不说陈立夫自己亦在打经济部部长这个职位的主意，徐急欲坐大的行为令二陈想到了张厉生和朱家骅当年羽翼丰满之后对自己的离心叛道，陈氏兄弟对这种忘恩负义的人最难容忍。于是，便打算不再护着这个不听话的小表弟了，甚至开始为徐物色继任人选。在徐一次次不得“君心”时，二陈已不再替他说好话。二陈的摒弃，对徐的下台起了很重要的加速作用。

其实，促使徐恩曾下台的最主要原因，还是他对自己本职工作的不力。原本中统在反共方面一派独大，这也是蒋介石一直倚重徐恩曾的主要原因；但徐在全力钻营上位时，对本职工作已无多余的心力来应付，工作中的疏漏亦是频频出现。据中统大特务赵毓麟后来回忆："在 1942 年，我见徐恩曾的思想深陷矛盾之中，一方面他想脱手，另谋一个政务官位置，名正言顺；但另一方面，又不愿放弃中统拥有的这么大的人权和物权。最后，他的策略是以中统为根据地，向经济部或交通部这些被政学系首要掌握的部门进军。"[1] 中统是徐恩曾苦心经营十数年的大本营，进可为自己提供资源，退亦可保住已有的基础，自然是丢不得的。怎么办呢？徐恩曾经过深思熟虑，找来中统资深大特务、也是自己的亲信死党顾建中来替他坐镇中统大本营，自己则为谋新职而竭尽全力在外奔走。顾建中虽为徐恩曾的亲信，但他坐镇中统时，趁徐恩曾无暇顾及太多，很想发展个人势力。虽然徐恩曾为防止顾建中坐大而多设掣肘，但他毕竟有心无力；再说既然要依靠顾坐镇，就得让人家得点便宜吧，索性睁一只眼闭一只眼，让顾建中放手去搞，结果把中统内搞了个乌烟瘴气。上行下效，既然老大都不专心搞自己的专业了，下面的特务们自然乐得清闲，干事热情和效率自然大打折扣。这期间，戴笠的军统却在反共领域多有钻营，"成绩"颇多，大有赶超中统之势。

1944 年 4 月，在日军发动的河南战役中，国民党汤恩伯部 40 万大军被冈村宁次率领的 15 万精兵打败，河南全省沦陷于日军之手。蒋介石为此专门召开会议讨论此事。在"甲种会报"上，蒋介石向特务情报机关负责人询问河北、山东中共敌后抗日根据地及中共抗日武装情况，并专门询问徐恩曾。徐恩曾因事先没有充分准备，一时张口结舌，无法自圆其说，顾左右而言他。而戴笠则精心准备，口若悬河说得头头是道，中美情报合作又出佳绩、成功策反汪伪集团首脑人物，等等，表现非凡。两者相较，高下立判，蒋介石大发脾气，严责徐恩曾没有集中精力办事，并警告徐要做好自己的本职工作。随后不久，在国民党举行的一次中央全会期间，国民党中央党部内突然发现一条标语，上书"总裁独裁，中

[1] 杨者圣：《特工老板徐恩曾》，上海人民出版社 1997 年版，第 318 页。

正不正”。徐恩曾得知后，不敢瞒过，立马上报蒋介石。蒋闻言自然大怒，认为中央党部内戒备森严，必不会是共产党人所干，应是内部人员所为，严令徐恩曾亲自查办此事。结果徐恩曾动用了大批特务，费时日久，终未能破案；为此蒋介石对徐恩曾极其失望，严厉斥骂。

同是 1944 年，蒋介石身边的一个美国顾问拉铁摩尔到中共解放区考察，回来后写成《解放区见闻》一文，内中提到解放区内共产党领导下的人民群众如何振作，地方组织如何严密高效，敌谍汉奸没有丝毫活动的余地，等等。这份考察报告自然交给了蒋介石参阅。蒋介石阅后勃然大怒，解放区内一派祥和、敌伪汉奸丝毫没有活动余地的字眼刺激了蒋的神经，如此说来，自己的情报人员毫无作用，在解放区亦定是毫无所获的！他为此专门在上面做了评语，内中写道："如此因循泄沓，尸位素餐，将来死无葬身之地矣。"并专门找人送给徐恩曾看，目的就是向徐敲响警钟，也正好发泄他对徐的极度不满。

1944 年秋，一次“甲种会报”上，蒋介石又严词指责徐恩曾说：“共产党的《新华日报》天天登载反对我、反对党国的言论，你为何不负责任，听任其发行传播？这充分表现了你的腐败无能！”“他们造谣说我与小护士同居，你为何不处理，也不报告给我？”徐恩曾对此显得有些委屈："对《新华日报》的打击及查封等工作，不止中统在做，军统、警察等都在做，大家都没有能力取缔之，为何只怪我一个人？而与小护士同居之事，乃是时人纷纷猜测蒋的第二任夫人陈洁如回到重庆，与蒋介石重修旧好，被疑为小护士与蒋私下相约。这个与小护士同居的谣言是从总裁侍从室流传出来的，怎会要我向你汇报？”至此，徐恩曾总算明白自己已经被蒋介石嫌弃了，他想再做困兽一斗，但为时已晚；况且经营中统这么多年来，与军统、政学系等组织派系的矛盾和摩擦使其树立了不少政敌，这些人趁此机会在蒋介石面前谗言一番，更是让徐恩曾吃不了兜着走。

最终，彻底让蒋介石对徐恩曾死心的事情是徐恩曾利用职权参与中缅印边境走私，纵容前妻打着自己的旗号发国难财。虽然当时发国难财的官员不止徐恩曾一个，但因为前面种种不端行为已经让蒋对其灰心，蒋要借此机会，严惩徐恩曾，以起到杀鸡儆猴的效果。

于是便出现了本节开头的那一幕，徐恩曾的政治生涯至此结束。

中统的内斗

自 1938 年 5 月国民党中央调查统计局在武汉成立后，按照蒋介石的安排，国民党中央党部依据其制定的《中统局组织条例》，任命中央党部秘书长朱家骅兼任中统局局长，原特工总部主任、“CC 系”干将徐恩曾任副局长，实际负责中统局的工作。

由于这种特殊的体制，使得中统局挂名局长朱家骅与实际头目徐恩曾之间的关系变得微妙而复杂。朱家骅兼任中统局长 7 年，虽然不直接过问局务，但却通过在局内安插亲信，与徐恩曾争夺权力，上演了一场内部权力斗争。在这种情况下，徐恩曾要想整合中统局的力量，确实也是一件困难的事。

按照《中统局组织条例》规定，中统局的经费主要来源于中央党部秘书处，而该处则由朱家骅亲自掌握。对于这位手握财务大权的顶头上司，徐恩曾在开始阶段竭尽恭维之能事，除了饬令各组、处呈送《每日情报》《专报》给朱家骅和秘书处各一份，还经常亲自到中央党部请朱到局里来主持局务会议、纪念周等，有时还请其作报告，以示谦顺和尊崇。另外，他还经常陪同朱在局长室象征性地办公和到各处巡察，向其汇报局内重大事情和一般工作情况，空闲时还一同在操场上打网球，饮茶小叙，以融洽关系。

1939 年以后，中统特务活动内容和范围不断扩展和延伸，组织机构和人员迅速增加，所需经费也不断增加。徐恩曾常常为经费不足而大伤脑筋，为了能从朱家骅的秘书处多搞点钱，徐恩曾经常用多种形式向朱家骅提出增拨经费的要求，朱家骅也借机提出介绍和推荐人到中统局任职的条件，徐被迫一一允准。朱家骅趁此之机，首先向徐推荐了亲信李光灼担任中统局会计室主任，接着又介绍刘次萧担任中统局专员。按照中统局组织条例，局内设有秘书一职，其职责是襄助局长综理局务，地位仅次于副局长。当局秘书濮孟九被蒋介石侍从室调走时，朱家骅又推荐刘次萧专员转任秘书。

刘次萧任秘书后，朱又介绍亲信胡祥麟任局专员；1940 年中统局统计处成立时，朱再推荐他在中央大学时的同事郑尧柈任处长；特种经济调查处（简称特经处）成立时，朱再推荐陈介生任处长。而这些人又分别安插了一大批人员在局基层任职。到 1940 年底，朱家骅在中统局内的势力已成气候，徐恩曾痛感如此下去将难以控制局面了。

于是，徐恩曾在表面上对朱家骅介绍和推荐的人一一安排，暗地里却将自己的亲信安插在他们周围，加以监视制约。他将姜文锦安排在统计处任副处长，霍志征以局专员名义参加特经处领导工作，使郑尧柈和陈介生的举动都在其视线之中；局会计室的出纳科长亦是徐的外甥，掌握所有费用的支出，而会计室人员又都是徐恩曾的亲信，李光灼这个主任除向朱家骅要钱外，并不敢左右中统局的经费开支。

特经处成立时，因局本部房屋有限，需要另觅办公地点，处长陈介生依仗朱家骅撑腰，借远离局本部之便，经常不按照徐恩曾的指示办事。对此，徐采取忍让态度，装作视而不见，算是给朱一点面子。

1941 年 3 月，国民党五届八中全会召开，吴铁城出任中央党部秘书长，朱家骅转任中央组织部部长。按照《中统局组织条例》规定，中央党部秘书长是中统局的当然局长，应由吴铁城兼任，然朱家骅对此兼职却很留恋，抓住不放，并继续介绍人员到中统局任职。这时朱对中统局经费的审批已不能过问，徐恩曾也就不再对朱持谦恭态度了。对于朱继续介绍人员到中统局，徐开始时只是不再予以理会，不久便反守为攻，将朱在局内已安插的亲信一个个地驱逐了出去。

被徐驱逐的第一个目标就是在局内扮演重要角色的秘书刘次萧。刘原在教育界任职，对于特务工作本是外行，他在开始任职时就感到力不从心。朱转任后，刘时时处处受到刁难，无奈之际，只好申请调离。对敢于违令的特经处处长陈介生，徐恩曾除在会议上不断予以严厉申斥外，还传出口信，要派行动队员捉拿，并依组织条例处置。陈料性命有虞，被迫弃职到朱家骅处寻求保护。这样一来，徐与朱之间的矛盾迅速激化。最后，徐恩曾顾及朱家骅在党内仍是一方大员，为了缓和矛盾，不使双方关系彻底崩溃，便放下架子，主动与朱家骅协商，改派双方都能接受的李超英任特经处处长。朱也就顺阶而下，同意言和。其后，双方关系相对稳定了一段时期。

1942 年，朱家骅到西北视察，回来以后到中统局本部做了一场有关西北畜牧业问题的报告，其内容与中统业务毫不相干，特务们在台下一个个听得莫名其妙。后来才知道，朱是为了将视察费用在中统局报销才来此演讲的。1943 年，朱家骅到江西视察，顺道为关押在中统马家洲集中营的廖承志送去了其母何香凝捎带的一封信、一幅画和衣物，并捎回廖承志的一封信和一幅画，回来以后也报销了部分费用。对徐恩曾来说，朱家骅花点钱不成问题，只是不能插手中统局事务。但事实上，朱家骅不断保持与中统局关系的目的仍然是想染指中统。

1943 年，国民党陕西省党部书记长郭紫峻因与西北王胡宗南有隙，在陕西不能立足，陈果夫便将其介绍到中统局任局秘书。郭为人泼辣，又有野心，他之所以愿到中统局，是想有朝一日取代徐恩曾。1944 年初，徐恩曾保荐顾建中任副局长，郭紫峻得知升职无望，在万般无奈之际，便想利用徐恩曾与朱家骅之间的矛盾渔利。他秘密奔走于朱家骅之门，将中统局内情添油加醋地向朱汇报，逐步取得了朱的信任。此时郭紫峻的投靠，迎合了朱的需要，为了能够让郭成为自己在中统局的代理人，朱家骅在晋见蒋介石时，便报告徐恩曾在中统局工作不得力，致整个特务工作毫无起色，而郭紫峻又如何有才干，并保荐郭担任副局长。当蒋介石召见郭紫峻的时候，郭大告御状，说中统局内部管理混乱，纪律松弛，效率低下，都是因为徐领导无方，等等。当时蒋介石还没有下定决心撤掉徐恩曾，于是便采取惯用的相互牵制手法，任命郭紫峻为副局长。1944 年下半年，任命公布后，徐恩曾如梦方醒，知道了其中的内幕。如此，徐、朱二人矛盾迅速升温，且达到高潮。

郭紫峻升任副局长后，依仗着朱家骅的撑腰，一改以往对徐恭顺的态度。1945 年 1 月初，他与徐在局长室里爆发了一场激烈的争吵；郭要徐自动向蒋辞职，由他来过渡一段时间，言毕拂袖而去。徐气得一时语塞，脸色由青转白，大骂郭无耻，想篡夺自己的江山，并表示决不服输。

同年 1 月底，蒋介石由于不满徐恩曾的表现，加上军统戴笠等的捣鬼，以亲笔手令撤去徐恩曾本兼各职，朱家骅、郭紫峻对此弹冠相庆，满以为掌握中统局的大权已落入手中。不料，陈果夫、陈立夫已密向蒋介石推荐叶秀峰继任。消息传来，朱、郭二人懊丧不已，大有“早知今日何必为他人作嫁衣”之慨。

叶秀峰原是国民党第五届中委、国民党中央组织部调查科第五任科主任、“CC 系”核心人物之一。他看到中统局内已被朱家骅、徐恩曾搞乱，唯恐难以控制局面，遂向二陈表示有条件地履新，要求中统局的一切由他做主。陈果夫、陈立夫表示全力支持。

叶秀峰上任后，以二陈为后台，对朱家骅的插手采取强硬态度，将副局长郭紫峻排挤出实力圈，闲挂起来，再将朱的亲信李光灼一脚踢出中统局。因朱家骅此时失去了蒋介石的青睐，已转任教育部部长，自感无趣再兼任中统局局长，遂向蒋介石申请辞去兼职。蒋允之，旋即改任叶秀峰为代局长。中统局内上层的较量也至此告一段落。但这种争斗客观上已在中统局内造成了很多影响，正如一份中统内部报告所分析的那样，长期以来中统局内部现状是：(1) 组织庞大、意见不一、事权不专，责任无分轻重、功过不知谁属，加之副局长三人，形成一国三公，不惟下对上之请示莫知所措，抑亦是非之根源。(2) 组织已无纪律，贪赃枉法随之，藉事贪财、营私舞弊，时有发现，各地调室常被检举，即其明证，加之赏罚无节，功过不分。(3) 遍观局内与省市人员，其属正当大学出身者，实无几人，专门人才，更不必说，宵小者乘机活跃，贤者隐退。(4) 经费困难，工作松懈，电讯阻塞，各地方又多尾大不掉，指挥自难灵活。(5) 惰性形成，真有价值情报十不得一。

这份报告最后又提出了以下几条改变现状的办法：

(1) 严密组织，确立健全机构。(2) 统一事权，确定中心领导人物，

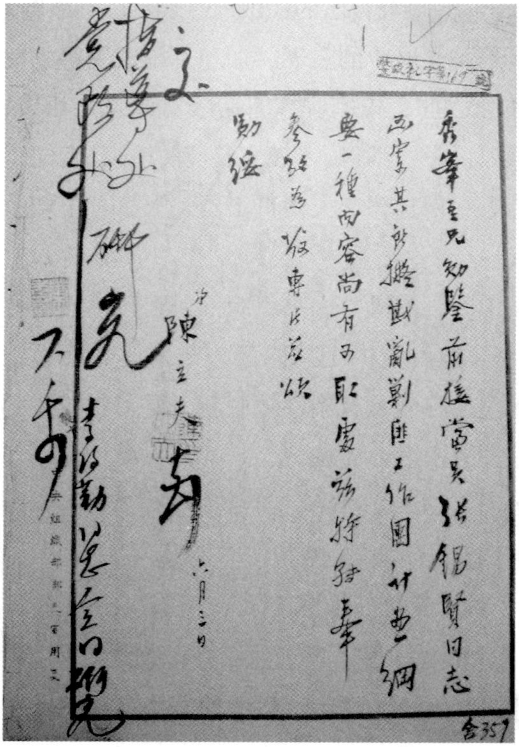

陈立夫致中统局长叶秀峰亲笔函

中统局最后一任局长叶秀峰

收指挥灵活之效。(3)淘汰冗员，用人唯才，务使任人得法。(4)综复名实，赏功罚过。(5)增加省市经费，慎选省市负责人员，务期令必行，行必果。(6)严饬交通部门增加电台经费，优待电务人员，使积极工作。[1]

但实际在当时的客观条件下，所谓改进工作也并不是那么容易办到的。

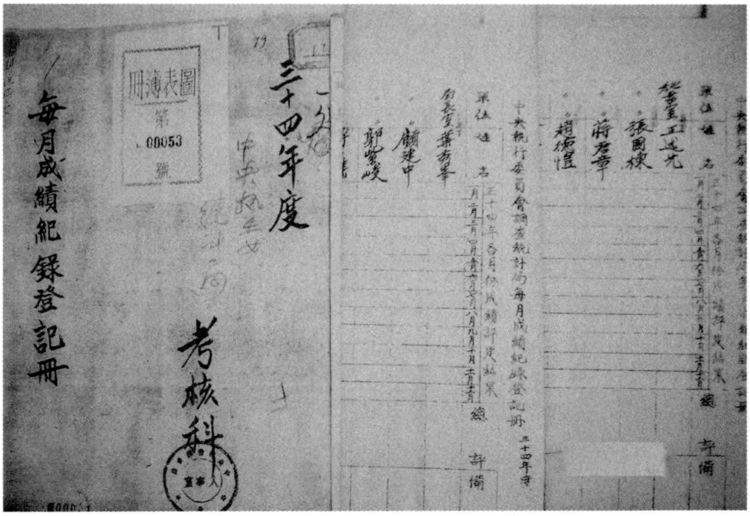

中统局1945年《每月成绩记录登记册》

第二节 党通局

1947年秋，“中央党员通讯局”正式成立，中统历史进入走向衰退的新阶段。其所制定的组织条例如下：

[1] 《朱学贤致朱家骅函》(1937年12月21日)，(台湾)国民党中央党史馆藏档：E党–33–33。

中央执行委员会党员通讯局组织条例

第一条 本局根据中央执行委员会组织大纲第六条之规定组织之。

第二条 本局掌理党员通讯之指导研究及其相关业务。

第三条 本局设局长一人管理本局一切事宜，副局长二人襄理之。

第四条 本局设主任秘书一人，秘书三人，承局长、副局长之命办理日常事务。

第五条 本局设下列各处室：

一、指导处：掌理党员通讯之指导事宜；

二、研究处：掌理党员通讯之研究事宜；

三、交通处：掌理通讯交通之建立与管理事宜；

四、秘书室：掌理机要文书、印信、译电、总务等事宜；

五、人事室：掌理工作人员之考核登记与训练事宜；

六、会计室：掌理一切会计事宜；

七、督察室：掌理工作人员之督导与考察事宜。

第六条 本局各处设处长一人、副处长一人，各室设主任一人，承局长、副局长之命，掌管各该处室事宜。必要时各室得设副主任一人，襄理室务。

第七条 本局各处室分科办理。各科各设科长一人、总干事、干事助理、干事佐理员各若干人，办理各该科事宜。

第八条 本局设设计委员、专门委员、编审督察专员各若干人，分别办理设计编纂督察及交办事宜。

第九条 本局为训练通讯技术人才起见，得举办各种训练班。

第十条 本局得于边远地区设督导区及督导若干人，分区督导通讯业务及代表本局办理对外联络事宜，其办法另定之。

第十一条 本局于各省市党部设置通讯组（各特别党部设置通讯员），办理通讯业务，由本局直接指挥并受省党部主任委员之指导，其组织另定之。

第十二条 本局得于重要地区设直属通讯处，其组织另定之。

第十三条 各省市党部通讯组，设组长一人及各级工作人员若干人（各特别党部设主任通讯员一人、通讯员若干人）。

第十四条 各县之党员通讯业务由各省市党部通讯组委派工作人员办理之。

第十五条 本局办事细则另定之。

第十六条 本条例由中央执行委员会议决施行。[1]

由中统局改组而成的中央党员通讯局，在遭遇了 1945 年 1 月间徐恩曾被蒋介石手令免职的沉重打击后，在继任者叶秀峰的统治下，已呈现江河日下的态势。由于“人与事相联”，“徐先生倒霉，机关经费缩减”[2]，原中统局所控制下的盐、税等可赖为挹注的部门被剥离出去，所有特别补助费停发，连正常经费拨款也大打折扣，内部机构被迫缩减，外勤工作基本停滞，中统似已完全失去往日的威风。

为了重振士气，叶秀峰借改组之机，主持了对局内工作的全面检讨，拟出了一份《工作改进意见》，主要内容如后：

本局工作改进意见

甲、关于机构方面者

本局现有机构未臻紧凑，各部配合，亦欠灵活，故效能亦鲜。症结所在：一为机构庞什，骈枝多于实务；二为分工尚欠合理，职责不专；三为若干单位有人无事，或有事无人，不能发挥实效；四为中心业务部门过受编制拘束，拓展迟缓；五为临时会组设置太多，会商耗时，计划

[1] 《中央执行委员会党员通讯局组织条例》，中国第二历史档案馆藏档案：七二四 27。

[2] 杨者圣：《特工老板徐恩曾》，上海人民出版社 1997 年版，第 433 页。

多于执行。改进意见如下：

一、似可裁并之单位

（一）训委会机构庞大，内容空洞，人力缺乏，成绩甚少，如能力予充实，似即可并入四处，……（二）研究室经常工作闲散，所有工作意见，因缺少实际业务之了解，与实务单位每多出入，若不能有所更张，不若依照性质，分别并入各处，……（三）资料室原分党派、敌伪、党政三部，各归主管科直辖，嗣为统一管理，特合并单独成立，然两年以来，所有资料均未能及时整理，需要时无法调用，形同虚设，此种脱节现象，亟须立加改进，……（四）特经处业务在外颇多毁誉，今敌寇投降，该处业务亦无继续必要似可即予撤销……

二、应予充实之单位

（一）秘二科……（二）秘三科……（三）交通处电讯科管理松懈，效率甚低，各地电讯人员，缺乏政治训练，以技术人员自居，不受拘束，自成系统，不听各地调统室指挥，常有怠工情事，影响工作匪浅，应即拟定整个计划，训练新人改善待遇，淘汰怠顽，力使充实。运输科工作有名无实，亦需即加调整；（四）密电组过去分设两处，力量不能集中，应予合并，……

三、临时委员会及小组希能减少

本局过去组设各种问题临时委员会及小组甚多，开会频繁，事权不专，影响各部门主管业务之推进，不如加强处科之责职尚有成效，今后该项组设非必要者似可予以减少。

四、省室机构之调整

（一）现行之督导区制度，不仅未能发挥积极作用，抑且影响省室工作情绪，增加人事纷争，牵制甚多，似应予以取消，……（二）提高各省室之地位……（三）对予省室之权限，似应予以扩大，……（四）……省室机构中似有增设交通科之必要……（五）各省政府增设统计处，由各省党部调统室主任兼任一案，中央业经通令实施，本局应即积极进行，争取成立，……（六）由本局成立视察团之组织，团长以高级同志充任，团员选拔熟悉各种业务人员担任，予以较大之权力，出发各地视察，就地解决各种实际问题，……（七）目前各省室缺乏下层基础，工作多属蹈空，……在党调合作之原则下，各县党部委员或书记长至少应由各省室推荐派充，或由省党部指定担任调查工作。

乙、关于人事方面者

本局人才缺乏，基本干部健全者尤少，人员配备调动不够灵活机动，命令之执行，亦未能贯彻，同志之精神，不能蓬发，此种严重现象之形成，一由人事制度迄未能完全确立，取才进士犹未配合实际工作之需要；二为现有及外派同志之管理及训练，不够严格积极，未来干部之培植尤少通盘计划；三为本局负特殊任务而无特殊之待遇及保障，所有各级同志之待遇有时反较一般党务工作同志为低，而未来出路如何，亦未见有适切之部署，……具体意见如下：

（一）建立适合本局特殊性质之单行人事制度，给予工作同志生活及未来出路以保障；（二）嗣后录用新进同志，必须经过严密之外围关系及一定之训练，取才之标准须品德才干兼重；（三）同志之待遇应较一般机关为高，……（四）内外同志待遇一致，机会均等，并实现内外互调办法；（五）提高训练内容，改进训练方法，……（六）规定工作同志之最低服务年限，期满后按其成绩予以较优之介绍外派机会，……使其新陈代谢，干部源源补充不绝；（七）现有工作人员应立即进行严格之检查，淘汰各部门冗员及不堪造就之人员；（八）外派同志必须视有工作上之必要及规定服务之年限届满后为之，……然后指定其任务，严密联系、管理；（九）纪律之执行必须严格、经常、平等，始能辅佐命令之贯彻；（十）随时注意同志之意见，……务求组织之利益与各同志之利益密切联系；（十一）考绩及升迁，必须公开，……（十二）解决人事问题应规定一定之程序及手续，避免循情偏私，作私人路线之活动；（十三）为保障同志生活，似可规定退休养老金、储金、人寿保险、调差家属补助，按期给予休息或旅行假期等办法；（十四）人事登记工作，目前尚未达理想境地，似应积极改进，向办理有成绩之机关多加观摩借鉴，俾便于检查考核，扩大其用途。[1]

从这份自我检讨文件来看，当时中统组织内部确实问题与矛盾很多，不仅工作不能上升，甚至连维持运转也成了问题，难怪叶秀峰着急。但他的改进之策，似乎也不太实际，原则要求多，具体措施仍未落实，要想以“似可”“似应”之对策方法来处理中统内部的积弊，也难以奏效。后来的事实证明，这次检讨只是暴露了中统内部的众多弊端，而解决问题上并未见效。

中统局在鼎盛时局本部有六处、六室、五会、一区：即党派调查处、党政调查处、特种经济调查处、统计处、总务处、交通管理处，秘书室、人事室、会计室、督察室、研究室、译电室，违纪审查委员会、侨务工作委员会、训练委员会、设计考核委员会、事业管理委员会和重庆实验区，下属有68处调查统计室，遍及全国各地各阶层。改组后的党通局虽然还有一定的机构，但业已缩减，多余的通过化整为零，把中统局的机构整建制划到别的单位，继续开展工作，这样可以在表面上缩小规模。

缩减后的党通局主要通过三个“外延单位”来开展工作。这三个“外延单位”是：

一、国民政府主计处统计局第六、七两科。主计处统计局原本就是“CC系”控制的机构，局长吴大钧是陈立夫的亲戚和留美同学，“CC系”骨干分子，原曾任中统前身党务调查科第三任主任。第六、七两科专为中统而设，由王宗梧、张义城分任科长，两人及手下四十余人都是中统特务集体转业，还特设一名副局长级兼任视察，以中统第三处王秀

[1] 《本局工作改进意见》，中国第二历史档案馆馆藏档案。

春处长出任。该两科名义上是进行“行政效率”和“施政成绩”的统计，但实际上仍然是进行“党政情报”的搜集工作，其下辖机构为各省市统计处内专设的一科，其基本系统工作职能都没有变化。甚至于该两科人员的办公地点还都留在中统局本部党政调查处，只派一人去主计处上班，担任联络工作。到1949年年底，全国有7个省市政府的统计长是由中统特务担任的，中统内部称之为“主计系统”。主计处1948年后改隶行政院，“主计系统”最后随行政院逃往广州、重庆，在成都瓦解。

二、内政部人口局第四处。内政部长张厉生也是“CC系”人物，他专设此处交由中统掌握，由张国栋（张文）任人口局帮办兼第四处处长，负责工作；下辖三科，周汝唐、刘国刚、李道生分任科长，由29名原中统“人事登记处”的特务组成；公开业务是研究人口政策，搜集人口资料与协办兵役，实际工作是仿照美国联邦调查局的职能，进行被监视政治对象的个人特征、家庭、活动情况登记，称为“党派人事登记”，提供给最高当局参考，为政治斗争服务。该处没有下设机构。1949年夏，内政部与社会部合并，人口局并入户政司，第四处改为科，科长李道生率员随内政部逃到重庆后瓦解。

三、经济部特种经济调查处。1947年秋成立，由中统局统计处处长郑尧柈转任该处处长。下设四科一资料室，其中二科归经济部部长、青年党党魁陈启天所属，与中统无关；余第一、三、四科人员及科长陈伯中、郑铸、余宗瑜全部由原中统局统计处下属四科人员转任，再加补充共30人组成。公开任务是调查非法经济活动，取缔黑市、走私与囤积居奇，实际是对中共解放区的封锁、禁运、拦截物资与经济破坏；在经济重镇上海设有办事处，在天津、武汉、广州、兰州、济南、重庆、开封等地设有调查站。他们在工作中除了对付中共，也做了许多敲诈勒索商民之事。最后该处随经济部撤往广州，郑尧柈、陈伯中、郑铸等人逃往香港，余部到重庆后瓦解。[1]

上述党通局的“外延单位”，虽然编制经费是分由各名誉上的隶属单位供给，但他们从来都是原来的人干原来的事，没有任何变化，只不过原来的职能转为隐蔽而已。这些外派特务都有双重身份，工资由各单位汇给中统发放，而党通局再给他们额外的待遇。

党通局为应付局面的改变，还设立了内部的督察室，由王保身任主任，专门秘密监视内外特务的行为言论，制裁不忠者，成为“特务中的特务”。

中统在最后的时刻仍然坚持一贯的反共宗旨，在对内镇压各地的反内战反独裁及反美运动方面，充当打手与急先锋的角色。

自 1945 年年初出掌中统以后，叶秀峰在中统局内把主要精力放在清洗徐恩曾的势力和培养自己的班底上，他领导下的中统与党通局并无特殊建树，两三年内只策划发动过“重庆较场口事件”“南京下关事件”及昆明“一二·一惨案”[2] 等针对学生与民主人士反内战运动的暴力镇压，且其后果都是搬起石头砸了自己的脚，搞得当局十分被动，自然也得不到蒋介石的赏识。

第三节　最后的疯狂——国共内战中中统的反共活动

抗战结束后，国民党把全部注意力转向了对内政治军事斗争，企图通过武力来消灭中国共产党。在军事反共的同时，其特务机构的工作重

[1] 李约勒：《难产的中央党员通讯局》，载《中统内幕》，江苏古籍出版社 1987 年版，第 262—265 页。及张国栋（张文）：《中统局始末记》，载徐恩曾等著：《细说中统军统》，（台湾）传记文学出版社 1992 年版，第 110—113 页。

[2] 1945 年 11 月下旬起，昆明学界举行了大规模反美与反内战游行示威活动，12 月 1 日上午，昆明中统特务与警察当局联合对学运进行了镇压，特务警察冲进西南联大、云南大学、师范学校等单位，对罢课学生投掷手榴弹，炸死 4 人，重伤 10 余人，造成震惊中外的惨案。

点转而为反共战略服务，除了在军事情报领域的反共活动，在国统区镇压民主运动实行白色恐怖，便成为他们的重要活动内容。

当时在国统区，中国共产党领导的进步学生运动成为反内战、争生存、要民主的重要力量。因此，国民党特务组织把对付学运作为他们的主要工作。国民党特务组织与政府教育部在侦查搜集学运情报方面开展了合作。1948 年 6 月，“中央党政军干部联席会议”第六十九次会议决议，责成教育部搜集进步学生“言论行动之罪证”，提交行政院会议，决定处置办法。6 月 10 日，教育部发出致中央党政军联席会议秘书处代电一件，文曰：

中央党政军干部联席会议秘书处公鉴：特密。接准联教字第六八九六号代电，略以各重要城市之学校中潜伏共匪分子，经详密调查，据报名单者有南京、重庆、成都、天津、北平、武汉、广州等七单位。经第六十九次中干会决议，嘱由本部搜集奸匪学生言论行动之罪证，提出行政院会议决定处置办法。等由，准此。查有关学校供给之学运情报，本部虽经常处理运用，至奸匪学生之言行罪证，则少有收集。贵处为研讨奸匪对策之主持联络机构，关于是项奸匪学生之罪证，谅必多有搜存。拟请尽量检赐，以便提出行政院会议为荷。

教育厅。印。[1]

这份电文上还有教育部官员的附批：“此事应否密向各校设法？又武大方面似曾有反动标语等件送部。经已归档并应一查汇集办理。”

6 月 26 日，由军统改组的保密局因应中干会秘书处之请致电教育部，转送他们收集的有关进步学生资料，文曰：

[1] 《国民党特务密令搜集中共学生言行研究对策》，中国第二历史档案馆藏：五(2) 1468。

教育部朱部长赐鉴：兹准中央党政军联席会议秘书处（37）代电，嘱将奸匪学生言论行动之罪证检送贵部，以便决定处置办法等由，自应照办。惟查奸匪散寄宣传品多用化名，侦察较难，除饬注意侦查蒐集外，相应检附奸匪宣传品一部，列表送请参核示复为荷。保密局巳寝。[1]

这样，国民党特务组织与政府教育当局在镇压学运方面，开始了联合行动。从上述电文中我们也可以看出，教育部在这方面的姿态是比较消极的，他们似乎在采取推诿的方式。

当时，中统与军统在各地的组织联合军警，针对国统区各界的反内战民主运动，进行了广泛的镇压，制造了一系列的惨案。

对民盟组织的迫害

1946年，国民党当局一面与共产党举行和平谈判，一面调集军队大举围攻中共中原解放区。与此同时，国民党特务在国统区绑架、逮捕、暗杀学生、工人和爱国民主人士，大肆镇压人民反内战运动，摧残爱国民主势力。

当时，国民党把民主同盟视为仅次于共产党的重点打击对象，针对镇压民盟的行动，蒋介石曾多次做过指示。侍从室情报组组长、军统局帮办唐纵在其1946年2月6日的日记中写道："主席官邸会报，决定……民主同盟为共产党作鹰犬，应予膺惩。"同年6月5日，唐纵记道："上午情指（最高情报会议）主席指示对民盟不必姑息，……应施打击。"中统与军统根据蒋介石的指示，对民盟屡下毒手，最典型的便是多次迫害民盟主席张澜先生。[2]

[1] 《国民党特务密令搜集中共学生言行研究对策》，中国第二历史档案馆藏：五(2) 1468。

[2] 本文根据除远举、刘崇朴、唐纵以及成都市警察局局长徐中齐和秘书李中孚所写材料综合整理。此节载于潘家钊等：《蒋介石特工密档及其他》，群众出版社1993年版，第72—76页。

1946年6月，张澜和民盟秘书长范朴斋准备从成都赶赴上海，主持民主同盟中央全体委员会议。成都市警察局局长徐中齐在国民党四川省党部主任委员黄季陆指使下，对张澜等的上海之行进行了阻挠。徐首先通过成都航空检查所所长、军统分子田志伟对张、范二人登记购买去上海的飞机票两次拖延不办，最后勉强批准时，又赶忙通知徐中齐设法阻挠。

徐中齐接到田志伟的通知后，立即约来中统四川调查室秘书邵平、军统成都站站长陈子骏、四川省会警察局督察长许乾刚、川康绥署稽查处处长刘崇朴到省特委会开会，研讨阻止办法。当时国民党四川省党部授意，借口张澜曾任川汉铁路公司董事，而该公司的董事长蒲伯英、熊小岩等都与贪污路款事件有关，可凭空诬指张澜参与其事，策划组织“索债团”与张纠缠。与会者都认为此计甚妙，并决定由陈子骏和刘崇朴二人负责执行。

陈子骏、刘崇朴会商后，共同派出军统便衣特务四十余人，冒充“川汉铁路索债团”代表，每人手执“川汉铁路索债团”小旗一面，上书“要张澜把川汉铁路的账目交清，把吞没的赃款全部退还，不做到誓不罢休”等字样。特务们先到成都北门外凤凰山飞机场伺候，等张、范二人到达飞机场时，就拉住张澜滋闹不休，最后硬将张、范二人从飞机上拖下来，鼓噪着要他们把账目算清才能离开成都。张、范已清楚知道这是特务们搞的鬼蜮伎俩，有理也无法说清，就声言：“我们不去了，有账慢慢算吧！”飞机起飞后，特务们见目的已达到，“账”也不再提就作鸟兽散了。张澜因此只好专电委托由章伯钧代他主持了民盟会议。

1946年7月11日和15日，著名民主人士李公朴、闻一多在昆明先后被云南警备总司令部特务暗杀，中国民主同盟主席张澜等发起在成都召开追悼会时，遭国民党特务破坏，张澜被殴伤。

李公朴、闻一多是西南联合大学两位知名教授，1945年任中国民主同盟中央委员、云南省支部负责人。李、闻等教授经常在联大刊物上发表文章，或在各种集会上对国民党进行言辞尖锐的批评，因此引起了当局的仇恨。云南警备总司令霍揆彰想“杀一儆百”，在得到蒋介石“权宜从事”的许可后，便布置了刺杀行动。

1946年7月11日，李公朴参加联大学生召开的“反饥饿、反内战、反迫害大会”后，在翠湖公园附近遭特务暗杀。李公朴被暗害后，他的同事闻一多教授在悼念会上怒斥特务的卑鄙行为，引起了特务们的仇恨。7日15日，闻一多偕其子闻立鹤在昆明《民生周刊》社外被预伏的特务开枪射击，闻一多当场身亡，闻立鹤受到重伤。李公朴、闻一多两教授的被刺，完全是当局有计划进行的肆无忌惮的政治暗杀。

李公朴、闻一多被杀害的噩耗传到全国各地之后，进步人士和大众对于这一罪恶行径，莫不悲愤填膺，各地相继举行了各种追悼会。经张澜主席和盟员张志和、范朴斋等发起，8月18日，民盟在成都顺城街蓉光电影院为两位教授举行了隆重的追悼会。

国民党西南长官公署二处处长、军统特务徐远举此时正在成都。徐中齐立即找徐远举请示，准备“给张澜替点神光（难看）”。遂即他又约刘崇朴、许乾刚在总府街冠生园吃早点，席间徐中齐指示大家要使李、闻追悼会开不成，同时还要给张澜一点厉害。另外，徐远举还叫徐中齐同代理省主席的李伯申秘书长商量一下。

徐中齐找到李伯申讲了计划。李伯申怕出乱子，遂通知民盟方面，请他们开会的时候讲话不要太刺激；同

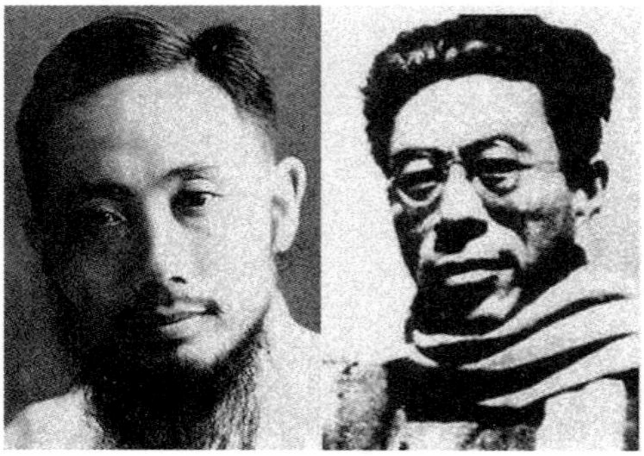

李公朴　　闻一多

时他又向徐中齐表示，希望特务不要闹出事情。徐中齐当然不听李伯申的意见，布置由四川省特委会发函通知邵平、刘崇朴、陈子骏、宪兵第二团团长杨家书、重庆行辕二处驻蓉谍报第五组组长唐友德、许乾刚到特委会开会，商讨破坏李、闻追悼会的具体办法。

在会上，特务们认为最好能使会场场地出问题，大会自然就开不成。徐中齐主张头一天晚上，将蓉光电影院大门口泼满大粪，使其臭气熏天，民主人士无法前去开会。可又考虑到这样做对蓉光电影院影响太大，另外影院还有侧门可以进出，这个办法不一定成功，于是决定改而采用在会场捣乱的办法，使大会无法开下去。

徐中齐等商定，由中统川调室发动“大中社”袍哥冒充群众混入会场，由宪兵、警察派武装和便衣特务在会场内外作掩护。徐还提议，要对张澜逼演一出“割须弃袍”的好戏，让他难堪。办法是由四川特委会的外勤特务用挖空的西瓜，装上大粪，待张澜走出会场时，投到他身上，同时上前用剪刀剪去他的长胡须。由于当时市场上买不到西瓜，故决定改用红墨水、豆瓣酱、稀泥等代做投掷物。

8 月 18 日追悼会开始后，成都民主人士到会很多，李伯申也出席了大会。上午 10 时，追悼会仪式刚开始，混进会场的特务就在场内狂呼乱叫，高喊“拥护共产党”“打倒国民党”的口号，混淆视听，制造骚乱，闹得大会无法进行，参加大会的民主人士纷纷退出会场。张澜立即宣布停止追悼会。当他步出会场走到蓉光电影院门口广场时，预伏在附近的特务们立即用红墨水、豆瓣酱、稀泥等物，向他身上投掷。张澜被玻璃瓶打伤了头部，衣服也被弄得很脏。李伯申看到张澜受伤，忙抢上前去搀扶并安排他上了自己的包车。特务们看到李伯申扶着张澜，才没敢上前去剪他的胡子。

事后，徐中齐恬不知耻地夸耀说：“那次用胡豆瓣打张澜等人，并不是要打死打痛他们，而是侮辱他们。豆瓣酱的颜色是红的，溅污在他们身上，和‘斗伴’谐音，四川土语，帮手的意思，红色指共产党，合起来就是打‘红色斗伴’，是说他们是共产党的帮手的意思。”

不日，四川省主席张群在重庆得知了张澜被殴的消息，对徐中齐很不满意，认为他太不听话，不该对张澜进行侮辱。当即打电话给四川省政府主任秘书孟广澎，请其代表他去慰问了张澜，并答应惩办凶手。后由张群报请蒋介石，将公开出面大打出手的徐中齐撤职，另换了一个没有露面的凶手刘崇朴接替成都市警察局局长。此后，特务们对张澜的侦查和监视，不得不改变方式，采用了明松暗紧的办法。

重庆“较场口事件”

抗战即将胜利时，蒋介石为在战后的国内政治中争取主动，连续电邀中共领袖毛泽东到重庆直接会谈，得到同意后便派遣张治中偕同美国特使赫尔利飞往延安专程迎接。经过 43 天的商谈，达成了国共两党《双十协定》。国民党迫于全国舆论及美国的压力，同意举行全国政治协商会议。

政协会议原定于 1945 年 11 月 20 日举行，但因国内爆发战事，一直延至翌年元月 10 日始在重庆国民政府大礼堂开幕。出席会议的除国共两党代表外，还有民主同盟、青年党和社会各方代表等多方面人士。

在国民党内，极右翼势力对与中共的和谈始终持反对态度。中统、军统都伺机对政协会议进行破坏，他们希望看到会议失败。中统头目叶秀峰曾亲口对其高级骨干说：“即使达成协议也要加以破坏，不能（让它）得以实施。”

在整个会议期间，中统内部一直十分紧张，处于高速运作状态。叶秀峰饬令局本部高级特务全部出动，所属重庆区亦加紧活动，探听中共、民主同盟等内部情报，第三处负责将所获情报逐日汇编成册，送呈蒋介石核阅。

开会期间，重庆各界人民组成政治协商会议各界协进会，每晚在沧白堂集会，邀请政协代表报告会议进展情况。中统联合军统与三青团，不断派遣特务对会议进行骚扰，谩骂、殴打会场主持人和到会群众，并追踪、侮辱去那里讲演的政协代表。

1946 年 1 月 31 日，政协会议在最后通过和平民主统一政治纲领后闭幕。为庆祝会议成功，并对当局施加压力，保证会议决议的实施，重庆各界二十多个民主团体发起，准备在较场口广场举行“庆祝政治协商会议成功大会”。叶秀峰在得知这一消息后，当即向二陈禀报，并提出应对大会予以破坏，以防其影响波及全国各地的建议。在征得二陈同意后，叶便与国民党重庆市党部主任委员方治密商，决定指派中统重庆区区长田纯玉率领一批特务会同该市党部领导的所谓社会小组青洪帮分子混入会场，执行破坏大会的任务。

2 月 10 日上午，庆祝政治协商会议成功大会在较场口举行。这天清晨，一大批特务、打手、地痞流氓约 200 人集中在中统局本部信谊堂，进行了具体的安排布置，随即分别前往较场口，混入大会会场。大会开始不久，由刘野樵首先发难，他以“农会会长”名义闯上主席台，抢夺扩音器，自称大会主席，制造混乱；随后混在会场的特务一拥而上，对与会人员大打出手，打伤大会主席郭沫若及群众多人，致使大会被迫中止，造成了轰动一时、举国为之哗然的“较场口事件”。

事后，郭沫若经医院检查，左额及左胸壁受伤，他随即向重庆地方法院控诉刘野樵等人殴打伤害罪。而刘野樵也伪装被打受伤，向法院提出控诉。重庆法院认为双方既是原告又是被告，应并案处理。同年 3 月 15 日，重庆地方法院开庭审理。庭长龚某按例询问一番，最后判定双方同为原告和被告，且都是社会知名人士，建议双方采取政治途径调解，随即宣布退庭。于是，令世人震惊的“较场口事件”就这样不了了之。[1]

[1] 张文：《中统二十年》，载《江苏文史资料选辑第 23 辑：中统内幕》，江苏古籍出版社 1987 年版，第 98 页。

国民党特务的这些活动，虽给政协会议制造了麻烦，但其并不能阻止国内民主运动的发展。

南京“下关事件”

1946年6月23日，上海市民十余万人举行反内战群众大会，并推选出以马叙伦为团长，阎宝航、胡厥文、胡子婴、雷洁琼等10人为团员的代表团，前往南京向国民党政府请愿，要求停止内战。

当天上午，上海共有5万群众赴车站送行。中统上海特派员季源溥急电局本部报告。当晚，代表团到达南京下关火车站时，遭到当局事先安排好的一群特务、流氓、打手的包围，这群特务初则喊叫围攻，继则大打出手，殴伤包括代表团团长马叙伦在内的代表团成员多人，造成骇人听闻、震惊全国的南京“下关事件”。事后，中统南京实验区负责人田纯玉等还恬不知耻地吹嘘其“功绩”。

其实，“下关事件”是由中统局预谋安排的。

1946年春的一天，中统局局长叶秀峰率同部属张文到陈立夫家，当谈及苏北解放区的地主、富农们有很多已逃到下关、浦口和镇江一带时，陈立夫说：“共产党挑动利用那些无知无识的农民为非作歹，杀人放火，这些人才被迫逃出。我们要反其道而行之，共产党所要反对的，我们就要给予支持，帮助他们返回家园，也只有这样，我们才能有人，有力量，这叫作‘以组织对组织’。”于是，中统便开始策划，准备行动。

4月的一天，叶秀峰把所属津浦铁路调查统计室主任陈叔平叫到瞻园局本部局长办公室，指使陈叔平利用各种手段让那些从苏北逃到下关、浦口一带的所谓难民和当地的地痞流氓进行联系和组织，如结拜金兰、成立同乡会等，并保证活动所需的费用。

陈叔平是江苏盐城人，抗日战争前，其兄陈中柱任中统津浦铁路特务室主任时，陈叔平已在该室当干事。抗日期间陈叔平撤往重庆，继续在中统任职，并得到叶秀峰信任；所以在日本投降后，被派遣担任津浦铁路调查统计室主任。论地区，下关属于中统南京区的活动范围，但因当时南京区区长田纯玉刚从重庆调来，对于地方情形不熟悉，所以叶秀峰把这一任务交给了陈。陈叔平接受这一任务后，便在下关、浦口一带，指挥其所率领的大小喽啰，按照叶秀峰的命令进行活动。该室的工作人员几乎全是苏北人，其中不少人原是参加汪伪组织的地痞流氓，日本投降后投入中统，便成了中统的地下工作人员。在活动联系中，陈授意这些人着重说明家乡之所以不得安宁，是由于共产党“煽动蛊惑，武装割据”；强调为了恢复祖业，打回老家，就必须协助政府“戡平内乱”。他们利用同乡、同学、同宗、同帮（青洪帮）等关系，结拜金兰，组织同乡会等，把事前有联系的地痞流氓和一些由苏北逃来的地富编为若干组，由该室的科长和几个青洪帮头目率领，各发给活动费若干，最少的每名发给光洋两块。事件前夕，各组齐集车站附近，陈叔平也到场指挥。

在事件发生前十多天，中统局得到所属上海特派员季源溥的报告，上海各界人士将要举行一次声势浩大的示威游行，并拟推选出一个“上海各界要求和平民主运动请愿代表团”，前往南京向国民党政府请愿等情况。叶秀峰当即向国民党中央秘书长吴铁城汇报。吴指示要设法阻止代表团到京，以免制造麻烦，为共产党所利用。叶复电季源溥，要季严密监视，并设法进行分化破坏活动。同时又把陈叔平叫来，当面吩咐加紧活动，做好对付上海代表团来到的准备；并强调，万一代表团来到南京，也决不能任其入城，要设法迫令其返回上海。接着，他又向中统江苏省调查统计室（该室设在当时江苏省会镇江）主任季璞进行布置：如果该代表团到南京路过镇江时，要设法阻拦，迫其折回上海。

事件发生前约十天，叶秀峰召开了一次所谓“丙种会报”。出席这次会报的有中统局叶秀峰、军统局毛人凤、中统南京区区长田纯玉、军统南京站站长黄逸公和宪兵司令部、首都警察厅等单位代表。当讨论到上海各界将要组织代表团到南京请愿问题时，在座的人都知道这个代表团成员是一些知名的学者名流，不好对付，有所顾忌，不敢明确表态。叶秀峰由于事前已经有所安排布置，并得到国民党中央秘书长、“乙种会报”主持人吴铁城的指示，便拍着胸脯说：“我有办法。”于是大家便顺水推舟地说：“那就由老兄负责，我们从旁协助好了。”会后，叶秀峰将陈叔平招来，并指派第二处科长黄九成会同陈叔平加紧策划布置。接着又电召季源溥和派驻上海的专门委员陈庆斋到南京面授机宜，同时又通知镇江的季璞准备行动。

6 月 23 日那天，上海各界市民大会如期举行，并推选马叙伦任代表团团长。中统一面在上海站采取扣车头、不发车等卑劣手段不让代表团上车，一面由国民党上海市市长吴国桢出面进行劝阻，结果都没有成功。当代表团所乘列车途经镇江时，车刚一进站停下，季璞事先安排在车站的一批所谓“苏北难民”就蜂拥上去，企图把代表团成员拉下车来。他们叫叫嚷嚷说：“我们是从苏北来的，在家乡遭到共产党迫害，弄得流离失所，无家可归，你们要求和平，停止内战，就是不让我们回去。”这些论调遭到了代表团的有力驳斥，车上的旅客也纷纷起来支持代表团。他们捣乱了一阵，阴谋未能得逞。

车到南京，等代表团成员一下车，聚集在南京下关车站的一群国民党特务和一批所谓“苏北难民”就在陈叔平的亲自指挥下一拥而上，把代表团成员拥至候车室，重重包围起来，叫嚷大骂，不让出站，要他们回上海去。但代表团不畏强暴，坚决要进城，那些特务、暴徒无计可施，乃凶相毕露，对代表团成员拳打脚踢，大打出手，还用铁棒铁器袭击。结果，团长马叙伦和好几个团员被打伤。顿时车站人声鼎沸，秩序大乱，前后历时 5 个多小时。当时在场维持秩序的宪兵警察，初则袖手旁观，若无其事；继则隐匿无踪，不知去向。中共驻南京首席代表周恩来闻讯后非常气愤，于深夜两点钟，带着慰问品亲自到医院向受伤的代表进行慰问。

除代表团成员负伤外，在此次事件中还有两名记者被打伤。陈叔平在局长室向叶秀峰汇报此一情况时，叶予以口头表扬，并说“这些记者也不是好东西，打了就打了，没啥关系”。

事件发生后，沪、宁各报纷纷报道，并撰文指责，全国哗然。中共代表团也向国民党当局提出了严重抗议，要求彻查事件真相，惩办凶手，保障民权。至此，政府当局大为恐慌，国民党中央秘书长吴铁城和组织部部长陈立夫都埋怨叶秀峰等计划不周，不应打伤人，把事情闹大了。叶做贼心虚，于是想出“拘捕凶手”的办法。陈叔平物色了两个“替罪羊”，一个是陈叔平的堂弟，另一个是青帮门徒，年龄都在 30 岁上下。此二人到宪兵司令部伪装自首，自称“苏北难民”，是“下关事件”的打人凶手，声称是出于一时的气愤，背后并没有人策划指使。当时宪兵司令部警务处长卫持平、副处长欧阳向与中统的关系一向密切，且事前陈叔平向他们打过招呼，当即把二人收押。但叶秀峰仍不放心，深恐有新闻记者去采访，怕露出马脚，于是派张文去宪兵司令部查看这两个人伪装得如何，如装得不像，就给他们指点一下。当张文到宪兵司令部说明来意后，警务处第四科（即政治科）科长周剑心安排他在一间小会客室里会见两个特务。张先伪称是新闻记者来向他们采访新闻的，照例问问他们的姓名、哪里人、干什么职业、为什么打人等，最后才说明了真实身份，并指点他们态度上要理直气壮，思想上要冷静沉着，还指出谈话要包括如下内容：

1. 叙述家乡农民造反，霸占田地，抗租抗税，甚至打人杀人，许多人被迫背井离乡，四出逃亡，生活无着，还有些人被活活打死的凄惨情况，这些都是共产党煽动蛊惑造成的结果。

2. 一家几口逃来南京，投靠亲友，借债度日，贫病交加。

3. 听说上海的什么和平请愿代表团要来南京向政府请愿，要求和平，实际上就是阻碍“戡乱”，不让我们返回家园，这完全是替共产党说话。我们内心感到非常气愤。那天晚上，我们饭后无事，在车站附近散步，与一些同乡亲友闲聊，得知这个代表团到了南京，于是前往向他们提出质问：为什么只许那些受共产党鼓动的人霸占别人财产田地，打人杀人，无法无天，而不让政府派兵“戡乱”，维持地方治安，保护人民生命财产？你们要求和平，实际是助长内乱，替共产党说话，做共产党的应声虫。他们说什么要求和平，反对“戡乱”建国，是全国人民的一致愿望。我们听了非常气愤，因而才动起手来，致使几位代表受了伤。我们光明磊落，问心无愧，好汉做事好汉当，不愿连累别人，因而才向政府自首。

最后，张还鼓励他们，说：“你们这场辛苦，局长是知道的，将来会有你们的好处。”

大约两个月之后风头过去，这两个自首的“替罪羊”被放出来，并得到些赏钱。“下关事件”就这样不了了之了。[1]

“一二·一昆明惨案”

1945 年 10 月，蒋介石撕毁《双十协定》，调集八十万大军，悍然进攻华北、东北中共解放区，遭到国内各界的强烈反对。11 月 19 日，重庆各界代表组织反内战联合会，号召全国人民起来反对内战。25 日，昆明各大中学校学生六千余人在西南联大举行大会，响应重庆方面的和平号召。12 月 1 日，各校实行罢课，并上街宣传。当时国民党“CC

---

[1] 张文：《中统二十年》，载《江苏文史资料选辑第 23 辑：中统内幕》，江苏古籍出版社 1987 年版，第 105—110 页。

系”安排在云南省的民政厅厅长李宗黄、省党部委员陇体要等，会同中统云南省调统室，策动昆明警备司令部，派军警特务冲进学校，血腥镇压罢课师生，当场杀死教师于再，学生潘琰、李鲁连、张华昌四人，重伤二十余人，制造了著名的“一二 · 一昆明惨案”。事件发生后，中统总部接连不断收到云南省调统室十万火急的电报，陈述昆明事件情况，总部除立即以快邮代电方式呈报蒋介石外，随即连续电复，饬该室密切配合军警当局，注意防范事态进一步扩大。

“一二 · 一昆明惨案”的发生，激化了当时国统区的局势，中统等的暴力行动实际上给当局帮了倒忙。

“二九惨案”（“劝工大楼事件”）

抗战胜利后，上海民族工商业者见美国商品倾销国内，我国民族工商业濒临绝境，心急如焚，急谋对策。上海永安、先施、大新、新新、国货五大公司于 1947 年春领头发起“爱用国货，抵制美货”运动，于 2 月 9 日在南京路劝工大楼召开动员大会。中统上海特派员季源溥、工作委员会主任陈庆斋等事先得到情报，遂在上海市市长吴国桢家开会，与上海市社会局局长吴开先等密商，派遣大批特务手持铁尺、铁棒等进会场捣乱，将永安公司职员梁仁达毒打致死，受伤者达四五十人。光天化日之下，在上海最繁华地区发生这种惨案，实属骇人听闻。这件惨案也愈发暴露出中统组织的疯狂。

镇压“二二八起义”

1947 年 2 月 28 日，台北人民因国民党政府烟酒专卖局缉私人员殴打女烟贩，致一市民身亡，举行罢市游行请愿，并向台湾行政长官陈仪提出惩凶、赔偿、取消专卖局等要求。当局出动警察镇压，枪杀三人，打伤三人。于是，台湾爆发了大规模的反独裁武装起义。2 月 29 日凌晨，中统局接到台湾调查统计室十万火急电报，报告台湾起义情况。之后每天接到急电两次，每次电文长达两三千字。当时中统用快邮代电急报蒋介石，中统头目叶秀峰建议火速加派劲旅三个师开赴台湾，镇压人民起义。自 2 月 29 日到 3 月 13 日将近半个月的时间内，中统总部接到台湾方面急电达十余次。按惯例，此类情报应归中统第二处处理，但当时总局机要股认为是社会动乱事件，需要紧急处理，故由第三处审核办理。后来，国民党当局在台湾全省范围内，对起义民众进行了野蛮的镇压，估计被杀害的群众多达数万人。

《文萃》案

《文萃》周刊于 1946 年春在上海发行，当时是在中国共产党领导下以民间刊物面貌出现的进步刊物，以政论性文章为主，矛头直指国民党的腐败统治，在国统区很有影响，因此受到了中统的“关注”。国民党中枢机构早就令中统侦查《文萃》，但一直未有结果。

1947 年 7 月，承印《文萃》周刊的友益印刷厂被中统行动队队长赵伯谦、队员苏麟阁发现，并报告给上海特派员季源溥、工作委员会主任陈庆斋。随后，该厂经理骆何民、职员陈子涛、吴承德、厂内女佣韩月娟等被捕。

1947 年春，在南京瞻园办公的叶秀峰从上海一家大报的广告栏中看见一则寻人广告，该广告排印出醒目的字体“招寻银老太太”，叶以其职业敏感认为此中定有文章，当即令私人秘书蒋子桥将剪报寄沪，饬上海办事处侦查具报。季源溥在 20 世纪 30 年代即任上海侦缉队队长，他分析这则广告是个找关系的暗号，于是便在同一报纸上刊登了一则广告，内容为“白发娘望儿归”，下署名“银老太太”，地址写“上海亚尔培路 2 号”（即中统上海办事处地址），并派处内特工卢志英守候。卢志英是由中统总局国际组副组长张彼得介绍到沪处工作的，但季并不清楚卢志英实为打入中统上海办事处的共产党员。陈庆斋和苏麟阁在一次秘密监视中，发觉卢志英放走了要他守候的人，形迹可疑，遂密将卢扣押，经审讯，卢供出了他的身份，但没有交代组织关系。后陈庆斋等布置了大批特务，沿马路书摊旁边侦查追踪，终于先逮捕了《文萃》发行员四人，后又跟踪逮捕了骆何民、陈子涛等。在审讯中，证实上述广告确系骆何民寻找组织关系的暗号。后来，《文萃》周刊被停止印行。骆、陈、卢三人经中统多次严讯，转解南京，羁押于南京宪兵司令部看守所，1948 年 12 月 27 日晚被秘密杀害。

“五二〇血案”

1947 年 5 月 20 日，南京、上海、杭州地区 16 个大专院校的学生代表在南京组成请愿团，向当局提出挽救教育危机的五项要求，其中最主要的是“要饭吃、要和平、要自由”，并举行示威游行，遭到国民党军警的野蛮镇压，殴伤和被捕学生百余人，造成震惊全国的“五二〇血案”。在此次事件中，中统令南京实验区选派大批特务，参加了对爱国学生的镇压行动。

“于子三惨案”

1947 年 10 月 29 日，浙江大学学生自治会主席于子三，被浙江保安处杀害于狱中。事先，国民党浙江省党部主任委员、“CC 系”上层骨干分子罗霞天曾令浙江省调查统计室侦查浙江大学学生自治会，认定于子三为中共党员，受中共浙江省地方党之指使，所以令浙江省保安处下此毒手。30 日，浙大师生两千余人，悲愤集会，为烈士志哀。“于子三惨案”发生后，掀起蒋管区学生争民主、反迫害运动的新高潮。各大都市学生举行罢课游行，曾使当局惊惶失措。

“申九惨案”

1948年1月31日，上海申新第九棉纺织厂7000多名工人，为求改善待遇，举行罢工。中统上海办事处会同上海市社会局，向上海市市长吴国桢建议，于2月2日出动大批军警镇压，该厂工人进行英勇自卫。军警冲进厂内，打死职工3人，打伤500余人，逮捕190余人。事后，当局还迫使厂方开除工人800余名。很快，上海许多工厂的工人，纷纷成立“申九惨案后援会”，开展了大规模的抗议活动。最后，上海市市长吴国桢受此压力，不得不释放部分被捕工人，并恢复了一部分被开除工人的工作。[1]

捣毁重庆新华日报社案

1946年2月22日，国民党借口出兵东北的苏联红军将日本遗留在东北的工业设备搬运回苏，和中央通讯社发出的有关负责东北工矿接收事宜的经济部东北行营工矿处副处长“张莘夫在东北被苏联杀害”的消息，由中统、军统、三青团等联合国民党重庆市党部，组织中央大学、重庆大学、复旦大学中被收买欺骗的一部分学生，并选派中统重庆实验区和市社会服务队的一些特务和流氓，从沙坪坝游行到重庆市中心区，沿途呼喊反苏反共口号，并捣毁了中共所办的新华书店、新华日报社和中国民主同盟的机关报民主报社。新华书店内很多进步书籍被暴徒们掷在街头，遍地狼藉，任人践踏，一时闹得重庆街头乌烟瘴气。

对此，重庆《新华日报》和《民主报》都刊登了中共代表团周恩来的谈话，指出排外不等于爱国，要大家头脑冷静。谈话揭露了国民党当

---

[1] 赵毓麟 :《中统我见我闻》，载《江苏文史资料选辑第23辑 : 中统内幕》，江苏古籍出版社1987年版，第237页。

局的阴谋，制止了国民党特务暴行的扩大。[1]

第四节　内政部调查局

1947 年 10 月至 1949 年 5 月，自中统改组为党通局后到再次改组的一年零八个月的时间内，在叶秀峰领导下，党通局继续从事反共与镇压民主的活动，但比较中统猖狂活动的时代，其势已渐衰。

党通局在 1948 年进行了“八二〇大逮捕”活动。在天津，由区长郭乾辉指挥，按照国民党特工“联席汇报”的安排，逮捕了南开大学十余位进步学生；在四川，由党通局负责人先大启指使逮捕了三十余人，1949 年又抓了十多人，并于逃跑前夕在成都十二桥进行了屠杀。[2]

为了改变党通局内部人心涣散、工作逐渐萎缩的局面，叶秀峰在局内召开了一系列会议，对中统的业务工作进行回顾与检讨，试图重振士气。

1948 年春，党通局召开了“京畿附近各单位行动工作会议”；6 月初，又召开了“京畿附近各单位审讯工作检讨会”。在这次会议上，叶秀峰主持制定了《审理工作改进方案》《行宪后之人犯逮捕问题》和对中共被捕人员的《自首自新分子之管训运用问题》等一系列办法文件；并亲自到会做长篇演讲，从审讯工作入手，论及其党通局内部存在的种种问题，表示严重不满。这篇讲话内容摘要如下：

---

[1] 赵毓麟：《中统我见我闻》，载《江苏文史资料选辑第 23 辑：中统内幕》，江苏古籍出版社，1987 年版，第 233 页。

[2] 李约勒：《难产的中央党员通讯局》，载《江苏文史资料选辑第 23 辑：中统内幕》，江苏古籍出版社 1987 年版，第 269 页。

局长于审讯工作会议训词

三十七年六月廿日上午

上次我们开过行动工作会议，关于审讯工作问题，我很久就觉得也应该有一个讨论，尤其最近感觉到这个讨论的切要。

行动和审讯工作，是互为表里的。行动的判断到行动的执行，假使不能周到审讯，便会受很大影响。假使审讯工作没有在轨道上或者合理的状况下进行，行动的成果也能因此损减。当然我们并不是说过去所有行动都十分周到，即使自己认为周到，以后还是可以发现许多问题和不满足的地方，均须依赖审讯工作来补救……旁近中央的几个单位如此，离开远的问题更多。为求今后对审讯的改进，这次的会议很重要……

我们对审讯工作，不要自以为是，对俘虏，对囚犯，甚至以为可以为所欲为，毫不经意。须知我们对付敌人行动以前是斗智，审讯时候依然还是斗智，斗头脑，决不可看得很轻。尤其是开始的时候，对捉到的对象，不仅不可轻视，且必须较行动更细心的研究，然后审讯的效果可以增加。

我们虽说把一个“共匪”捉到了，但这仅是形式上的逮捕，审讯的时候更重要的就是要发挥精神上的逮捕作用，……以精神来控制审讯的对象，然后才真正能有所收获。比如：我们方法里头，也有布置在九百支光灯光之下，来审讯对象，但这还仅是一个形式，我想我们如果能发挥精神作用，当比这形式的方法还强，可以使他没有隐藏的地方，把话老实说出来。所以在开始审讯时候，首先要有饱满的精神，以精神的表现来控制对象，这是审讯当中必须注意的起点。

……既然拿审讯当着做文章，我想就容易发生问题，有时可用做文章的方法，引到他那路上去，甚或你有时主观，有时客观，使对象无法捉摸，这样就往往可束缚住对方的精神，所以由做文章作比喻，审讯也应该等于舞文弄墨一样。

……受有训练的共党分子，一定非常镇静，而且他老早想到你会问些什么，这种情形之下，我们就要打破他的镇静，要问他所想象不到的话，这样才会有所效果……我们对审问一个对象，一定要造成一个状况，就是给他认为你比他强，否则很可能他会玩弄你的……再比如捉到一个和尚，我们不妨和他谈些佛教；捉到一个基督徒，不妨和他谈些耶稣基督的道理：这也等于前面的案例一样，可使他一方面感觉你可怕，一方面感觉你和他有相同之点，而减低他反抗的情绪。这样情形之下，有时他不讲的话，也会讲的。真正做审讯工作，人必须有充分的常识；有了充分的常识，在审讯当中，才能够主动……这技巧配合的问题我们又不能不注意。

从前我参加过一次审讯，也可说是一个失败的事实，就是审讯某女共党，这大家或会知道。本来这件审讯，已经有过好多同志问了，都没结果，经过我的审讯，也没结果，甚至问到后来，他（她）根本一句话不答复，以不讲话为他（她）最后手段。根据这事，我们或者可说，当时不是一个普通问话的环境，问话的方法恐怕也不是很完美的……所以在任何行动之下，最好要能够拿到物证。我们最近许多破获案，能够得到物证的很少；而人家破获案子，往往都有物证，和许多重要文件，这很值得我们检讨的。人家能，我们为什么不能？我们对自己应有一个鞭策……

现在还有一个缺点，要和大家说的，我认为上海许多同志，勇气有余，仔细和机密总嫌不够……而他们审讯工作，可说也受这影响……

我们在工作上有相当历史地位的，审讯工作不可不特别经意。如果审讯工作做不好，我们才真是低能；因为对象已经抓在我们手里，如果还弄不清楚，自己实在说不过去。人家都勉励我们对审讯有办法，我认为我们还十二分不够，尤其技巧的运用，是不可底[称]心的，更不能够满意……

我的批评，希望大家不要以为太神经过敏，其实我平常所想，往往还超过于此。今天我一些批评，或者大家会有许多答复，但我希望大家不可说因为环境条件不够，所以才不行……最近这个环境下，我们更要十二分小心。本局改隶司法行政部的案子，已经踢出去了，将来我们取得正式身份之后，法律上地位将不同，而许多技巧上的问题，也会不同的。所以在这个时期大家对于侦察检察审问方式和许多审问的规章，都不妨看看，并对将来转列政府机关以后一些应该注意之点，不妨提出交换意见。

至于人犯管理、待遇等问题，我们也有许多不够，上海情形或者好些，至于江苏监狱，有“龙头”也没一定，我们不可不注意，因为这往往直接与审讯会发生影响……我以为人道主义，还是要有，……比如清洁、饮食、空气，都须顾到，尤其对象是政治犯，则更要十二分注意，这方面不注意，也可能影响到审讯的结果……总之，要以痛苦逼迫使他降伏，绝不是本事，必须以技巧理论使他降伏，才算高明。

再者，利用管理来帮助审讯的地方也有，如故意让他不隔离，或者放一个人到里面去，也是一个办法。有时在管理上，可利用神秘性，比如天天将犯人换一个地方监禁，这也是一个办法。此外我们要注意的通讯问题，这问题不可以大意。记得上次还发生过一个问题，我们寄押的人关在什么地方，他家里都知道的，这我认为太开明了，因为我们还不是合法机关，因为这问题往往很可能引起不少的麻烦。让犯人通讯，可能对我们的审讯有妨碍……

审讯失败，有时可能是行动的失败，当然也有时是审讯的失败，所以审讯以后的记录应该做最后的研究……必须时时这样探讨，作为今后的教训，使得到进步。

我们不求进步，人家就会进步；人家进步，也可说是我们的失败。比如共党以前做潜伏工作，他都准备好一套，以防万一被捕后做答复的，可见共党处处非常周到，我认为我们也应该从各方面都注意，……也准备好一套，配合他的答复，怎样去对付。

保守秘密，也要提提。……近来常有这些情形，人家来对我说，某人已无问题，某人还有问题。我没法，只好回答连我都不知道。从这事实来看，可见我们有时还会把事情泄露出去，希望大家也要注意的。[1]

叶秀峰的这篇讲话，字里行间暴露出他对党通局工作的许多不满和试图纠正的意图，他想继承和发挥中统过去的“优势特点”，继续对中共人员开展“攻心战”，他指出的种种不满之处，也就是中统走向衰落过程中的各种表象所在。

在这次会议上，为了改变工作面貌，党通局通过了几个文件，其中以下面的《审理工作改进方案》为工作改进的中心：

审理工作改进方案

本方案分确立审理制度与改进审讯技术两部分。兹依据审讯检讨结论，制订本方案如后：

甲、审理制度

一、原则

（1）情报与执行分开，情报人员不得参加行动。

（2）案件执行后，由主管业务部门作初期侦讯，以求扩大效果。侦讯告一段落后，即交由审理小组或审理委员会审理。

（3）审理人员由各单位选派富有审讯经验的同志一至三人，成立审理小组或审理委员会负责办理，报局核备。

（4）审理人员得向侦查执行人员索取材料，侦查与执行人员可参加陪审，提供意见。

[1] 《局长于审讯工作会议训词》(1948 年 6 月 20 日)，中国第二历史档案馆藏：七二四，134。

二、权责

（1）审理人员负责审理局本部交办及主管负责人交审之案件。

（2）审理人员接受案件后应即时审理，并将每案进程至少每周一次报告主管同志查核，在每一案件审讯终结应签注处理意见，送由负责人核定。

（3）单位负责人如认为案情有审讯不实或签意见不当时，得提示原则再交复审。

（4）审理人员对结案必须签署方得报局。

（5）各单位对案件审讯终结，除报告案情外，并须附处理意见，报由局本部核定后方得结案与处理。

（6）各单位设立之看守所，应指定专人管理，由行动人员负责监督。

乙、审讯技术原则

一、审讯目的在发现线索，找寻关系，扩大破坏，肃清反动组织。

二、以说服方式为审讯之最高政策，争取自首自新人员在转变后之工作作用。

三、审理案件应注意案情，搜集事证，尤须注意案件真伪，明辨是非。

四、针对被讯人身份，采用不同方法。

五、审理案件必须手续完善，处理时要合法、合情、合理。

六、审讯经验与总结，应上下交换，互为学习。

七、审理人员应加强党派业务之训练。

丙、处理原则

一、证据确实感化无效之共党案件移送特种刑庭办理。

二、已自首自新而又为共党活动者，送国防部或自办感化机构感化。

三、自首自新有工作表现而有能力者可予起用。

四、无工作作用者，办统建手续加以管训。[1]

虽然上述“审讯制度原则”中加入了一些冠冕堂皇的字样，但党通局生怕特务们迷惑不解，在处理中共被捕人员时手软，于是补充了赤裸裸的“处理原则”即迫害加诱降的规定，其中所谓“移送特种刑庭办理”，按照一般的惯例就是杀害；而“办统建手续加以管训”则是无期限的关押了。

尽管党通局力图振作，但两统的命运的确是与蒋介石国民党的命运紧密联系在一起的。在国民党政权江河日下之际，中统与军统也必然随之趋于末路，再多的“原则”“方案”也不能挽救其失败的结局。

1949年3—4月，中国人民解放军以摧枯拉朽之势席卷全国，蒋家王朝已穷途末路，但蒋介石仍紧抓特务不放，按照既往政策，对中央党员通讯局再次进行了改组与调整。具体方案是将其再次降格，从“党”归“政”，划归行政院内政部所辖，改称为内政部调查局。由于叶秀峰是国民党中央执行委员，属特任级官员，不能屈就内政部调查局简任级的局长，因此改由原中统局上海区调统室主任、党通局副局长季源溥为内调局局长，以内政部派出张益民为副局长。但中央党员通讯局的名称仍保留了一段时间。

1949年5月，内政部调查局在广州正式开张，中统组织从此更趋末路。而叶秀峰则因无法安排，仍挂名为“党通局局长”闲置。

当时内政部调查局机构人事状况如下：

[1]《审理工作改进方案》，中国第二历史档案馆馆藏：七二四，134。

内政部调查局人事安排表

（1949年5月—1949年12月）

局本部

局长　季源溥；　副局长　王保身　张益民；

秘书室主任秘书　万大鋐；

第一处（辅导）处长　张庆恩　朱凌云　　副处长　邹春生；

第二处(总务、文书)处长　陈庆斋　　　副处长　朱韵涛；

第三处(电讯交通)处长　袁更（1949.5任）副处长　苏恕诚；

第四处(研究)处长　徐政　　　　副处长　黄九成；

人事室主任　李裕德　万大镛；

会计室主任　王大光　副主任　何启明；　密电室主任　武子明；

统计室主任　原汾；　督察室主任督察　朱瀚　孟宪海　马绍伯；

专门委员室专门委员　陈国英　齐耀荣　朱元懋

外勤组织

重庆办事处主任　徐政　张益民；

云贵办事处主任　陈庆斋；

海南岛办事处主任　杜衡　　副主任　王进之；

台湾办事处主任　张庆恩；

留京办事处主任　苏麟阁（1949.1.26任—4.23免）；

贵州调查处处长　刘苏屏；　云南调查处处长　李宏泽；

重庆调查处处长　王难三；　四川调查处处长　先大启；

西昌调查处处长　甘青山；　西康调查处副处长　王安文　邵平；

广西调查处处长　郭文田；　广东调查处处长　刘华藜；

江西调查处处长　马鲲；　湖南调查处处长　田纯玉；

湖北调查处处长　杜伯埙　孙守藩　周文化；

台湾调查处处长　郭乾辉；

香港调查处处长　俞嘉庸　副处长　王大光；
浙江调查处处长　黄华年（1949—1950.5 在职）[1]

从这份组织系统人员名单来看，中统的队伍自然是今非昔比，“凤凰变鸡”了。

第五节　收缩、逃跑与覆亡

在最后的几个月中，内调局的下层组织处于收缩与应付的状况中，其中主要的几个工作点状况如下：

在上海，成立于 1948 年 2 月由党通局控制的“经济部特种经济调查处”驻上海办事处在参与了 1948 年底的“八一九限价”和金圆券的强制发行工作后，于 1949 年 4 月开始进行撤退广州的工作。但大多数人员并未去广州，眼看国民党政权气息奄奄，便各自四散逃命去了。这年秋天，中统干将刘恭在上海与“CC 系”洪兰友私下交谈时说：“趋炎附势，人之常情；看样子，如果共产党说不杀人的话，我们‘中统’的朋友，十九会输诚自请，望门投正！”

在南京局本部，就连由叶秀峰一手提拔起来的中统特务杨博清，当年曾冒险潜入延安抗大卖命搜集情报的人，也因大势已去而退出组织，前往南洋求生去了。中统前局长朱家骅在离开南京之前，在其赤壁路七号寓所见到中统的旧人时，也说：“他们（中共）的工作做得好，老百姓都跟他们了。这些事实我们都知道。我看老头子（蒋）也明明知道一些，他就是不肯认输。戴先生（戴季陶）和他谈过，谈了也无益。我们

[1] 原载《中华民国国民政府军政职官人物志》。

这些人都上了年纪，不中用了，钻牛角尖钻到底算了。”[1] 那时候，蒋介石在大陆还保有半壁江山，但中统内部上下左右都觉得局势已无可挽回，失败的情绪弥漫全局。其新任留京办事处主任苏麟阁也拿不出什么像样的潜伏计划安排，在南京解放前夕携款逃往了上海。

在西南，原党通局云南组改称为内调局云南调查处，由孙秉礼接替原党通组长查宗藩任处长，后由李宏泽代之。查宗藩改任内调局专员，他很不服气，有关组织情况与工作线索概不移交。为此，原党通局西南区办事处主任、新任内调局云贵办事处主任陈庆斋特地到昆明进行协调，并带来了大把的银元与金条，允诺给部下发放一部分“应变费”和发报机等器材。但另一方面，他却在暗中烧掉文件，做逃走的准备，结果发报机来了，钱却被陈扣下了。12 月 1 日，陈庆斋、孙秉礼与李品伟等在昆明孙宅开会，决定内调局在西南的应变措施；认为在中央军的威胁之下，昆明卢汉暂时不会乱动，国共两军将在昆明有一场决战，内调局应向滇西撤退，在下关扩大组织“滇西区”，并派原“第四区公路党通组贵阳区主任”康茂生为“昆明潜伏组组长”，带领电台和一两个“从未暴露身份”的组员在昆明埋伏下来，以等待“第三次世界大战爆发”的时机到来。[2]

与此同时，内调局在最后困守的西南也做出了一些疯狂的“业绩”：

内政部调查局所属西南各调查处，按照局发布的应变计划，对已查获的共产党和嫌疑分子进行了清查，各调查处根据所辖地区的具体情况，进行了破坏活动。

四川调查处在成都破坏了民革的地下组织，民革川西军事负责人李宗煌等 13 人被捕。川调处将他们移送特种会报处理，后来李宗煌死于

---

[1] 陈少校：《黑网录》，群众出版社 1979 年版（内部发行），第 298 页。

[2] 李品伟：《中统在昆明地区活动的片段回忆》，载《中统特工秘录》，江苏文史资料编辑部 1991 年版，第 209 页。

重庆渣滓洞，其余被捕者则被害于成都十二桥。

贵州调查处于1949年8—9月间破坏了一个中共地下党组织，逮捕革命人士二十余人，这些人均被杀害。

1949年10月，重庆调查处在江苏同乡会逮捕了共产党员、医生高明，诬为重庆“九二火灾”的纵火犯，移送重庆警备司令部公开枪决；又在新都招待所逮捕嫌疑商人武纪申，抄收其财物；还逮捕了记者钟奇、中学教师杨君璋、中共地下党员朱楷、孙浮生等。钟奇后被害于渣滓洞。渝调处万县分处主任兼会报秘书陈沼汉也在万县逮捕了数十名“共产党嫌疑”，送往川陕鄂边区绥靖公署关押，后该署从万县撤逃至大竹时，全部在押人员悉遭杀害。[1]

此外，各地内调局特务组织还根据蒋介石的指示，将原先逮捕收押的共产党人、进步人士及革命群众，进行“紧急处理”，被害人数过千。

季源溥出任内调局局长后，上台伊始，便亲赴台湾建立局本部，派张益民由广州到重庆，筹建在大西南的内调局指挥中心；派朱凌云到香港，筹办潜伏特务训练班并指挥华南地区的特务活动；甚至派人前往东南亚进行海外活动，预备将来。[2] 蒋介石为了给他们打气，慷慨地一次拨给内调局10万银元，想让他们“重振雄风”。

但人民解放军以迅雷不及掩耳之势横扫江浙，进军闽南，逼向广东，于10月14日抵达广州。季源溥的新组织还没有真正形成队伍，即四散逃亡了。党通局、内调局的特务们知道大势已去，除一部分由王保身带往台湾外，其余随政府其他部门一起，提前于9月初乘飞机逃到了重庆。

季源溥一到重庆，便向蒋介石和内政部部长李汉魂再次申请应变经

[1] 刘介鲁：《昙花一现的内政部调查局》，载《江苏文史资料选辑第23辑：中统内幕》，江苏古籍出版社1987年版，第270页。

[2] 《党通局组织条例及中统局之“工作改进意见”》，中国第二历史档案馆藏档：七二四 27。

费，结果碰了钉子；季又找到四川省主席王陵基，要求王拨给他10个边远县，让特务刘介鲁等10人专担任县长，号称要“建成游击根据地，以与共产党周旋”。10人名单送王陵基后，还没有来得及批准，这些县就已经被解放或临近解放了，因此计划只好作罢。

季源溥见大势已去，决定逃台，他下令由副局长张益民负责，自己则飞往台湾。张益民见此，也不愿殉葬，在解放军尚未进逼重庆时，他考虑经昆明外逃这条路线比较稳当，于是一面布置特务在昆明搞潜伏，一面命令特务协助铁路公路部门，保证维持滇越、滇缅交通线的畅通，并和滇越边境金平县的土司建立联系，除加强已有的滇西区室外，在滇南、滇东再分划各建一个区调查室。但是到11月间张益民准备经昆明逃跑时，实行大迂回的人民解放军已经切断了他们的去路。此时，除了坐飞机，再也没有别的办法可以逃走。11月23日重庆解放，特务们逃窜到成都以后，张益民便丢下手下的大批特务，借侍从室的关系，乘飞机逃往香港了。

正、副局长逃走后，时任内调局西南区区长的徐政心里十分恐慌，特别是他收听解放区电台的广播，听到中共已经把他列入战犯名单，就更是坐立不安，决定无论如何也要逃到台湾去。正巧中统创始人陈立夫来到成都，徐政连忙跑去见陈请示对策，陈立夫安慰道：“尽可放心，只要能拖到第三次世界大战爆发，党国即可复兴。”徐对此回答心里彻底失望，便提出去台湾的要求，陈立夫要他去找总裁侍从室主任谷正纲。可徐政一再恳求，谷就是不让步，绝望中徐竟当场跪在谷面前声泪俱下地哭求，最后才被允诺。徐政逃走以后，剩下内调局本部的一批特务不知所措，他们一次次地向台湾发出求救电报，度日如年地等了一周，季源溥才来电给了几十个逃台的飞机座位。可这么多特务都吵着要去，你争我夺，谁也不让步。不得已，开会商议达成三条协议：（1）依照局本部意见，必须飞台的先飞，眷属、儿女概不照顾；（2）科长以上的重要业务人员其次；(3) 其余位子抽签决定。去不了的每人发一两黄金，自谋生路。特务们烧毁了所有公物，然后驱车赶到新津机场。当时，各机关也都想逃往台湾，互不相让，争得不可开交时，也只好采取抽签的办法。结果，内调局运气不佳，抽到的是第 13 批飞机。到 12 月中旬第 8 批飞机飞来时，新津近处发现了解放军，国民党的空军站仓皇撤退，机场也被破坏，第 13 批飞机是永远不会再来了。特务们此时已是上天无路，入地无门，不得不钻进农民的草垛里避寒。他们架起发报机一遍又一遍地向台湾呼救，结果连回电也没有了。留下的一百多名内调局特务，把剩下的六七十两黄金予以平分，每人拿了五钱，各自逃命去了。当然，可以想见，在后来的“镇反”“肃反”等运动中，他们中的大多数人是难逃惩罚的。

这就是中统特务的最后下场。

后　记

本书由马振犊、林建英合作写成，在马振犊原著《国民党特务活动史》的基础上，补充增添了新史料，重拟了系统大纲。感谢金城出版社慧眼识珠，为本书问世提供了全力支持与保障；并希望学界同人与广大读者有以指教，使对于有关国民党中统组织的历史研究能够不断推进。

作者

2016年5月10日